»Den Bürgern der Stadt auf Dauer von Nutzen«

»Den Bürgern der Stadt auf Dauer von Nutzen«

150 Jahre Sparkasse Bad Salzuflen 1849 – 1999

Herausgegeben im Auftrag der Sparkasse Bad Salzuflen
von Franz Meyer

Mit Beiträgen von Wolfgang Bender, Heinz-Theo Drücker,
Christoph Laue, Franz Meyer, Lothar Weiß und
Stefan Wiesekopsieker

Bad Salzuflen 1999

Inhalt

Grußwort der Stadt Bad Salzuflen

Am 20. April 1999 feiert die Sparkasse Bad Salzuflen ihr 150jähriges Bestehen. Zu diesem besonderen Jubiläum gratulieren wir im Namen des Rates und der Verwaltung der Stadt Bad Salzuflen ganz herzlich und verbinden hiermit zugleich die besten Wünsche für die Zukunft.

150 Jahre Sparkasse Bad Salzuflen: Wer über einen so langen Zeitraum erfolgreich Unternehmensgeschichte schreibt und damit den Bürgern unserer Stadt »auf Dauer von Nutzen« ist, wie es treffend im Titel dieses Buches zum Ausdruck gebracht wird, dessen Geschäftsphilosophie muß eine besondere Qualität besitzen. »Wer aufhört besser zu werden, hat aufgehört zu sein«, dieser Lebensgrundsatz Philip Rosenthals ist, vom Ergebnis her betrachtet, von der Sparkasse Bad Salzuflen in vortrefflicher Weise umgesetzt worden: Sie hat sich aus kleinsten Anfängen zum größten und bedeutendsten Kreditinstitut der Stadt Bad Salzuflen entwickelt. Die Nähe zu den Kunden in ihrem Geschäftsgebiet und die Tatsache, daß sie sich stets als verläßlicher Partner erwiesen hat, dürften maßgeblich zu ihrem Erfolg beigetragen haben.

Mit mehr als 240 Beschäftigten zählt die Sparkasse zu den größten Arbeitgebern in unserer Stadt. Sie ist ein leistungsstarker, versierter Partner der Wirtschaft und sorgt dafür, daß ihr Geschäftsgebiet umfassend mit kreditwirtschaftlichen Leistungen versorgt wird. Darüber hinaus engagiert sich die Sparkasse in vorbildlicher Weise in nahezu allen gesellschaftlichen Bereichen. Eine große Zahl von kulturellen, sportlichen und sozialen Projekten ließe sich ohne die finanzielle Unterstützung der Sparkasse nicht realisieren. Die Sparkasse Bad Salzuflen ist somit im besten Sinne eine Institution, die das öffentliche Leben mitgestaltet.

Für die vielfältigen Aktivitäten zum Wohle des städtischen Gemeinwesens sprechen wir hiermit im Namen aller Bürgerinnen und Bürger dieser Stadt der Sparkasse Bad Salzuflen unseren besonderen Dank aus. Wir sind zuversichtlich, daß die Sparkasse auch in der Zukunft weiter erfolgreich zum Besten der heimischen Wirtschaft und der Bürgerinnen und Bürger unserer Stadt wirken wird.

Heinz-Wilhelm Quentmeier
Bürgermeister

Dr. Wolfgang Honsdorf
Stadtdirektor

Grußwort des Verwaltungsrates

Unsere Sparkasse kann in diesem Jahr auf ihr 150jähriges Bestehen zurückblicken. Daß aus diesem Anlaß die wechselvolle Geschichte des Instituts in einem Buch niedergeschrieben wurde, dürfte den ungezählten Kunden und Freunden der Sparkasse Bad Salzuflen hoffentlich ein besonderes Lesevergnügen bereiten.

Die Geschichte unseres Instituts ist eng mit der wirtschaftlichen Entwickung ihrer Gewährträgerin, der Stadt Bad Salzuflen, verbunden. Seit 150 Jahren ist die Sparkasse eine wichtige Partnerin der örtlichen Kaufmannschaft, des Handwerks und der Industrie und ein treuer Begleiter der Bürgerinnen und Bürger Bad Salzuflens. – Diese Verbundenheit und das Vertrauensverhältnis zur Bürgerschaft würdigte 1987 das Oberverwaltungsgericht in Münster, indem es diese Aktivposten wertete und die angestrebte Klage gegen die Fortdauer der Eigenständigkeit der Städtischen Sparkasse Bad Salzuflen verwarf. Dem Institut wurde bescheinigt, allen Anforderungen in vollstem Umfang gerecht zu werden. Das Urteil von Münster ist deshalb ein wichtiger Meilenstein in der jüngeren Geschichte der Sparkasse.

Zum Jubiläum wünschen wir unserer Sparkasse: Möge sie auch in Zukunft ihren bisher so erfolgreichen Weg fortsetzen und stark und leistungsfähig die an sie gestellten Wünsche und Forderungen erfüllen und weiterhin ein zuverlässiger Partner der Wirtschaft und der Bürger unserer Stadt bleiben.

Der Gruß des Verwaltungsrates gilt allen Kunden und Geschäftsfreunden sowie in besonderem Maße allen Mitarbeiterinnen und Mitarbeitern, deren Fachwissen und persönlicher Einsatz die beste Garantie dafür sind, daß unsere Sparkasse Bad Salzuflen ihr in der Vergangenheit erworbenes Ansehen auch in den kommenden Jahrzehnten bewahren wird.

Klaus Hillebrand
Vorsitzender des Verwaltungsrates

Vorwort

Das in diesem Jahr anstehende 150jährige Jubiläum ist ein willkommener Anlaß, einmal den Blick in die Vergangenheit zu richten und zu hinterfragen, welchen Weg die Sparkasse Bad Salzuflen seit ihrer Gründung im Jahre 1849 genommen hat. Diese Rückschau soll kein Selbstzweck sein; denn aus dem Wissen um die eigene Geschichte lassen sich Erkenntnisse zur besseren Bewältigung der Gegenwartsprobleme und zur effektiveren Gestaltung der Zukunft gewinnen.

Verwaltungsrat und Vorstand der Sparkasse haben deshalb ein Team von Historikern unter der Leitung des Archivars der Stadt Bad Salzuflen, Herrn Franz Meyer, damit beauftragt, die Geschichte des 1849 gegründeten Instituts grundlegend zu erforschen und die Ergebnisse in einem Buch zusammenzutragen. Wichtig war uns hierbei, daß dies in einer anschaulichen, für jeden Leser verständlichen Sprache geschieht. Ausdrücklich erwünscht war auch eine kritisch-analytische Auseinandersetzung mit unserer Geschichte; dies liegt, so meinen wir, im Interesse der Öffentlichkeit und dient zugleich der Stärkung der Glaubwürdigkeit unseres Hauses.

Die vorliegende Chronik kommt unserer Ansicht nach in vorbildlicher Weise diesen Forderungen nach und ist daher bestens geeignet, sowohl die Verbundenheit der Salzufler Bürgerinnen und Bürger als auch die Identifikation der Kunden und Mitarbeiter mit ihrer Sparkasse zu fördern.

Unser Dank gilt allen Personen, die an der Erstellung dieses Buches mitgewirkt haben, in besonderem Maße den Autoren, Herrn Dr. Wolfgang Bender, Herrn Christoph Laue, Herrn Franz Meyer, Herrn Dr. Lothar Weiß und Herrn Stefan Wiesekopsieker, für ihre fundierten Beiträge sowie dem Grafik-Designer, Herrn Martin Emrich, für die gelungene Gestaltung.

Wir widmen dieses Buch allen Menschen, die in den Aufsichtsgremien und Vorständen, aber auch »hinter den Schaltern« und in den Büros über Generationen hinweg durch Idee und Tat an der Gestaltung und Entwicklung der Sparkasse Bad Salzuflen mitgewirkt haben.

Heinz-Theo Drücker
Vorsitzender des Vorstandes

Willi Terschluse
Mitglied des Vorstandes

Gert Schwalbe
stellvertr. Mitglied des Vorstandes

Einleitung

Wenn ein renommiertes Unternehmen einen »runden Geburtstag« feiern kann, so ist dies für die Betriebsleitung häufig ein willkommener Anlaß, sich mit der eigenen Geschichte zu beschäftigen. Nicht selten werden dabei die größten Anstrengungen unternommen, den Werdegang des Unternehmens aus einem einseitigen, jede Objektivität vermissenden Blickwinkel zu betrachten. Das Ergebnis einer solchen Arbeit ist dann eine Publikation, die sich nicht nur äußerlich, sondern auch vom Inhalt her als »Hochglanz-Schrift« präsentiert. Insofern verdient es hier herausgestellt zu werden, daß die Sparkasse Bad Salzuflen aus Anlaß ihres 150jährigen Jubiläums einem Team von fünf Historikern alle erforderlichen Freiheiten gewährt hat, sich umfassend und kritisch mit der Geschichte der zweitältesten kommunalen Sparkasse in Lippe auseinanderzusetzen.

Als wichtigste Quellengrundlage für die Aufarbeitung der Geschichte der Sparkasse diente hier – neben der fachspezifischen Literatur – vor allem die bisher von der Forschung nicht oder nur wenig beachtete einschlägige »Sparkassenüberlieferung« im Staatsarchiv Detmold und im Stadtarchiv Bad Salzuflen. Daneben stellte die Sparkasse Bad Salzuflen bereitwillig ihre Geschäftsberichte zur Verfügung und gewährte (selbstredend unter strenger Beachtung der datenschutzrechtlichen Bestimmungen) Einblick in die Niederschriften des Sparkassen- und des Verwaltungsrates.

Das Ergebnis der umfangreichen Literatur- und Aktenrecherchen spiegelt sich in insgesamt 20 Beiträgen wider, die dem Leser ein vielschichtiges und thematisch abwechslungsreiches Bild der Geschichte der Sparkasse Bad Salzuflen vermitteln wollen. Zunächst informiert ein »chronologischer Längsschnitt« über die Grundzüge der Entwicklung des Instituts von der Gründung 1848/49 bis zum Beginn der 1980er Jahre. »Eingeklinkt« in diesen Aufsatz sind Kurzbiographien der handelnden Personen, der Rendanten und Sparkassendirektoren, sowie ein Exkurs über Notgeld-Schecks aus dem Inflationsjahr 1923. Es folgen Beiträge, die einzelne Aspekte der Institutsgeschichte ausführlicher beleuchten; zu nennen sind hier: die Situation in den »Gründerjahren«, die Hauptgebäude der Sparkasse, das Thema Werbung, »Schötmar und seine Sparkassen« sowie die Verstrickung der Salzufler Sparkasse in den Skandal um die Deutsche Eigenheimbau-Gesellschaft im Jahre 1937. Abgeschlossen wird die Dokumentation mit einem Bericht über die Entwicklung der Sparkasse in der jüngeren Vergangenheit, den als Chronist der derzeitige Vorsitzende des Vorstandes, Herr Heinz-Theo Drücker, beigesteuert hat.

Die Autoren bedanken sich an dieser Stelle beim Vorstand der Sparkasse Bad Salzuflen für die konstruktive Zusammenarbeit und wünschen allen Leserinnen und Lesern kurzweilige Stunden bei der Lektüre dieser Schrift.

Franz Meyer — Bad Salzuflen, im Februar 1999

»Diese Anstalt wird mit Nutze

ır unsere Stadt dauernd bestehen«

Die Städtische Sparkasse Bad Salzuflen von 1848/49 bis zum Beginn der 1980er Jahre

Wolfgang Bender

Einleitung

Die »Allgemeine deutsche Real-Encyklopädie für die gebildeten Stände« bemerkte 1836 zur Einrichtung der Sparkassen bezüglich ihres Einlagegeschäfts: »Sparkassen (saving banks) sind eine der wohlthätigsten Einrichtungen der neueren Zeit [...]. Ihr Zweck ist ein doppelter: 1) den arbeitenden Classen, und überhaupt allen Denen, welche nur geringe Summen erübrigen können, eine vollkommen sichere Gelegenheit zur Aufbewahrung zu geben, nicht sowol gegen Raub und Diebstahl als vielmehr gegen die eigene Schwachheit und die Verführung; 2) aber auch eine Möglichkeit der Verzinsung dieser kleinen Summen, und ein Zuwachsen der Zinsen zum Capital zu gewähren, welches ohne das Zusammenlegen vieler kleiner Einlagen in eine gemeinschaftliche Kasse nicht möglich ist. [...] Ihre moralische Kraft ist von unendlicher Wirkung und gar Viele werden durch sie vom Verderben errettet.«[1] Aus diesem zeitgenössischen Lexikonartikel wird klar der sozialkonservative und erzieherische Auftrag der Sparkassen als Institut der kleinen Leute in der Zeit der beginnenden Industrialisierung und des aufkommenden Pauperismus im sogenannten Vormärz vor der Revolution von 1848/49 deutlich.

Die rechtliche Grundlage für die Genehmigung von Sparkassen in Lippe bildete im Jahre 1848/49 weder ein Gesetz noch die antiquierte lippische Landesverfassung von 1836 oder die Städteordnung von 1843, sondern nur eine Verordnung vom 2. November 1841, mit der die Fürstliche Regierung die Gründung einer privaten Sparkassengesellschaft zu Horn und deren Statuten wohlwollend genehmigte sowie den Geschäftsbetrieb dieser Kasse ihrer Oberaufsicht unterwarf, was wiederum generell auch für künftige Gründungen gelten sollte.[2] In der Verordnung, die wenige Tage später öffentlich im »Fürstlich Lippischen Intelligenzblatt« bekanntgemacht wurde, lobte die Regierung den Sparkassengedanken im eingangs zitierten moralisierenden Stil der Zeit und führte dazu unter anderem aus: »Bei dem anerkannten Nutzen der Sparcassen, welche dadurch, daß sie der arbeitenden und dienenden Classe Gelegenheit geben, ihre Ersparnisse sogleich sicher anzulegen und durch Verzinsung zu vermehren, zu Sparsamkeit und Arbeitsamkeit ermuntern, Wohlstand und Sittlichkeit befördern und Verarmung abwenden, kann die Regierung nur wünschen, daß ähnliche Anstalten sich auch in anderen Städten und Aemtern des Landes bilden [...].«[3] Was nun Salzuflen, die kleine Landstadt an der Salze anbelangte, die zu jener Zeit rund 1.600 Einwohner zählte, sollte dieser Wunsch bereits einige Jahre später in Erfüllung gehen.

Verhaltener Beginn

Auch die aus dem Salzufler Volksverein von 1848 stammenden Gründerväter der Sparkasse Salzuflen, der nach Lemgo zweitältesten kommunalen Sparkassengründung in Lippe, haben – wie so typisch für viele andere Sparkassengründungen in jener Zeit – in ihren vom Magistrat am 20. April 1849 revidierten und gebilligten »Statuten der Sparkassen-Gesellschaft« (offizielles Gründungsdatum der Sparkasse Bad Salzuflen) dem Spargedanken oberste Priorität eingeräumt (§ 1).[4] Das Sparen der einfachen Bevölkerung (Passivgeschäft) stand auch hier als sozialer Gründungsimpuls noch Pate und nicht so sehr der Gedanke der Gewerbeförderung durch Kreditvergabe (Aktivgeschäft), wie dies bei der späteren Gründung der Stadtsparkasse Blomberg (1870) der Fall war.[5] Daneben mag auch bereits der Gedanke einer zukünftigen möglichen Nettogewinnausschüttung an die Gewährträgerin, die Stadt Salzuflen, als weiterer – aber anfangs sicherlich nicht primärer – Gründungsimpuls eine gewisse Rolle gespielt haben. Dieser wird jedoch aus den Akten nicht ersichtlich. Deutlich wird jedoch die Sparkassenphilosophie der Volksvereinshonoratioren aus einem Schreiben an den Salzufler Magistrat vom 28. März 1849. Darin heißt es unter anderem: »Die Vortheile der Sparcassen sind weltbekannt, sie erwecken die Lust Vermögen zu sammeln, stilliegende Capitalien kommen in Circulation, und die Geldsuchenden werden auf leichte Weise befriedigt, ohne an Unterhändler hohe Prozente bezahlen zu müssen.«[6] Sparer konnten ab 1849 ihr Geld mit einer jährlichen Verzinsung von einem Silbergroschen je Taler (= 3 1/3 %) bei der Sparkasse Salzuflen anlegen (§ 3 des Statuts). Kreditsuchende erhielten zunächst nur gegen hypothekarische Sicherheit Geld zu einem Regelzinssatz von 4 1/6 % (§ 15), später auch gegen Schuldschein. Überschüsse waren zunächst einem als Sicherheit dienenden Reservefonds zuzuführen. Aus diesem konnten »[...] kleine Darlehen an Hülfsbedürftige, welche wenigstens eine moralische Sicherheit gewähren, verabreicht werden [...]« (§ 6). Der Sparkassenrendant hatte eine Kaution von immerhin 500 Talern – ein kleines Vermögen in der damaligen Zeit – zu stellen (§ 11).

Wie die nachmaligen Stadtsparkassen zu Horn und zu Lage, die ihre Gründung in den Jahren 1841 bzw. 1860 einem Privatverein verdankten,[7] war auch die gemeinnützige und damit bis zur Weimarer Zeit nicht steuerpflichtige Salzufler Sparkasse aufgrund privater Initiative – den im sozialkonservativen Volksverein zusammengeschlossenen städtischen Handwerkern und Gewerbetreibenden – ins Leben gerufen worden. Sie stand jedoch von Anfang an unter Garantie und Aufsicht (§ 24) sowie wohlwollender Förderung des Magistrats der kleinen Ackerbürgerstadt.[8]

Der vom Volksverein – dem eigentlichen Spiritus rector der Sparkasse – gewählte und vom Magistrat bestätigte ehrenamtlich tätige zweiköpfige Vorstand sowie der anfangs fünf, später dreiköpfige Kreis der Deputierten der Sparkassengesellschaft bestand im Gründungsjahr

1849 aus den Salzufler Honoratioren:
- Kaufmann Friedrich Wilhelm Luther Kotzenberg als Rendant (Rechnungsführer),
- Kaufmann Adolph Barkhausen als »Controlleur«,
- Kaufmann Friedrich Leopold Hunecke, Rendant Ludwig Gödecke, dem späteren Amtsanwalt Wilhelm Krecke, Ratsherr Heinrich Hasse und Salinendirektor Wilhelm Brandes.[9]

Das erste Jahrfünft der Sparkasse Salzuflen erwies sich bezüglich des Geschäftsaufkommens und des Gewinns – besonders im Vergleich zur 1846 gegründeten nächstbenachbarten Kreissparkasse zu Herford – insgesamt als recht bescheiden.[10] Im ersten Geschäftsjahr wurden ganze 23 Einlagen im Gesamtbetrag von 422 Talern und 10 Silbergroschen getätigt und ein Überschuß von bescheidenen 18 Silbergroschen und 4 Pfennigen erwirtschaftet.[11] Der »Umschlag« stieg von 1.073 Talern im Jahre 1849 auf nur 4.474 Taler im Jahre 1853. Der Gesamtgewinn der fünf Geschäftsjahre belief sich auf ganze 31 Taler.[12] Das lag vor allem an der Institutsverwaltung und -führung. Namentlich der Rendant Kotzenberg, der im Dezember 1853 sein Amt niederlegte, hielt sich, besonders im Hinblick auf seine Informationsverpflichtungen gegenüber dem Magistrat und den Mitgliedern der Sparkassengesellschaft, nicht an die Statuten. So teilte er z.B. die Jahresabschlüsse für die Jahre 1851 – 53 dem Magistrat gar nicht erst mit, obgleich ihn der § 22 der Satzung dazu verpflichtete, und eine Überprüfung seiner Geschäftsführung durch die Deputierten fand gleichfalls nicht statt![13] Bezüglich der Sicherheit und der Rückforderungen der gegen hypothekarische Verschreibungen und Schuldverschreibungen an einige Salzufler Handwerker (Tischler, Schneider, Nagelschmied, Schuster) ausgegebenen Kapitalien (bis 100 Taler), erwies sich der Rendant ebenfalls als saumselig und leichtfertig.[14]

Rathaus von Salzuflen. Von 1883 bis 1891 diente das 1545/47 erbaute Gebäude auch als Domizil für die Städtische Sparkasse. Aquarell von Emil Zeiß, 1870.

Friedrich Leopold Hunecke

Friedrich Leopold Hunecke wurde am 1. September 1818 in Salzuflen geboren, wo seine Familie seit Generationen ansässig war. Im Januar 1847 verheiratete er sich mit Auguste Beckmann (1822–1875); aus der Ehe gingen acht Kinder hervor, von denen allerdings nur fünf das Erwachsenenalter erreichten. Als Inhaber eines Manufakturwarengeschäfts und Agent zweier größerer Versicherungsgesellschaften engagierte er sich auch in der Verwaltung der 1849 gegründeten Salzufler Sparkasse, deren zweiter Rendant er Anfang 1854 wurde. Friedrich Leopold Hunecke, der es in seiner Vaterstadt zu großem Ansehen und beträchtlichem Vermögen gebracht hatte, verstarb am 2. Oktober 1876.

Quelle: STABS, R III 1.

Vater und Sohn – Die Sparkasse unter den Huneckes

Friedrich Leopold Hunecke

Nach dieser Anfangsphase des Mißmanagements gelangte die Verwaltung der Sparkasse erst unter dem seit Februar 1854 amtierenden neugewählten Rendanten, dem Salzufler Kaufmann Friedrich Leopold Hunecke, in wohlgeordnete Bahnen.[15] Unter ihm nahm das Institut seit der Mitte der 1850er Jahre einen enormen Aufschwung. Für seine ehrenamtliche, zunehmend Zeit beanspruchende Tätigkeit erhielt er ab 1855 eine jährliche Aufwandsentschädigung von bescheidenen 10 Talern, die allerdings bereits 1858 verdoppelt wurde.[16] Zum Geschäftsjahr 1856 berichtete der Kontrolleur Adolph Barkhausen dem Magistrat über »[...] die vermehr-

Blick über den Salzufler Marktplatz; in der Bildmitte (von links) die »Bürgermeisterhäuser« Barkhausen (erbaut 1564) und Gießenbier (1530/31). Aquarell von Emil Zeiß, 1875.

ten Einlagen […], namentlich die Einlagen, deren so viele dem dienenden Stande angehören.«[17] In der Präambel des neuen Statutes der Sparkasse Salzuflen vom 24. Februar 1859 heißt es daher ebenso treffend rückblickend wie vorausschauend:[18] »Im Jahre 1848 begründet, hat dieses Institut unter der Garantie des Magistrats, einen solchen Aufschwung genommen, daß nach den gemachten Erfahrungen mit Recht von demselben gesagt werden kann: diese Anstalt wird mit Nutzen für unsere Stadt dauernd bestehen, […].« Zum wachsenden Geschäftsverkehr der letzten Jahre stellte der Sparkassenvorstand, bestehend aus den genannten Hunecke und Barkhausen sowie drei Mitgliedern der Kaufmannsfamilie Krecke als Ausschußdeputierte, in seiner Bitte um Bestätigung der Statuten durch die Regierung im April 1859 fest, »[…] (daß) sich die Spar-Casse bei ihrer schon jetzt genommenen Ausdehnung häufig in der Lage befindet, Gelder im benachbarten Preußischen an oder auszuleihen […].« Die genannten Vorständler wünschten daher – auch unter Verweis auf die dortige Kleinkinderschule, die ebenfalls auf Initiative des Volksvereins gegründet wurde und die 1853 den Status einer juristischen Person durch die Regierung verliehen bekommen hatte – einen ebensolchen für ihr Institut, um im Preußischen noch besser Rechtsgeschäfte tätigen zu können.[19] Die Statutenrevision wurde ohne jeden Änderungswunsch seitens der Regierung von dieser genehmigt. Den Antrag auf Änderung des Rechtscharakters lehnte man unter Hinweis auf die öffentliche Bekanntmachung des neuen Statutes in Lippe rundweg ab, da eine Ausdehnung der Geschäftstätigkeit auf »das Ausland« über den Zweck der Anstalt hinausginge und eine solche Verleihung für lippische Sparkassen unüblich sei.[20]

Bis zu seinem Tode im Jahre 1876 führte Rendant Friedrich Leopold Hunecke die Geschäfte der Sparkasse als Einmannbetrieb – nur unterstützt von einem Gelegenheitsboten – in den Räumlichkeiten seines Wohnhauses. Während seiner mehr als zwei Jahrzehnte dauernden Amtszeit brachte er das Institut an die Spitze der lippischen Kommunalsparkassen. Die Jahresüberschüsse waren während seiner Leitung von 31 Talern auf 14.677 M angestiegen.[21] Der Einlagebestand bezifferte sich Ultimo 1875 auf über 626.000 M, der Darlehnsbestand auf über 628.000 M.[22] Zum Vergleich: In seinem ersten Amtsjahr betrugen die Spareinlagen gerade einmal umgerechnet 8.908 M (31. Dezember 1854).[23] Die Einlagensumme hatte sich innerhalb von 21 Jahren – Konjunkturkrisen, Umstellung von Taler- auf Markwährung (1874) und den Kriegen von 1866 und 1870/71 zum Trotz – stetig erhöht und versiebzigfacht! Ein untrüglicher Beweis für das Vertrauen, das die Kunden ihrer Sparkasse entgegenbrachten und für deren Bonität.

Abschlüsse der Sparkasse „Salzuflen" in runder Summe seit dem Jahre 1848:

Jahr	Umschlag		Ueberschuß	
		ℛ Sgr ₰		ℛ Sgr ₰
1848			7	
1849	1073	„	1	„
1850	1095	„		„
1851	1341	„		„
185²/₃	4474	„	31	„
1854	3884	„	36	„
1855	3759	„	51	„
1856	5940	„	82	„
1857	8853	„	113	„
1858	8710	„	150	„
1859	11632	„		„
1860	10220	„	180	„
1861	19796	„	338	„
1862	21087	„	461	„
1863	27312	„	571	„
1864	30316	„	727	„
1865	40225	„	885	„
1866	33187	„	1011	„
1867	38672	„	1208	„
1868	34271	„	1346	„
1869	54344	„	1528	„
1870	54932	„	1693	„
1871	60351	„	1940	„
1872	112333	„	2278	„
1873	150488	„	2775	„
1874	213748	„	3665	„
1875	657189	Mark	14677	Mark
1876	674691	„	17714	„
1877	740486	„	20953	„

Geschäftsentwicklung der Sparkasse Salzuflen zwischen 1848 und 1876.

Entwicklung der Spareinlagen bei der Städtischen Sparkasse Salzuflen zwischen 1848 und 1912.

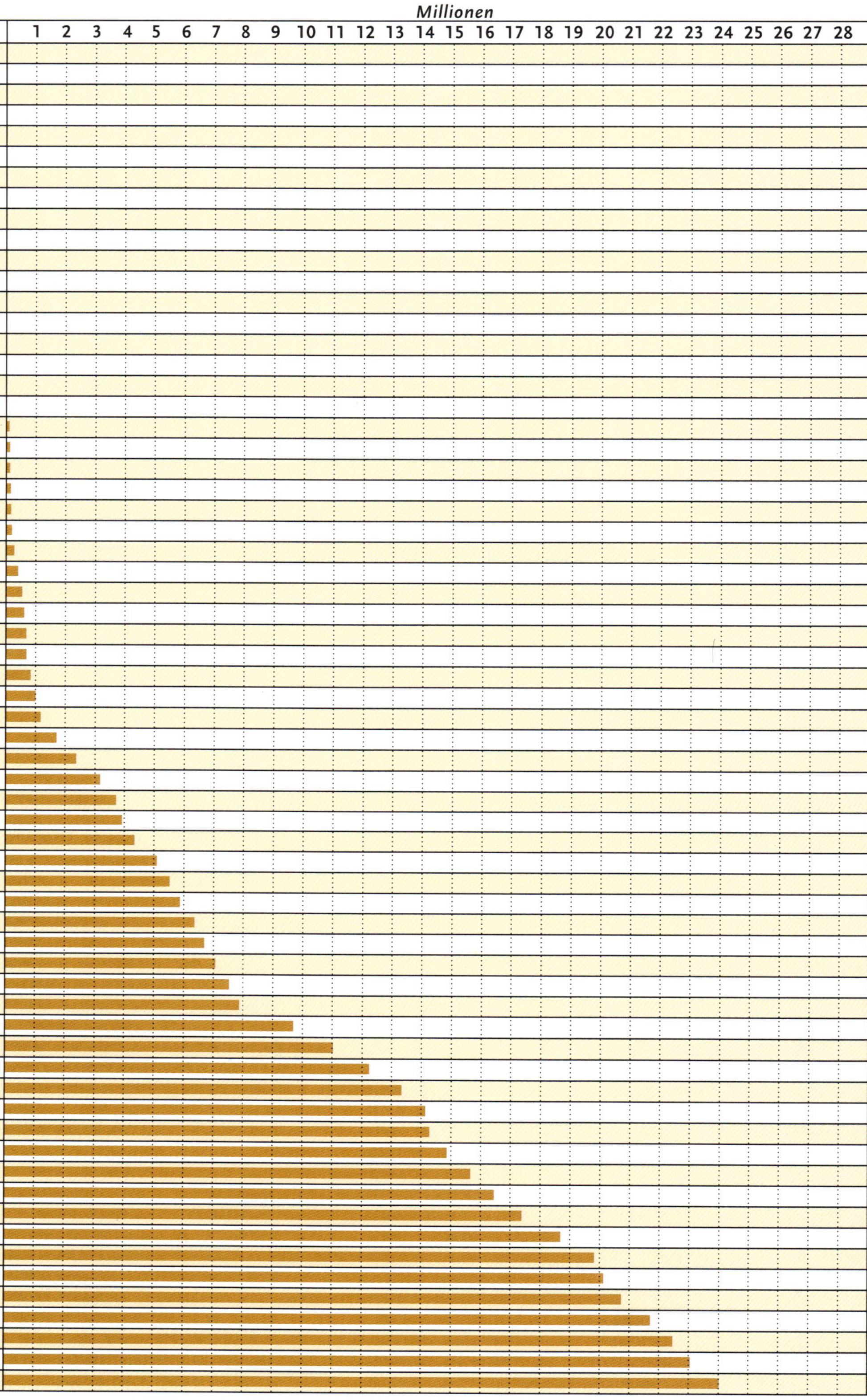

Jahr	Mark
1848	1.171
49	2.927
1850	3.031
51	3.429
52	3.650
53	6.936
54	8.908
55	11.940
56	15.133
57	20.307
58	28.116
59	29.325
1860	30.834
61	45.395
62	52.923
63	61.586
64	72.955
65	92.605
66	103.120
67	117.413
68	120.006
69	148.870
1870	163.814
71	191.003
72	268.858
73	408.554
74	550.304
75	626.415
76	706.803
77	715.464
78	821.872
79	988.374
1880	1.156.204
81	1.699.858
82	2.359.766
83	3.169.448
84	3.714.203
85	3.919.972
86	4.342.766
87	5.103.851
88	5.527.482
89	5.882.373
1890	6.368.138
91	6.699.311
92	7.072.937
93	7.539.821
94	7.877.188
95	9.708.476
96	11.047.890
97	12.281.516
98	13.371.676
99	14.168.015
1900	14.306.331
01	14.904.617
02	15.691.214
03	16.497.433
04	17.434.140
05	18.729.651
06	19.873.300
07	20.190.228
08	20.788.998
09	21.773.814
1910	22.514.797
11	23.113.435
12	24.000.076

Neuer Rechtsstatus und Festigung der Spitzenposition unter Hugo Hunecke

Weitere revidierte Statuten, die dem stetig wachsenden Geschäftsaufkommen und den dabei gemachten Erfahrungen Rechnung trugen, wurden in den Jahren 1871, 1876, 1883 und 1898 erlassen. Während die beiden Statutenänderungen der 1870er Jahre mit ihren Präzisierungen, Ergänzungen, Anhebungen der Vorstandsgehälter sowie ihren drastischen Erhöhungen des Reservefonds (auf 5.000 M) und der Rendantenkaution (auf 6.000 M) – nach Ausweis der Quellen – ohne Schwierigkeiten die Genehmigung und Bestätigung von Stadt und Regierung erhielten,[24] gab es besonders im Vorfeld der Satzungsänderung von 1883 doch einige Probleme und damit verbundene Änderungsforderungen seitens der Regierung, die ihre Sparkassenaufsicht und ihren Einfluß auf die Geschäftstätigkeit des Instituts sichtlich intensivierte. Der Sparkassenvorstand hatte sich selbst 1882 eine Vervielfachung des Gehaltes von einer besseren Aufwandsentschädigung hin zu einem überaus üppigen Salär durch eine recht eigenwillige Neuinterpretation der Statuten genehmigt und auch ausbezahlt.[25] Die Satzung von 1876 sah vor, daß der Rendant 10 %, der Kontrolleur 2,5 % und die drei Ausschußdeputierten zusammen 1,5 % vom jährlichen Überschuß als »Remuneration« (= Gehalt, Besoldung) erhalten sollten (§ 22). Der Sparkassenvorstand legte 1882 diesen Passus erstmalig jedoch so aus, daß er vom gesamten, aufgelaufenen Gewinn der letzten 32 Jahre in Höhe von 35.170 M (Ultimo 1881) die genannte Remuneration für das Rechnungsjahr 1881 zu erhalten habe und wollte auch in den folgenden Jahren den jeweiligen Gesamtgewinn des Instituts seit Gründung als jeweilige Bemessungsgrundlage des Gehaltes festsetzen! Der Salzufler Magistrat ging in seinem Bericht an die Regierung vom 8. Juni 1882 davon aus, daß satzungsgemäß nur der jewei-

Hugo Hunecke

Hugo Hunecke wurde am 20. Februar 1848 als ältester Sohn des Kaufmanns Friedrich Leopold Hunecke und seiner Ehefrau Auguste, geb. Beckmann, in Salzuflen geboren. Nach dem Besuch der Volksschule erhielt er seine erste kaufmännische Ausbildung in der väterlichen Manufakturwarenhandlung, später war er in ähnlichen Geschäften in Lüneburg, Corbach und Göttingen tätig. 1871/72 arbeitete er in einer Leinenfabrik in Neustadt/Oberschlesien, bevor er nach Salzuflen zurückkehrte, um den kränkelnden Vater in seinem Geschäft und bei der Verwaltung der Sparkasse zu unterstützen. Nach dessen Tode übernahm er sowohl die Manufakturwarenhandlung als auch die Rendantenstelle, wenngleich ihm diese zunächst nur probeweise übertragen worden war (ab 1. Januar 1878 definitiv). Unter Hugo Huneckes Leitung entwickelten sich der Geschäftsumfang und die Bedeutung der Sparkasse beträchtlich. Auf Drängen der Stadtväter gab er das eigene Geschäft zum 1. April 1891 auf, um sich ganz und gar seiner Sparkassentätigkeit zu widmen. Bereits im September 1878 hatte sich Hugo Hunecke mit Auguste Volkhausen (1851 – 1896), der Tochter des Amtsmeiers von Gut Volkhausen, verheiratet; aus der Ehe gingen fünf Kinder hervor. Im gesellschaftlichen Leben seiner Vaterstadt engagierte er sich insbesondere im Turnverein, dessen langjähriger Vorsitzender er war, und im Schützenverein. Darüber hinaus bekleidete er über viele Jahre hin das Amt eines Kirchenältesten. Hugo Hunecke, dessen Gesundheit seit frühester Jugend durch ein schweres Augenleiden stark geschwächt war, verstarb mit nur 46 Jahren am 23. Juli 1894 an einem Gehirntumor. Quelle: STABS, R III 1.

lige Jahresüberschuß zur Besoldungsverrechnung in Ansatz gebracht werden könne, zumal die Überschüsse der vorangegangenen Jahre bereits jährlich für die früheren Remunerationen verrechnet worden seien. Der Magistrat ersuchte daher, »[...] da bestimmte Anhaltspunkte aus den Verhandlungen bei Feststellung des Statuts nicht vorhanden sind, [...] hochfürstliche Regierung ganz gehorsamst um gütige Belehrung, [...] in welchem Sinne hochdieselbe die Bestätigung ausgesprochen hat.«[26] Da diese keine Auslegungshinweise auf die gestellte Frage in ihren Akten auffinden konnte, verfügte sie, daß der Magistrat die Entscheidung über die Vergütung vorerst selbständig treffen solle.[27] Man einigte sich in der Salzestadt dennoch auf eine für den Sparkassenvorstand äußerst vorteilhafte Lösung.[28] Hier mag auch eine Rolle gespielt haben, daß die Stadt wegen der Finanzierung einer Reihe von kommunalen Infrastrukturmaßnahmen (vor allem der Eisenbahnanschluß an die Strecke Herford — Detmold, der Bau des Amtsgerichts und der Roten Schule) mittlerweile mit der gewaltigen Summe von 275.620 M bei der Sparkasse hochverschuldet war, daß diese im abgelaufenen Rechnungsjahr 3.123 M aus ihren Überschüssen an städtische Einrichtungen gespendet hatte und in ein städtisches Institut überführt werden sollte.[29]

Inserat der Städtischen Sparkasse Salzuflen im »Lippischen Dorfkalender« von 1894.

Die Einrichtung der Sparkasse als städtisches Institut geschah auf ausdrücklichen Wunsch der Regierung. Gleichzeitig erfolgte auch eine Umbenennung in »Städtische Sparkasse Salzuflen.« Die neue Satzung von 1883, die zu einer Reorganisation der Sparkasse und zur besagten rechtlichen Umwandlung mit zwischenzeitlicher Translozierung des »Sparkassenlocals« in das unweit vom Hause Hunecke gelegene Rathaus am Markt führte (1883 – 1891),[30] legte fest, daß ab dem 1. Januar 1883 der Rendant ein festes Jahresgehalt von 2.250 M und leistungsbezogen 20 % Tantiemen vom Jahresüberschuß bis zu einer Höhe von 6.750 M erhalten solle (mithin 1.350 M). Der über diese Summe hinausgehende Überschuß sollte nur mit 5 % vergütet werden. Der Kontrolleur erhielt den vierten Teil und jeder Ausschußdeputierte den 20. Teil des jeweiligen Jahreseinkommens des Rendanten.[31] Zum Vergleich: Der durchschnittliche Tageslohn eines männlichen Arbeiters betrug in Salzuflen zu jener Zeit 1,50 M (rund 400 – 450 M p.a.), und der hauptamtliche Bürgermeister erhielt eine Jahresbesoldung von 2.400 M.[32]

Höchst unerfreulich für den Sparkassenvorstand, der sich ja soeben kräftig selbst aus den Gewinnen des prosperierenden Instituts bedient hatte, gestaltete sich der Revisionsbericht vom 22. Oktober 1882 für das Geschäftsjahr 1881. Der staatliche Revisor Oskar Ruelberg, seines Zeichens Kaufmann und Landessparkassendirektor zu Detmold, monierte auf acht halbbrüchig beschriebenen Seiten eine Fülle von inhaltlichen und formalen Fehlern, Versäumnissen und Unklarheiten des Rechnungsabschlusses der Salzufler Konkurrenz für 1881.[33] So fehlte beispielsweise eine Vermögensaufstellung, aus der die wirtschaftliche Gesamtlage des Instituts hätte ersichtlich werden können, und die völlig unzureichende Höhe des Reservefonds (5.000 M) im Vergleich zu dem enorm angestiegenen Geschäftsumfang wurde massiv kritisiert. Auch der Magistrat hatte die Rechnungslegung, die

er zuvor letztlich doch abgenommen hatte, mit den Worten gerügt: »[...] daß der Abschluß vor der Abnahme durch den Magistrat publiciert ist und daß zur Aufstellung der Rechnung sich fremder Hülfe bedient und dieser dadurch Einsicht in das Geldgeschäft gewährt und die sich mit dem discreten Character der Casse nicht verträgt, welche leicht zu Unzuträglichkeiten und Mißbräuchen führen kann.«[34]

Ansonsten äußerten sich die staatlichen Prüfer anläßlich der in unregelmäßigen mehrjährigen Abständen stattfindenden, angemeldeten und unangemeldeten ein- bis zweitägigen Revisionen sehr positiv über den Geschäftsbetrieb der Städtischen Sparkasse. So heißt es beispielsweise im Bericht des Rechnungsprüfers und Regierungsrates Hoffmann an die Regierung vom Jahre 1871, »[...] daß die Geschäftsführung des Rechnungsführers Kaufmann Huneke durchaus musterhaft ist. Die Hauptbücher zeigten die größte Reinlichkeit und Accuratesse. Auch die sonst eingezogenen Erkundigungen haben ergeben, daß die Geschäftsführung eine durchaus solide ist und daß das Institut seit seinem Bestehen außerordentlich wohlthätig gewirkt hat.«[35] Fünfzehn Jahre später, 1886, – die im Revisionsbericht aus dem Jahre 1882 aufgeführten Mängel waren wohl positiv verarbeitet und abgestellt worden – wurde seitens des staatlichen Revisors Ernst über die Geschäftsführung und den Rendanten an die Regierung berichtet, »daß der Geschäftsbetrieb der Salzuflenschen Sparkasse nach streng soliden Grundsätzen, mit Einhaltung der gebotenen Vorsicht, in übersichtlicher und leicht controlirbarer Art gehandhabt wird. [...] (Und), daß die Art des freundlichen, entgegenkommenden Verkehrs des Rendanten Hunecke mit dem zumeist aus Landleuten bestehenden Publicum auch den wohlthuendsten und vertrauenerweckendsten Eindruck hinterlassen muss.«[36] Ursachen des raschen und lukrativen Aufblühens dieses jungen Geldinstituts waren nach Ansicht des Revisors unter anderem:[37]

- attraktive langfristig gültige Zinssätze im Aktiv- und Passivgeschäft,
- die Gewährträgerschaft » [...]durch die reich begüterte, vollständig schuldenfreie Stadt« (sic! s.o.),
- Kreditgewährungen nur gegen erstklassige Sicherheiten,
- die verkehrsgünstigte Lage Salzuflens (Eisenbahnanschluß, Grenzlage zum Preußischen und zum »reichen Amt Schötmar«),
- Einlagen lippischer und außerlippischer Steuerflüchtlinge, die sich der sogenannten Klassensteuer[38] entziehen wollten (z.B. der Fabrikant Detert aus Hagen/Westfalen mit 30.000 M),
- die besondere Reputation »in den höheren, bevorzugten Kreisen« (Einzahlung des Landtagspräsidenten von Lengerke, 5.000 M).

Besonders der Geschäftsverkehr mit Einwohnern der benachbarten preußischen Städte Oeynhausen, Herford, Löhne und Bünde trug seit Anfang der 1880er Jahre – neben der Pressewerbung und den bekannten hervorragenden Sicherheiten – zum rasanten Aufschwung der Städtischen Sparkasse dergestalt bei, »daß er heute den Schwerpunkt für Abfuhren bildet und wesentlich für Zufuhren beiträgt,« so der Rendant in seinem Schreiben an den Rechnungsrevisor Ernst vom 5. Mai 1886.[39] Die geographische Ausdehnung der Geschäftstätigkeit der rührigen Sparkasse rief wiederum 1886 das Mißfallen besonders der Oeynhausener Sparkasse und der Preußischen Regierung zu Minden hervor, die fälschlich vermuteten, ein »Agent« der Salzufler namens Gustav Wiegand habe in seinem Haus in Oeynhausen eine »Zweigstelle« der Städtischen Sparkasse Salzuflen eröffnet.[40] Daß Wiegand allerdings in den 1880er Jahren ganz kräftig im Einzugsbereich des Oeynhausener Instituts als Hypothekenvermittler gewildert haben muß, wird in einem Schreiben der Sparkasse Salzuflen an ihren Magistrat aus dem Jahre 1887 freimütig zugegeben, in dem ausgeführt wird, daß dieser zum Vorteil des Salzufler Instituts in den vergangenen 7 bis 8 Jahren rund 2 Millionen Mark (!) an sicheren Hypotheken dort vermittelt habe, da es ansonsten nicht möglich gewesen wäre, »die eingelegten Gelder alle sicher unterzubringen.«[41]

Sparkassenkontrolleur und -mitbegründer Adolph Barkhausen (1818–1886).

Im Jahre 1886 verstarb der Sparkassenkontrolleur und -mitgründer Adolph Barkhausen. Das Ersuchen von Magistrat und Stadtverordnetenversammlung, dem windigen und unsäglichen Bürgermeister Albert Ringsdorff für ein enormes Jahresgehalt von 900 M den insgesamt wenig zeitaufwendigen, dafür aber um so lukrativeren Posten auf sechs Jahre zu übertragen, um somit auch dessen Einkünfte ohne Belastung des Stadtsäckels aufbessern zu können, scheiterte am Widerstand der Regierung, die sich bei ihrer Ablehnung auf die Unvereinbarkeit dieses Ansinnens mit der Lippischen Städteordnung berief.[42] Ringsdorffs Wunsch, unbesoldeter Vorstandsvorsitzender der Städtischen Sparkasse zu werden, wurde ebenfalls abgelehnt. Der bereits vorbestrafte Bürgermeister Albert Ringsdorff verlor drei Jahre später wegen Urkundenfälschung und Unterschlagung – auch im Zusammenhang mit Sparkassengeldern – sein Amt und wurde zu acht Jahren Zuchthaus verurteilt.[43]

Gegen säumige Schuldzinszahler ging die Sparkasse sehr schnell mit Hilfe des Salzufler Stadtgerichtes bis hin zur Exekution und Zwangsversteigerung vor. Aus dem Jahre 1879 haben sich noch sieben Prozeßakten erhalten, die als Schuldner aus den städtischen oberen Unter- und unteren Mittelschichten je zwei Tischlermeister und Gastwirte sowie je einen »Handarbeiter«, »Schützenknecht« und »Aufseher« nennen. Die verliehenen Geldsummen bewegten sich zwischen 300 und 8.250 M![44]

Daß die Sparkasse bei diesen Geschäften auch gelegentlich finanzielle Verluste hinnehmen mußte, zeigt ein Vorfall aus dem Jahre 1883. Haus und Grund (4,36 ha) eines Bauern zu Lockhausen, die mit 6.000 M beim ehemaligen Lemgoer Pastor Pothmann und nur mit 900 M bei der Städtischen Sparkasse belastet waren, erwarb die Sparkasse selbst für 6.950 M im Zwangsversteigerungsverfahren. Die beiden Hypotheken löste sie ab.[45] Noch im Laufe des Jahres verkaufte sie die Liegenschaft für 10.500 M und hatte sich somit glatt um 3.350 M verspekuliert.[46]

Gleich im ersten Jahr ihres neuen Status als städtisches Institut (1883) hatte der Stadtkämmerer 9.000 M der Überschüsse für den Stadtsäckel vereinnahmen können, bei einem kommunalen Gesamtetat von nur rund 62.000 M. Die Lokalzeitung bemerkte zu dieser stetigen

Geschäftsbericht
der
Städtischen Sparkasse in Salzuflen
für das Rechnungsjahr 1891.

		Mark	Pf.
	Einnahme.		
1	Cassa-Bestand laut Rechnung von 1890	63983	12
2	Rückständige Zinsen und Gerichtskosten von 1890	9080	48
3	Vereinnahmte Zinsen pro 1. December 1891	256973	93
4	Zurückgezahlte Kapitalien mit Zinsen	760155	92
5	3036 Einlagen pro 1891	1286892	75
6	Außergewöhnliche Einnahmen	376517	2
	Mark	2753603	22
	Ausgabe.		
1	Ausgeliehene Kapitalien pro 1891	1106919	31
2	Zurückgezahlte Einlagen und Zinsen	1184401	15
3	Außergewöhnliche Ausgaben	446502	31
4	Verwaltungs- und Bureau-Kosten	7634	41
5	Gerichts-Kosten	75	20
	Mark	2745532	38
	Abschluß.		
	Einnahme	2753603	22
	Ausgabe	2745532	38
	ist Cassa Bestand Mark	8070	84
	Ganzer Umschlag des Jahres 1891	5499135	60

Status
der
Städtischen Sparkasse in Salzuflen
am 31. December 1891.

		Mark	Pf.
	Activa.		
1	Kapitalien gegen Hypothek	5520491	3
2	Kapitalien gegen Schuldscheine	1042111	99
3	Staatspapiere, Courswerth am 31. December 1891	211600	—
4	Erworbene Immobilien	30495	10
5	Cassa-Bestand am 31. December 1891 und Bücher	8071	34
6	Feuerfeste Geldschränke und Mobiliar	4156	77
	Mark	6816926	23
	Passiva.		
1	Einlagen mit Zinsen	6699324	90
2	Außergewöhnliche Anleihe	40000	—
	Mark	6739324	90
	Abschluß.		
	Activa	6816926	23
	Passiva	6739324	90
	ist Ueberschuß Mark	77601	33
	von welchem Betrage Mark 40000 den Reservefonds bilden, demnach Reingewinn Mark	37601	33

Die Sparkassen-Verwaltung.
Hugo Hunecke, Rendant. **C. H. Witte,** Controlleur.
F. W. Krecke, Karl Krecke, Ausschußdeputirte.

Geschäftsbericht der Städtischen Sparkasse in Salzuflen für 1891.

— 560 — — 561 —

Uebersicht über den Sparverkehr im Jahre 1912, die Reserven, Zinsüberschüsse und Verwaltungskosten.

Name der Sparkasse.	Zahl der Konten	Bestand der Einlagen am Ende des Vorjahres M	Das Einlegerguthaben hat zugenommen durch Zuschlag von Zinsen im Laufe des Betriebsjahres M	zugenommen durch neue Einlagen M	abgenommen durch Rückzahlungen M	Bestand am Ende des Betriebsjahres M	Auf 1 Einlage treffen von den Gesamteinlagen M	Höhe des Reservefonds Ende 1912 M	Der Reservefonds betrug 1911 M	Zinsüberschüsse M	Betrag der zu öffentlichen Zwecken verwendeten Zinsüberschüsse M	Verwaltungskosten M
Landesspar- und Leihekasse	32 218¹)	43 995 324	928 248	11 146 696	11 158 223	44 912 045	1394	1 140 072	1 197 455	257 708	181 401	55 727²)
Sparkasse der Stadt Salzuflen	11 342	23 113 436	812 884	5 146 596	5 072 839	24 000 077	2116	346 969	315 660	167 909	111 148	25 451
" " " Lemgo	9 911	12 026 371	312 461	2 169 641	2 125 277	12 383 196	1249	223 499	208 621	85 023	52 000	17 764
" " " Lage	8 060	10 961 803	303 293	2 437 097	2 334 017	11 368 176	1410	393 097	371 614	87 604	26 419	13 492
Spar- und Leihekasse in Blomberg	8 052	10 155 761	308 058	1 691 495	1 571 877	10 583 437	1314	144 312	129 498	90 989	52 588	18 871
Sparkasse der Stadt Horn	4 014	4 726 335	124 611	745 397	634 329	4 962 014	1236	173 120	167 601	33 197	16 959	5 319
" " " Detmold	2 865	2 542 760	87 949	3 405 627	3 455 269	2 581 067	901	15 262	12 940	17 351	.	6 898
" " " Barntrup	1 329³)	1 407 049	43 201	380 502	331 275	1 499 477	1128	51 429	48 042	9 205	3 387	2 450
Verwaltungsamt Detmold: Amtssparkasse in Lage	1 304	1 505 533	55 352	1 714 584	1 443 406	1 832 063	1405	13 503	7 887	13 727	.	4 705
Verwaltungsamt Brake: Amtssparkasse in Brake	1 122	1 023 566⁴)	29 664	252 325	182 077	1 123 478	1001	13 341	8 476	4 665	.	1 504
" des Amtes Sternberg-Barntrup	1 942	1 560 044	49 207	354 290	197 587	1 765 954	909	31 430	24 557	10 983	.	2 362
Gemeindesparkasse in Bösingfeld	2 202	2 645 059	25 211	574 275	544 460	2 700 085	1226	39 722	36 713	15 463	9 024	4 019
Verwaltungsamt Schötmar: Amtssparkasse in Schötmar	1 471	1 372 183	40 568	503 821	310 372	1 606 200	1092	.	.	10 184	.	4 564
" " Oerlinghausen	1 168	1 132 541	41 096	279 083	189 782	1 262 938	1081	43 868	26 309	5 776	.	1 450
	87 000	118 167 765	3 161 803	30 801 429	29 550 790	122 580 207	1409	2 629 624	2 555 373	809 784	452 926	164 576

¹) darunter befinden sich 7729 Einlagen auf Obligationen, Scheine, Scheck usw.
³) infolge Einführung einer neuen Buchführung sind eine Anzahl Konten auf ein Konto umgeschrieben, hieraus erklärt sich der Rückgang.
⁴) die Differenz von 1 Mark erklärt sich aus einem nachträglich gefundenen Rechenfehler der Rechnung vom Jahre 1911.

²) einschließlich 2964 Mark Ruhegehalt.

Geschäftsverkehr der Sparkassen in Lippe im Jahre 1912 (»Amtsblatt für das Fürstentum Lippe«, 25. Oktober 1913).

Aufwärtsentwicklung einige Jahre später treffend: »Der Reingewinn unserer Städt. Sparkasse beträgt für das Jahr 1891 [...] 37.601 Mk. und 33 Pf. Für unsere Stadtkasse ist, bei der Höhe des Etats von ca. 85.000 Mark die Sparkasse ein geradezu maßgebender Factor geworden [...].«[47] Die Regierung mußte daher 1894 die Stadtverwaltung wegen derer wachsenden finanziellen Begehrlichkeit im Zusammenhang mit der von Detmold geforderten, als zwingend notwendig erachteten Erhöhung des Reservefonds an den ursprünglichen, satzungsmäßig verankerten gemeinützigen und öffentlichen Auftrag der Städtischen Sparkasse erinnern, »[...] der Bevölkerung eine bequeme Gelegenheit zur leichten u. völlig sicheren Anlage von Ersparnissen zu bieten und dadurch den Sparsinn zu heben, [...] statt auf größtmögliche Gewinnabschöpfung zu achten, denn, [...] die öffentlichen Sparkassen sind keineswegs in erster Linie dazu da, den garantierenden Kommunen möglichst hohe Einnahmen zu verschaffen.«[48]

Von dieser sicheren und bequemen Anlagemöglichkeit scheinen auch und gerade die lippischen Ziegler bei ihrer Rückkehr von ihren Jahreskampagnen lebhaften Gebrauch gemacht zu haben. Der bereits genannte Revisor Ernst berichtete im Oktober 1890 seiner vorgesetzten Stelle in Detmold: »Auch während der abgehaltenen Kassen-Revision äußert sich namentlich durch heimkehrende Ziegel-Arbeiter dieser lebendige Kassenverkehr, welcher bis 8 Uhr Abends anwährt. Es sei hierbei erwähnt, daß ein nach 24wöchiger Arbeit aus der Umgegend Lübecks zurückgekehrter Ziegler den mitgebrachten Reinverdienst auf 720 M angab und entsprechende Einzahlung machte.«[49]

Da sich, aufgrund des stetig wachsenden Geschäftsaufkommens und Publikumsverkehrs, das Kassenlokal im Rathaus schon seit Jahren als zu klein erwies, wurde die Sparkasse schließlich zum 1. Oktober 1891 in das eigens umgebaute vierräumige Parterre des Wohnhauses des Sparkassenrendanten Hugo Hunecke in die Marktstraße 23 (Wohnhaus Nr. 233) zurückverlegt. Dort war die Sparkasse in einem Zimmer bereits zwischen 1854 und 1883 untergebracht. Hunecke erhielt dafür eine Jahresmiete von 700 M. Der ebenso rastlose wie sparsame Rendant, der in seiner Arbeit seit 1883 vom »Kassengehülfen« und späteren Buchhalter Grummert sowie einem Boten unterstützt wurde, hatte bereits 1891 sein rentables Kaufmannsgeschäft aufgegeben und sich ganz seiner Aufgabe als Sparkassenleiter und städtischer Beamter gewidmet.[50] Er verstarb 1894 nach achtzehnjähriger Amtszeit im Alter von erst 46 Jahren. Für jenes Jahr weist die Bilanz einen Gesamtumschlag von rund 5,8 Millionen Mark und ein Einlagevolumen von fast 7,9 Millionen Mark aus![51]

Die Kundschaft

Spätestens an dieser Stelle und angesichts des enormen Aufschwungs, den die Sparkasse unter der über vierzigjährigen Führung von Vater und Sohn Hunecke genommen hatte, wäre qualitativ und quantitativ zu erforschen, welche Bevölkerungskreise ihr Geld aus dem Sparstrumpf oder von der hohen Kante holten und zur Sparkasse trugen bzw. welche Schichten dort Darlehen aufnahmen. Hier stoßen wir jedoch auf das Problem, daß Haupt- und Kassenbücher des 19. Jahrhunderts nicht mehr überliefert sind, so daß hinsichtlich des qualitativen Aspekts (Sozialprofil der Kundschaft) nur – wie oben geschehen – auf beiläufige Erwähnungen und Zufallsfunde in den kommunalen und staatlichen Archivalien zurückgegriffen werden kann und muß.[52] So bemerkte bereits 1898 der Rendant Wilhelm Meyer: »Ist die erste Einlage im April 1849 geschehen, so wurde doch der Grundstein im Jahre 1848 gelegt. Leider fehlen mir die erforderlichen Unterlagen, um über die

sämmtlichen Geschäftsergebnisse der einzelnen Jahre näher berichten zu können [...].«[53]

Für 1893 ist eine Aufschlüsselung der Einlagen der 6.253 Sparkassenbücher – bei einer Einwohnerzahl von nur rund 4.500 – im Gesamtwert von über 7 Millionen Mark überliefert:[54]

Einlagen	bis	60 M	505	Stück,
von 60 M	bis	150 M	262	Stück,
von 150 M	bis	300 M	486	Stück,
von 300 M	bis	600 M	1.503	Stück
und		über 600 M	3.497	Stück.

Wenn man bedenkt, daß ein lippischer Industriearbeiter zu jener Zeit nur rund 600 M im Jahr verdiente und im benachbarten Preußen das durchschnittliche Sparguthaben bei Sparkassen erst im Jahre 1910 bei 276 M lag,[55] ist die Tatsache, daß mehr als die Hälfte der Salzufler Spareinlagen die 600 M-Grenze bereits 1893 überschritt, doch beachtlich. Auch wenn man die bekannte lippische Sparsamkeit sicherlich nicht außer Acht lassen darf,[56] wird offensichtlich, daß im letzten Viertel des vorigen Jahrhunderts sicherlich nicht nur die kleinen Leute, die nicht viel mehr als einen Notgroschen hinterlegen konnten, zu den Sparern des städtischen Instituts zählten, sondern auch vermögendere Kreise dazu gehörten (s.o). Für diese begründete Vermutung spricht auch die Tatsache, daß die 1886 ins Leben gerufene Pfennigsparkasse der Arbeiter von Hoffmann's-Stärkefabriken, die vom Leiter der dortigen Konsumanstalt betreut wurde, und deren Einzahlungen an das Salzufler Institut weitergeleitet wurden, nach Ausweis der Quellen nur eine kurzlebige und randständige Erscheinung blieb und in den überlieferten Akten keinen besonderen Niederschlag fand.[57] Diesen Aspekt des Forschungsstandes zum deutschen Sparkassenwesen resümierend, führt Jürgen Mura aus, »[...] daß die Zielgruppe der unteren Einkommens- und Gesellschaftsschichten nur selten dominierte, sondern daß sich die Sparkassenkundschaft von Anfang an zumeist aus dem Kern von Arbeitnehmern und gewerblichem Mittelstand zusammensetzte.«[58]

Meyersches Interregnum

Nach Hugo Huneckes Ableben im Jahre 1894 wurde der Salzufler Ratsherr und Fabrikdirektor Wilhelm Meyer, vormals Direktor bei Hoffmann's Stärkefabriken, von der Stadtverordnetenversammlung und dem Magistrat zum Rendanten der Städtischen Sparkasse gewählt.[59] Diese behielt ihre Räumlichkeiten noch bis zum Jahre 1903 im Huneckeschen Wohnhause, um dann in das schräg gegenüber neuerrichtete Sparkassengebäude Am Markt 5, in der auch die Stadtkasse und der Bürgermeisterwohnsitz untergebracht wurden, verlegt zu werden. Das neue repräsentative Gebäude in zentraler Lage dokumentiert sinnfällig die Bedeutung und den wirtschaftlichen Erfolg des Kreditinstituts nach über einem halben Jahrhundert kontinuierlichen Aufschwungs in räumlichen Provisorien.[60] Der alerte Meyer wirtschaftete, begünstigt durch die sehr gute Konjunkturlage und aufgrund seiner betriebs- und volkswirtschaftlichen Kenntnisse sowie der Einführung neuer Buchführungstechniken, mindestens ebenso erfolgreich wie seine beiden Vorgänger. Dafür wurde er nach gut zweijähriger Amtszeit – wie diese – mit der Ernennung zum Rendanten auf Lebenszeit belohnt.[61] Unter seiner Führung (bis 1899) wurde die Städtische Sparkasse durch das Fürstliche Staatsministerium zu Detmold für die Anlage von Mündelgeldern als geeignet erklärt.[62] Das Personal erfuhr durch die Anstellung eines »Büreaugehülfens« und eines Lehrlings noch vor der Jahrhundertwende eine dringend notwendige zahlenmäßige Aufstockung.[63]

Zum 1. Januar 1900 waren bereits fast 14,1 Millionen Mark gegen Zins durch das Institut der Salzestadt verliehen.

Wilhelm Meyer

Wilhelm Meyer wurde am 2. April 1848 als Sohn eines Zigarrenmachers in Petershagen geboren. Nach einer kaufmännischen Lehre kam er 1871 nach Salzuflen, wo er bei E. Hoffmann & Co., den späteren Hoffmann's Stärkefabriken, als Kontorist (Büroangestellter) arbeitete. Dort machte er schnell Karriere und war lange Zeit die »rechte Hand« Eduard Hoffmanns (1832 – 1894). Da zu seinem Aufgabenbereich auch die sozialen Belange der Arbeiterschaft gehörten, war er lange Jahre Vorsitzender der Betriebskrankenkasse. Auf seine Initiative hin wurde zum 1. Januar 1880 die noch heute bestehende Hoffmann's Pensions- und Unterstützungskasse ins Leben gerufen. 1888 wurde Wilhelm Meyer Prokura erteilt, und er führte den Titel Fabrikdirektor. Seit 1875 war er in kinderloser Ehe mit Hermine Begemann (1851 – 1906), der Tochter des Salzufler Tischlermeisters Hermann Begemann, verheiratet. Nach dem Tode Hugo Huneckes (1894) bewarb sich Wilhelm Meyer erfolgreich um die Rendantenstelle der Salzufler Sparkasse und schied aus den Diensten der Hoffmann's Stärkefabriken aus. Auch unter Wilhelm Meyers Leitung wuchs die Bedeutung der Sparkasse beträchtlich. Im Juli 1899 ließ sich Wilhelm Meyer aus Krankheitsgründen beurlauben; er starb am 28. Oktober 1900 in Salzuflen.

Quelle: Verschiedene Akten aus den Beständen STABS, B und H.

Davon als:

- Hypotheken auf städtische Grundstücke 4.711.579 M,
- auf ländliche Grundstücke 7.375.408 M,
- auf Inhaberpapier 200.000 M,
- auf Schuldschein ohne Bürgschaft 529.596 M,
- auf Schuldschein mit Bürgschaft 83.730 M,
- gegen Faustpfand 923.027 M,
- bei öffentlichen Korporationen und Institutionen 262.982 M.

Wechselgeschäfte wurden zu jener Zeit ebensowenig wie Scheck- und Giroverkehr getätigt, weil dazu zum Teil die rechtlichen und logistischen Voraussetzungen für Sparkassen noch fehlten.[64]

Auch hinsichtlich des Aktivgeschäftes war das Institut der Salzestadt um die Jahrhundertwende Spitze im Vergleich zu den anderen lippischen Kommunalsparkassen. Am 31. Dezember 1900 stellten sich die Einlagen der lippischen Stadtsparkassen wie folgt dar:[65]

Salzuflen	14.174.570 M
Lemgo	6.412.708 M
Lage	5.658.700 M
Blomberg	4.639.259 M
Horn	2.766.278 M
Barntrup	664.005 M

***»Salzuflen und Umgebung«** (verkleinerter Ausschnitt aus einer Karte von 1895; im Original Maßstab 1:25.000).*

Carl Barkhausen

Carl Barkhausen wurde am 15. Februar 1860 in Salzuflen geboren und entstammte einer alten, seit Jahrhunderten in der Stadt ansässigen Kaufmannsfamilie, aus der Bürgermeister und zahlreiche andere Amtsträger hervorgingen. Nach einer kaufmännischen Ausbildung wirkte er wie sein Vater Adolph Barkhausen (1818 – 1886) seit 1893 bei der Städtischen Sparkasse; zunächst übte er das Amt des Ausschußdeputierten aus, später – während der Erkrankung des Rendanten Hugo Hunecke – fungierte er als dessen Stellvertreter. 1899 wurde ihm das Amt des Kontrolleurs übertragen, nach der Erkrankung des Rendanten Wilhelm Meyer übernahm er abermals die Aufgaben in der Leitung der Kasse, die ihm im Februar 1902 endgültig übertragen wurde. Im Mai 1918 verlieh Fürst Leopold IV. Carl Barkhausen den Titel Sparkassendirektor. Auch unter Carl Barkhausens Leitung nahm die Städtische Sparkasse einen weiteren Aufschwung, wenngleich in seine Amtszeit der Erste Weltkrieg und die Inflation fielen. Zum 1. Juli 1924 schied Carl Barkhausen nach 31jähriger Tätigkeit auf eigenen Wunsch aus dem Dienst aus. In den Abendstunden des 16. Februars 1926 verunglückte er während eines Spazierganges durch einen Sturz in einen Kanal am Kurparksee tödlich.

Quelle: STABS, B 126.

Von der Jahrhundertwende bis zur großen Inflation – Die bankenmäßige Entfaltung unter Carl Barkhausen

Meyers Nachfolger als Rendant wurde der Kaufmann Carl Barkhausen. Seit 1893 war er im Sparkassenvorstand; zunächst als Ausschußdeputierter, dann als Kontrolleur und schließlich als kommissarischer Rendant. Er leitete die Geschicke der Sparkasse zum Wohle der Stadt, des Institutes und seiner Kunden ein Vierteljahrhundert (1899 – 1924) lang. Auf Vorschlag des Bad Salzufler Magistrats »geruhte« Fürst Leopold IV. zur Lippe »gnädigst«, Barkhausen 1918 dafür den klangvollen Titel eines Sparkassendirektors zu verleihen, eine Ehrenbezeichnung, die zu jener Zeit nur Leiter großer Sparkassen in Großstädten wie Köln oder Düsseldorf führten, wie Bürgermeister Adolph Klappert in seinem Bericht an die Regierung durchaus kritisch bezüglich Barkhausen betonte.[66] Barkhausen gerierte sich während seiner Amtszeit sicherlich nicht als Ausbund von Innovationsfreude. Zudem erwuchs mit der 1903 gegründeten Amtssparkasse Schötmar unmittelbare Konkurrenz für sein Institut vor den Stadttoren. Dennoch konnte unter seiner Führung die Spitzenstellung der Sparkasse Salzuflen unter den lippischen Sparkassen gefestigt werden.

Erstmals im Jahre 1905 – und damit zeitlich später und quantitativ geringer als die meisten anderen lippischen Sparkassen – richtete die Städtische Sparkasse Salzuflen im fast 20 km entfernt gelegenen nordlippischen Langenholzhausen ihre erste und bis 1965 einzige Annahmestelle ein. Ziel war, »[...] an mehreren bevölkerten Orten unseres Lipperlandes zur Bequemlichkeit des Publikums und Heranziehung neuer Kunden, Filialen unserer Sparkasse ins Leben zu rufen.«[67] Die Langenholzhausener Zweigstelle befand sich im Wohnhause des Kaufmanns und Nebenrendanten August Bögeholz. Im ersten Jahr konnte sie immerhin 15.000

M an Spareinlagen sammeln. Die Annahmestelle ging jedoch während des Ersten Weltkrieges (1918) bereits wieder ein.[68]

Die Einführung von »losen Konten«, die die betriebsinternen Arbeitsabläufe beschleunigten, Irrtümer minimieren halfen und übersichtlicher waren als die 36 Einlagehauptbücher jener Zeit, wurde 1908 und damit später als in den benachbarten lippischen Sparkassen zunächst für das Einlagengeschäft beschlossen. Auf diese Innovation, die allerdings auch mit der Anstellung eines zweiten Buchhalters und der Anschaffung einer »Additionsmaschine« im Werte von ca. 2.000 M verbunden war, hatten die Rechnungsprüfer des Rheinisch-Westfälischen Sparkassenverbandes, dem die Stadt mit ihrer Sparkasse seit 1901 angehörte, immer wieder in den Jahren zuvor bei ihren mehrtägigen Revisionen gedrängt.[69]

Erst geraume Zeit nach Verabschiedung des Reichsscheckgesetzes von 1908, daß die bankenmäßige Entwicklung der Sparkassen hin zu den Universalkreditinstituten unserer Tage einleitete, wurde mit der neuen Satzung der Städtischen Sparkasse Salzuflen, die von der lippischen Regierung am 20. November 1913 genehmigt wurde, offiziell die Möglichkeit eröffnet, Kontokorrent- und Scheckverkehr einzuführen (§ 18).[70] Diese bankenmäßigen Dienstleistungen wurden bereits seit dem 1. Februar 1913 provisions- und spesenfrei in Salzuflen durchgeführt und erfreuten sich nach zögerlichem Beginn in den Folgejahren rasant wachsender Zuwachsraten und Beliebtheit.[71] Dennoch waren auch hinsichtlich der zeitlichen Einführung und des anfänglichen Umfangs des bargeldlosen Zahlungsverkehrs andere lippische Sparkassen dem Salzufler Institut voraus.[72]

Die taggenaue Verzinsung der Einlagen, eine Voraussetzung für den Scheck- und Giroverkehr, wurde zum 1. Januar 1912 eingeführt, was zu Einnahmeverlusten von rund 5.000 M führte, wie die Ausschußdeputierten bedauernd dem Magistrat berichteten. Ebenfalls in jenem Jahr wurden 366 Spardosen (»Heimsparkassen«) ausgegeben, um die allgemeine Sparfreudigkeit zu heben. 312 kamen 1912 mit einer Gesamtsumme von immerhin 4.871 M zur Leerung.[73]

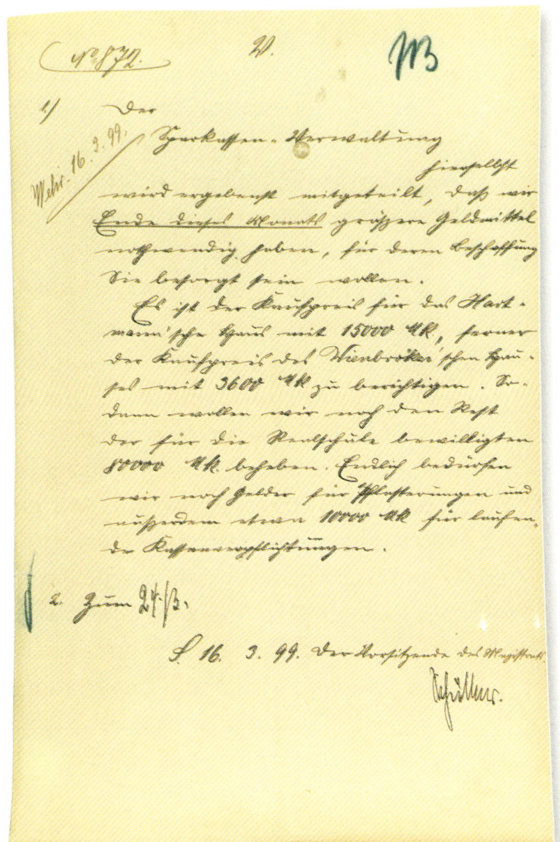

Schreiben des Bürgermeisters Karl Schüller an die Städtische Sparkasse vom 16. März 1899.

Wechselseitige Abhängigkeiten

Aufgrund ihrer wirtschaftlichen Dynamik, die im engen Zusammenhang zum ökonomischen Wachstum der Salzestadt zu sehen ist, hatte sich die Sparkasse für ihre Gewährträgerin in den beiden letzten Dekaden des 19. Jahrhunderts und darüber hinaus bis zum Ende des Ersten Weltkrieges immer mehr zu einer sprudelnden Geldquelle entwickelt.[74] Diese erlaubte es der Stadtverwaltung, die kommunalen Steuern niedrig zu halten,[75] soziale Aufgaben zu finanzieren und vor allem in weitere Infrastrukturmaßnahmen zu investieren. Zu nennen wären hier in erster Linie:

- Kleinbahn Herford — Salzuflen — Vlotho,
- Straßenbau und -pflasterung,
- Kanalisation,
- innerstädtische Düngergrubenbeseitigung,
- Gasleitungsnetz,
- E-Werk,
- Krankenhaus-, Bahnhofs-, Sparkassen-, Schlachthaus- und Schulbauten.[76]

Die Sparkassengewinne dienten somit vor allem als Innovations- und Modernisierungsfonds für die Stadt Salzuflen, die auch selbst unternehmerisch tätig wurde bzw. Unternehmensanteile (Herforder Kleinbahnen GmbH) erwarb. Sie wuchsen im Laufe der Zeit noch vor den Steuern und den Einkünften aus dem Stadtwald zum wichtigsten Haushaltsposten auf der Einnahmeseite einer modernen Leistungsverwaltung heran. Darüberhinaus konnten nunmehr beim seit 1883 eigenen Kreditinstitut zu sehr günstigen Konditionen zumeist langfristige Darlehen aufgenommen werden und der Zins- und Tilgungsdienst aus den von diesem an die Stadtkasse abgeführten Überschüssen mitbestritten werden![77] Daß diese kommunale Finanzpolitik auch Gefahren für den städtischen Haushalt in sich barg – zum Jahresende 1901 war die Stadt bei der Sparkasse mit über 853.000 M (bei stark steigender Tendenz, fast 2,9 Millionen Mark Ende 1918) verschuldet – und eine gewisse Abhängigkeit vom Geschäftsergebnis des eigenen Kreditinstituts implizierte, liegt auf der Hand.[78] Letzteres wurde für das Rechnungsjahr 1900 erstmals besonders deutlich. Wegen Kursverlusten bei Wertpapieren mußten 36.900 M abgeschrieben werden, was den Reingewinn im Vergleich zum Vorjahr von 65.776 auf nur noch 32.643 M schmälerte.[79] Bis 1913, dem letzten Friedensjahr, stieg der an die Stadtkasse abzuführende jährliche Reingewinn jedoch wieder auf 114.353 M an.[80]

Am Vorabend des Ersten Weltkrieges waren Hoffmann's Stärkefabriken nach der Stadt, der im Jahre 1914 das Prädikat Bad staatlicherseits verliehen wurde, zweitgrößter Kreditnehmer. Sie hatten ein Hypothekendarlehen in Höhe von 750.000 M von der Städtischen Sparkasse erhalten und besaßen gleichzeitig ein bedeutendes Einlageguthaben bei dem Institut, so der Rendant Barkhausen in einem Bericht an den Magistrat.[81]

Die Städtische Sparkasse im Ersten Weltkrieg

Im Ersten Weltkrieg zeichneten sich gerade der Sparkassensektor und dessen Kunden als größte Käufer der insgesamt neun Kriegsanleihen, die sich auf einen Gesamtwert von fast 97 Millarden Mark beliefen, aus.[82] Die Sparkassen waren damit in den Kreis der direkten Staatsfinanzierer aufgerückt und erhielten dadurch ihrerseits wesentliche Impulse im Bereich des Wertpapiergeschäftes mit Privatkunden. Die weitere Ausdehnung der Geschäftspalette, an deren Ende 1934 die Anerkennung als vollwertige Universalkreditinstitute stand, wurde mit Kriegsbeginn eingeleitet. Anderseits verfielen die Kleinsparer dem gerade von ihren Sparkassen gepflegten Volksanleihemythos und schenkten wie diese der Propanganda vom »Siegfrieden« bis zum bösen Erwachen im November 1918 Glauben.[83]

Stadtplan von Bad Salzuflen, um 1920.

Unter reger Beteiligung der Bevölkerung fand am 25. September 1915 auf dem festlich geschmückten Rathausvorplatz die »Weihe und Nagelung des Eisernen Kreuzes« statt. Der Erlös der Veranstaltung – ein eiserner Nagel kostete 50 Pfennig, ein silberner zwei Mark – kam der Kriegsfürsorge zugute.

Die Zeichnung der Anleihen durch die Sparkassenkunden und der Städtischen Sparkasse Bad Salzuflen auf eigene Rechnung stellte sich dabei folgendermaßen dar:[84]

	Kunden	Städtische Sparkasse Bad Salzuflen
1. Anleihe (1914)	269.100 M	150.000 M
2. Anleihe (1915)	1.385.000 M	300.000 M
3. Anleihe (1915)	2.487.600 M	300.000 M
4. Anleihe (1916)	1.830.000 M	670.000 M
5. Anleihe (1916)	1.390.000 M	610.000 M
6. Anleihe (1917)	1.907.300 M	606.400 M
7. Anleihe (1917)	1.098.600 M	1.930.900 M
8. Anleihe (1918)	1.108.100 M	2.902.400 M
9. Anleihe (1918)	797.500 M	2.699.500 M
Zusammen	12.273.200 M	10.169.200 M

Der Einlagenbestand entwickelte sich wie folgt:[85]

1913	24.204.999 M
1914	24.247.598 M
1915	24.146.577 M
1916	24.360.412 M
1917	29.358.631 M
1918	37.592.853 M
1919	39.544.460 M
1920	43.614.156 M
1921	49.010.181 M
1922	74.456.590 M

Während die Einlagenhöhe von 1913, einem konjunkturellen Krisenjahr, bis 1916 ohne Berücksichtigung der damals noch geringen Geldentwertung mehr oder weniger stagnierte, explodierte sie gleichsam in den beiden letzten

Kriegsjahren, die allerdings bereits von einer beginnenden Preissteigerung gekennzeichnet waren. Das Salzufler Sparkassenpublikum zeichnete nicht mehr in dem starken Maße Kriegsanleihen, die sich durch attraktive Konditionen und kleine Stückelungen auszeichneten, wie im erfolgreichen Kriegsjahr 1915, was seinerzeit selbstredend auch zu Lasten der Spareinlagen gegangen war, sondern sparte wieder verstärkt bei seinem Institut.[86]

Waren die Salzestädter womöglich weitsichtiger als andere Lipper und Reichsbürger? Oder fühlten sie ihr Erspartes bei ihrer Sparkasse auf Dauer doch sicherer aufgehoben? In dem Maße, in dem die Zeichnungsfreudigkeit ihrer Kunden sank, erwarb die Sparkasse – quasi als Kompensation in nationaler Verantwortung – Kriegsanleihen des Reiches. Ferner mußte auch der eigene wachsende Anlagebedarf befriedigt werden, da auch die Hypothekennachfrage ihrer Kundschaft während des Krieges langsam abnahm.

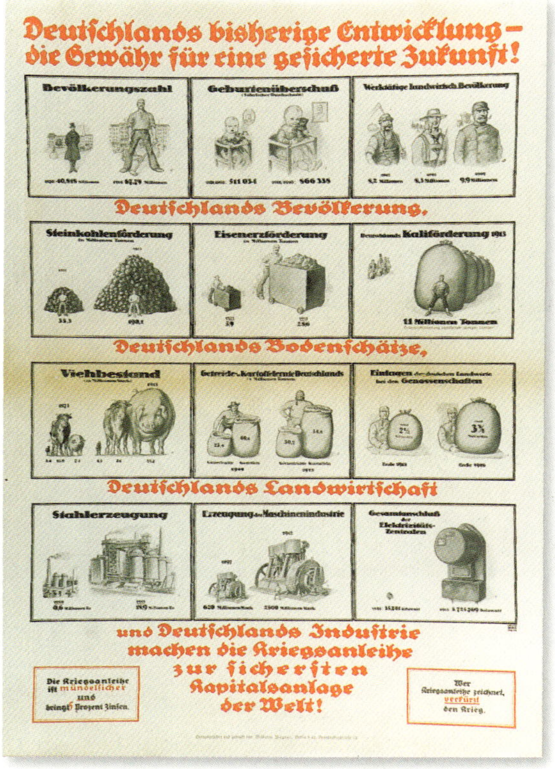

Aufruf zur Zeichnung der 8. Kriegsanleihe (1918).

Die große Inflation und ihre Folgen für die Badestadt und ihre Sparkasse

Bald nach dem verlorenen Krieg waren die Anleihen nicht einmal mehr das Papier wert, auf dem sie gedruckt waren, und auch das Geld büßte immer mehr seinen Wert ein. Die Inflation nahm im Laufe der Jahre immer groteskere Formen an. Die Notenpressen, die rund um die Uhr in Deutschland liefen, konnten mit der galoppierenden Geldentwertung des Jahres 1923 nicht mehr Schritt halten, denn die Umlaufgeschwindigkeit des Geldes und der Bedarf an Banknoten stiegen proportional zum Verfall des Geldwertes.

Um die Knappheit von Zahlungsmitteln – zunächst vor allem von Scheidemünzen – zu beheben, wurde auch seitens der Stadt Bad Salzuflen erstmals im Mai 1921 Notgeld herausgegeben. Der Wert der Mark stürzte ins Bodenlose. Auf dem Höhepunkt der Hyperinflation im November 1923 mußte man 4.200 Milliarden Mark aufwenden, um einen US-Dollar zu erhalten, und ein Brot kostete 660 Milliarden Mark! Durch die Einführung einer neuen Währung, zunächst als Übergang die sogenannte Rentenmark und dann die Reichsmark, die durch Gold, Devisen und erstklassige Handelswechsel gedeckt war, konnte man die Situation im Jahre 1924 wieder in den Griff bekommen und in geordnete monetäre Bahnen zurückkehren.[87]

Auch nach dem Weltkriege führte die Sparkasse ihre nominell steigenden Gewinne, die allerdings immer weniger Wert besaßen, an die Stadtkasse ab und wurde im wachsenden Maße

Fortsetzung auf Seite 36 ⇢

Das von der Stadt ausgegebene

Notgeld

(2 Sorten 50 Pfg.-Schein-, 25 Pfg.- sowie 10 Pfg.-Scheine) verliert mit dem 30. April d. J. den Charakter als Zahlungsmittel. Die Einlösung der vorgelegten Notgeldscheine erfolgt bei der Städt. Sparkasse hier bis zum Ablauf des 30. April. Nach Ablauf dieses Termins findet eine Einlösung nicht mehr statt.

Salzuflen, den 25. März 1922.

Der Magistrat.
J. A. Dr. Barth

Bad Salzufler Notgeld aus den Jahren 1921/22. Rechts sind die Rückseiten der Noten abgebildet und oben die Ankündigung des Magistrats vom 25. März 1922, daß die Notgeldscheine »mit dem 30. April d. J. den Charakter als Zahlungsmittel« verlieren.

Reichsbanknoten der Inflationsjahre 1922/23.

Millionen und Milliarden

Notgeld-Schecks der Städtischen Sparkasse Bad Salzuflen aus dem Inflationsjahr 1923

Ende Juli 1923 erreichte der Dollarkurs der Mark die Millionengrenze; die letzten vier schrecklichen Monate der deutschen Hyperinflation nach dem Ende des Ersten Weltkrieges begannen. Das wirtschaftliche Leben im Deutschen Reich hatte sich seit geraumer Zeit auf den galoppierenden Wertverfall der Mark eingestellt mit fast täglich steigenden Preisen aller Güter und den Versuchen, die Löhne dieser Entwicklung anzupassen.

Trotz der Arbeit von beinahe 100 Druckereien konnte die Reichsbank den Bedarf an Geldscheinen mit ständig steigenden Nominalwerten nicht decken. Besonders zu den Terminen der Lohnzahlungen fehlte es häufiger an geeigneten Geldscheinen oder überhaupt an Zahlungsmitteln. So kam es fast an allen Orten zur mehr oder weniger genehmigten Ausgabe von Behelfszahlungsmitteln, dem Notgeld. Auch Gutscheine und Schecks wurden als Zahlungsmittel ausgegeben. Im allgemeinen Zahlungsverkehr wurde das Notgeld wie das eigentliche Reichsgeld angenommen; es besaß zeitweise einen erheblichen Anteil am gesamten Geldumlauf.

Auch in Lippe kam es ab August 1923 zu einer ganzen Anzahl von Notgeld-Ausgaben, hauptsächlich von Seiten der Lippischen Landesbank, aber auch von anderen Banken, von Gemeinden und Firmen. In Bad Salzuflen gab die Stadtverwaltung durch die Stadtkasse mehrfach Schecks auf die Städtische Sparkasse als Notgeld heraus. Ebenfalls sind Notgeld-Schecks von Firmen (Bega-Werke, Hunecke) und anderen in der Badestadt ansässigen Banken (Osnabrücker Bank) auf die Städtische Sparkasse überliefert.

Am 27. August 1923 gab die Bankabteilung der Städtischen Sparkasse auf sich selbst ausgestellte Schecks über fünf Millionen Mark aus. Solche »Eigenschecks« sind von vielen Ausgabestellen bekannt. Der hier abgebildete Scheck weist sich durch seine Ausführung als Notgeld aus; er besitzt damit nicht die übliche Funktion eines Schecks. Das damals gebräuchliche Formular wurde mit Stempeln und mit der Schreibmaschine ausgefüllt; die Angabe einer Konto-Nummer fehlt. Der Schein trägt zwei eigenhändige Unterschriften: links die des damaligen Sparkassendirektors Carl Barkhausen, rechts die von Paul Meier, seinerzeit Rendant und ab 1924 Nachfolger von Barkhausen als Direktor.

Vor allem der runde und datumstypische Nominalwert zeugt für seine Geldscheineigenschaft; die ziemlich provisorische Ausführung des Stückes läßt auf eine aktuelle Mangelsituation an Zahlungsmitteln schließen. Die anfängliche Kaufkraft dieses Scheines kann man näherungsweise über den Friedenskurs (Gold-)Mark zu Dollar und den momentanen Wechselkurs (Papier-)Mark zu Dollar am Ausgabetag ermitteln: fast 4 (Gold-)Mark. Dies entsprach zur damaligen Zeit etwa sieben Facharbeiter-Stundenlöhnen. Für die 5 Millionen Mark hätte man am Ausgabetag etwa vierzig 1,8 kg-Roggenbrote auf Brotkarte erhalten.

Möglicherweise wurde dieser Schein an Mitarbeiter der Sparkasse bei der Gehaltszahlung ausgegeben und anschließend beim Einkauf verwendet. So lief er dann wohl im Zahlungsverkehr um; nach zwei Wochen war seine Kaufkraft wegen der fortschreitenden Inflation auf etwa ein Zehntel des Anfangswertes gesunken. Und irgendwann lohnte seine Einlösung überhaupt nicht mehr, und so blieb er wie viele Reichsgeld-Scheine erhalten.

Ende Oktober 1923 überschlug sich die Geldentwertung: zweimal hintereinander eine tägliche Halbierung des Markwertes gegenüber dem Dollar! – Wohl um einem erneuten und erhöhten Bedarf an Zahlungsmitteln begegnen zu können, ließ die Städtische Sparkasse mit Datum vom 2. November Eigenschecks über 50 Milliarden Mark in zweifarbigem Druck herstellen (siehe Abb. unten). Mit einer gestempelten laufenden Nummer und zwei eigenhändigen Unterschriften, links wiederum Paul Meier, rechts der Bankangestellte Friedrich Blome, haben sie eine Gestalt, die auch von anderen Ausgabestellen bekannt ist.

Die Auflage von wohl mehreren tausend Stück legt die Vermutung nahe, daß diese Stücke auch den Geschäftskunden der Sparkasse zur Verfügung standen. Am 2. November entsprach ihr Nominalwert etwa 65 (Gold-)Pfennig, also etwas mehr als einem Stundenlohn. Am 20. November 1923 erreichte die Inflation ihren Höhepunkt und ihr Ende bei einem Dollarkurs von 4,2 Billionen (= 4.200.000.000.000) (Papier-)Mark! In der Zeit der jetzt folgenden stabilen Rentenmark konnte dieser 50 Milliarden-Mark-Schein vom 2. November 1923 vielleicht noch eine Zeit lang mit einem Wert von 5 (Gold- bzw. Renten-)Pfennig umlaufen.

Nr. 45593 Konto-Nr. M 5000000
Städtische Sparkasse Bad Salzuflen.
Zahlen Sie gegen diesen Scheck aus meinem/unserem Guthaben
an
oder Ueberbringer
Mark Fünf Millionen
Ort Bad Salzuflen, den 27. August 1923
STÄDT. SPARKASSE, BAD SALZUFLEN Bankabteilung
Unterschrift
Städtische Sparkasse Bad Salzuflen

Nr. 3614 M 50000000000
Städtische Sparkasse, Bad Salzuflen.
Zahlen Sie gegen diesen Scheck aus unserem Guthaben an Ueberbringer
Fünfzig Milliarden Mark
Bad Salzuflen, den 2. November 1923.
Städtische Sparkasse, Bankabteilung, Bad Salzuflen.
STÄDTISCHE SPARKASSE BAD SALZUFLEN.

»Eigenschecks« der Städtischen Sparkasse Bad Salzuflen aus dem Inflationsjahr 1923.

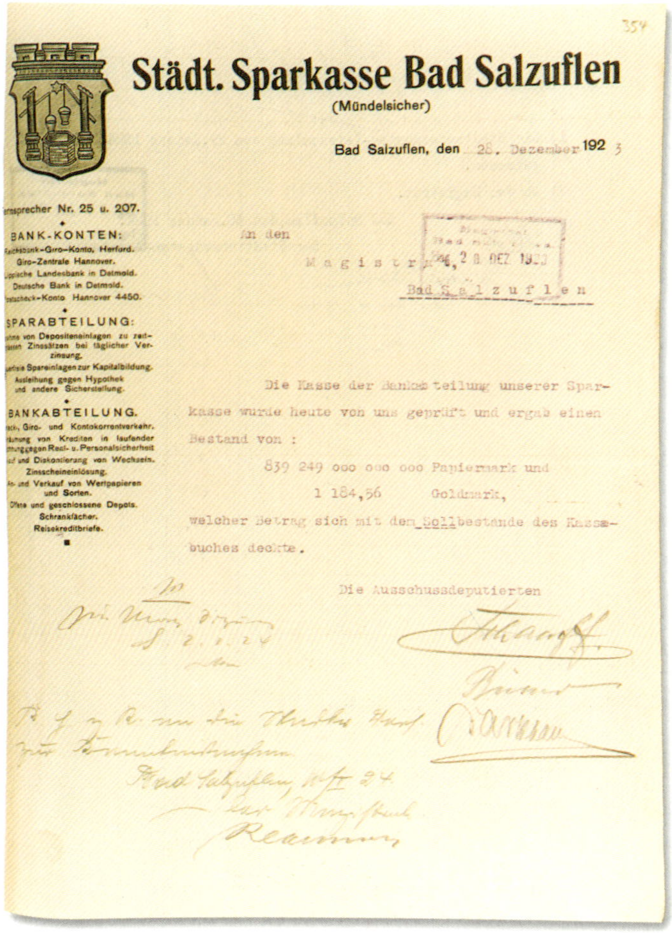

Städt. Sparkasse Bad Salzuflen
(Mündelsicher)

Bad Salzuflen, den 28. Dezember 1923

Fernsprecher Nr. 25 u. 207.

BANK-KONTEN:
Reichsbank-Giro-Konto, Herford.
Giro-Zentrale Hannover.
Lippische Landesbank in Detmold.
Deutsche Bank in Detmold.
Postscheck-Konto Hannover 4450.

SPARABTEILUNG:
Annahme von Depositeneinlagen zu zeitgemässen Zinssätzen bei täglicher Verzinsung.
Spareinlagen zur Kapitalbildung.
Ausleihung gegen Hypothek und andere Sicherstellung.

BANKABTEILUNG.
Scheck-, Giro- und Kontokorrentverkehr.
Gewährung von Krediten in laufender Rechnung gegen Real- u. Personalsicherheit
Ankauf und Diskontierung von Wechseln.
Zinsscheineinlösung.
An- und Verkauf von Wertpapieren und Sorten.
Offene und geschlossene Depots.
Schrankfächer.
Reisekreditbriefe.

An den
Magistrat,
Bad Salzuflen

Die Kasse der Bankabteilung unserer Sparkasse wurde heute von uns geprüft und ergab einen Bestand von :

839 249 000 000 000 Papiermark und
1 184,56 Goldmark,

welcher Betrag sich mit dem Sollbestande des Kassebuches deckte.

Die Ausschussdeputierten

Kassenstandsbericht der Städtischen Sparkasse an den Magistrat vom 28. Dezember 1923.

Kreditgeberin ihrer Gewährträgerin.[88] Sparkassendirektor Barkhausen bemerkte dazu im Januar 1923, wohl die Gesamtentwicklung der letzten vierzig Jahre seit 1883 und nicht nur die Nachkriegszeit im Auge habend, treffend resümierend: »Nach Möglichkeit ist unsere Sparkasse bemüht, weiter die ›melke Kuh‹ unserer Stadt zu bleiben, unsere Herren Stadtväter mögen aber auch daran denken, daß wir nur mit halber Geldkraft arbeiten können, denn die andere Hälfte ist durch die Ansprüche der Stadt festgelegt.«[89]

Aufgrund des ständig steigenden Geschäftsaufkommens und der Erweiterung der Geschäftstätigkeit mußte die Mitarbeiterzahl wieder um eins auf nunmehr sieben im Jahre 1919 erhöht werden. Neben dem neugeschaffenen Posten des Sparkassendirektors gab es nun einen Rendanten, einen Gegenbuchführer, einen Buchhalter, zwei Sparkassengehilfen und einen Lehrling.[90] Ein Briefkopf aus dem Jahre 1923 der Städtischen Sparkasse zeigt, welche – der Not des mangelnden langfristigen Aktiv- und Passivgeschäfts in der Phase der Hyperinflation gehorchend – fast bankenmäßige Ausdehnung das Geschäft genommen hatte. Folgende Sparten werden genannt:[91]

- Annahme von Spareinlagen bei täglicher Verzinsung,
- Eröffnung von Depositen- und Kontokorrentkonten mit Giro- und Scheckverkehr und Kreditgewährung,
- Gewährung von Hypothekenkapitalien,
- Beleihung von Wertpapieren und Sparbüchern,
- An- und Verkauf von Wertpapieren,
- Einlösung von Schecks und Wechseln,
- Aufbewahrung und Verwaltung von Wertpapieren,
- Bereitstellung von Schließfächern in der Stahlkammer.

Noch im selben Jahr wurde eine eigene Bankabteilung innerhalb der Sparkasse Bad Salzuflen gegründet. Frühere weitergehende Überlegun-

gen von Teilen des Sparkassenvorstandes, eine eigene »Städtische Bank Bad Salzuflen« unter Gewährträgerschaft der Stadt und in engster Anlehnung an die Sparkasse im Jahre 1921 zu gründen, waren zuvor ad acta gelegt worden.[92] Die bankenmäßige Entwicklung der Sparkasse Bad Salzuflen in der Zwischenkriegszeit hin zu dem Universalkreditinstitut unserer Tage spiegelt sich zudem in den neuen Statuten von 1926, die sich im wesentlichen an die Mustersatzung des Hannoveraner Sparkassenverbandes, dem man zwischenzeitlich für einige Jahre angehörte, deutlich wider.[93]

Besonders die Kleinsparer und ihre Kreditinstitute, die Sparkassen, waren von der Geldwertzerstörung der Nachkriegsjahre hart betroffen. Wurden bei deutschen Sparkassen 1913 19,7 Milliarden Mark als Spareinlagen gehalten, so waren es elf Jahre später, nach dem Währungsschnitt, nur noch 0,6 Milliarden Reichsmark. Sparer und Kreditinstitute wurden durch die Inflation weitgehend enteignet. Schuldner, darunter auch die kommunalen Gewährträger wie die Stadt Bad Salzuflen, die bei ihren Sparkassen hoch verschuldet waren, profitierten hingegen von dieser fast vollständigen Geldentwertung und wurden ihre Verbindlichkeiten zum großen Teil billig los. Gewisse Korrekturen erbrachten die vom Reich und vom Land Lippe seit 1925 mehrfach gesetzlich verfügten Aufwertungen der noch bestehenden Hypotheken, Spareinlagen und anderer monetärer Forderungen.[94] Verlorenes Vertrauen der Sparer, die sich durch den Verlust der Kriegsanleihen und die Geldentwertung doppelt betrogen fühlten, mußte auch in Bad Salzuflen mühsam zurückgewonnen werden.[95] Zur Reaktivierung der urlippischen Tugend des Sparens trug sicherlich auch die im Vergleich zum übrigen Reichsgebiet zum Teil hervorragende »Aufwertung« der lippischen Sparkassenaltkonten (15 – 29 %) bei. In Salzuflen belief sie sich auf 25 % und der Aufwertungsbetrag auf knapp 4,5 Millionen RM (!).[96] Werbewirksame Maßnahmen wie die Ausfertigung von Sparbüchern mit einer Ersteinlage im Werte von 3 RM für alle Salzufler Neugeborenen seit dem 1. Januar 1925 taten ein übriges zur Hebung des Passivgeschäftes.[97] An weiteren möglichen »Einrichtungen zur Förderung des Sparsinns« führte die Satzung vom Jahre 1926 im § 25 zudem auf: »[...] die Einrichtung von Schulsparkassen, Fabriksparkassen, Vereinssparkassen, Pfennigsparkassen, Sparmarken, Heimsparbüchsen Sparautomaten, Abholen von Spareinlagen usw.«[98]

Die »Goldenen Zwanziger Jahre«

Nach der erfolgreichen Währungskonsolidierung des Jahres 1924 befand sich auch die Städtische Sparkasse wieder im Aufwind. Der Zeitraum des »Deutschen Sparwunders«, so die Bezeichnung in der Forschung, brach auch in der Badestadt an.[99] Das bankenmäßige Geschäft ebenso wie die Spareinlagen und der Hypothekenbestand, die klassischen Sparkassengeschäfte schlechthin, expandierten kontinuierlich. Betrug beispielsweise der Einlagenbestand Ende 1923 36.064 RM, so stieg er bereits im Laufe des Jahres 1925 wieder auf über eine Million RM und 1929 auf über 10 Millionen RM und damit auf knapp die Hälfte des Vorkriegsstandes. Die Bilanzsumme kletterte zwischen Ultimo 1923 und 1929 von 669.169 RM auf 11.385.728 RM; die der Buchungen von 32.805 auf 187.876 bei einer Versechsfachung des Gesamtumsatzes von rund 19 auf 114 Millionen.[100] Das Vertrauen zur altbewährten und damals größten Kommunalsparkasse Lippes war endgültig wieder zurückgekehrt.

Technische Neuerungen in Gestalt von Buchungsmaschinen halfen, dem allgemeinen Rationalisierungs- und Mechanisierungstrend der Zeit gehorchend,[101] das stetig wachsende Geschäftsaufkommen zu bewältigen. Im

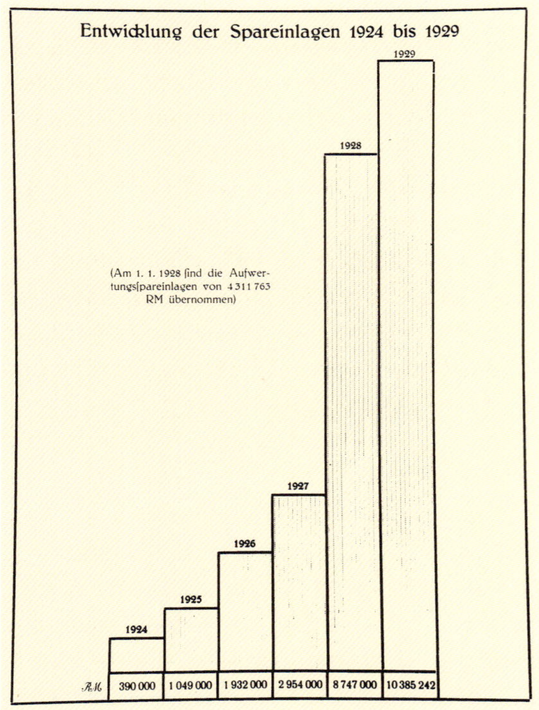

Entwicklung der Spareinlagen bei der Städtischen Sparkasse Bad Salzuflen zwischen 1924 und 1929.

Geschäftsbericht für das Jahr 1928 vom April 1929 heißt es dazu: »Die in Betrieb genommene National-Saldier-Maschine bucht in einem Arbeitsgange das Journal, das Sparbuch, die Kontokarte und den Kassiererbeleg. Außerdem gibt die Maschine bei jeder Buchung den Saldo des Kontos an. Die Maschine steht stets unter dem Verschluß des Kontrollbeamten, so daß Unregelmäßigkeiten kaum denkbar sind. Nach Anschaffung der zweiten National-Saldier-Maschine soll vom 1. April d. J. der Betrieb vollständig mechanisiert werden.«[102]

Der Topos der Goldenen Zwanziger, geprägt für das Jahrfünft der relativen wirtschaftlichen Stabilisierung zwischen dem Ende der Hyperinflation und der Weltwirtschaftskrise (1929 ff.) und zeitgenössisch in erster Linie auf das vielfältige Kulturleben jener Zeit gemünzt, hatte wie gesehen auch für das Salzufler Sparkasseninstitut seine Berechtigung. Die zum Neidwesen der Privatbanken steuerbegünstigten Gewinne sprudelten insgesamt wieder reichlich. Im Zuge der Aufwertungsaktionen der Jahre 1924 ff. wurden die Reingewinne jedoch zunächst einige Jahre einem »Aufwertungsstock« zugeführt sowie die Sicherheitsrücklagen aufgefüllt. Die Stadtkasse ging in jener Zeit somit leer aus. Diese hatte Ende 1929 bereits wieder 1.822.367 RM vornehmlich langfristige Schulden beim städtischen Kreditinstitut,[103] das erstmals wiederum 44.611 RM als Überschuß an die Stadt zur Verwendung für nicht zu deren »[...] gesetzlichen Aufgaben gehörende gemeinnützige oder mildtätige Zwecke im Sinne der Vorschriften der Steuergesetze [...]« abführen konnte![104] Handelte es sich bei den städtischen Kreditaufnahmen bei der Sparkasse bis 1929 vornehmlich um solche, die zur Deckung von Haushaltsfehlbeträgen, zum Ankauf von Immobilien und zur Erweiterung der Betriebswerke verwandt wurden, so waren es in den beiden folgenden Jahren hauptsächlich solche, um die sogenannten Notstands- und Wohlfahrtsarbeiten, mit denen das stetig wachsende Heer der Arbeitslosen und Wohlfahrtsempfänger für geleistete öffentliche Arbeiten entlohnt wurde, zu finanzieren. Die Gesamtkreditsumme für diese Arbeiten, die die Stadt bei ihrem Institut aufnahm, belief sich auf knapp 350.000 RM für diese beiden Jahre.[105]

Turbulente Jahre auch für die Sparkasse – »Schwarzer Freitag« und Bankenkrach

Der Kollaps an der New Yorker Wall Street, der sogenannte Schwarze Freitag am 25. Oktober 1929, war Auslöser der Weltwirtschaftskrise und traf die labile und bereits im Abschwung befindliche deutsche Konjunktur vor allem durch den Abzug kurzfristig in Deutschland angelegter ausländischer Gelder besonders

hart. Verstärkt wurde die Krisis in Deutschland zwei Jahre später noch durch den Zusammenbruch der Darmstädter- und Nationalbank (Danat-Bank), einer der damaligen fünf deutschen Großbanken, der wiederum mit massiven ausländischen Kapitalabflüssen verbunden war, sowie der Deflationspolitik der Reichsregierung Brüning. Im Soge des Kollapses der Danat-Bank setzte ein regelrechter Run auf die Sparguthaben bei Banken und Sparkassen ein, so daß die Reichsregierung im Juli 1931 für zwei Tage die Kassenschalter schließen ließ, um einen völligen Zusammenbruch des deutschen Bankensystems zu verhindern.[106] Zur Lösung der Probleme der Sparkassen, die Opfer der hohen Verschuldung ihrer zahlungsunfähigen Gewährträger wurden, zielte die Sparkassenreform des Jahres 1931. Durch Notverordnung vom 6. Oktober griff das Reich erstmalig und massiv in die rechtliche Normierung des Sparkassenwesens ein, die zuvor und danach Ländersache war und blieb.[107] Bereits im August 1931 war den Sparkassen die Vergabe von weiteren Krediten und Darlehen an ihre Gewährträger untersagt worden. Mit der Notverordnung vom Oktober 1931 sollten die Liquiditätsprobleme der Sparkassen gelöst werden. Sie durften nur noch maximal 25 % der Spareinlagen als Kommunalkredit und 40 % als Hypothekenkredit verausgaben. Hingegen mußten nun 30 % der Spareinlagen in flüssigen Werten angelegt werden. Die Sparkassen hatten mit der Krisengesetzgebung des Jahres 1931 aufgehört, Hausbanken ihrer Gewährträger zu sein. Diese Funktion sollten sie erst nach 1945 wieder aufnehmen. Andererseits wurde mit der Notverordnung den Sparkassen eine eigene Rechtspersönlichkeit verliehen, die sie zu öffentlich-rechtlichen Körperschaften und vermögensrechtlich selbständig machte. Die Haftung des Gewährträgerverbandes und dessen Personalhoheit – letztere nur bis zu den NRW-Sparkassengesetzen von 1958 bzw. 1970 – blieb jedoch weiterhin bestehen. Der Vorsitzende des Gewährträgerverbandes – hier der Bürgermeister der Badestadt, Hans Breimann, der im Gegensatz zu einigen seiner lippischen Kollegen die Machtübernahme der Nationalsozialisten politisch überleben sollte, – wurde Vorsitzender des Sparkassenvorstandes. Dieser wurde wiederum der Aufsicht der lippischen Landesregierung direkt unterstellt. Aufgrund der lippischen Verordnung über die kommunalen Sparkassen vom 31. Dezember 1932 erhielt das Salzufler Institut mit Einführung der neuen Mustersatzung am 8. März 1933 den obengenannten Rechtsstatus und war nicht mehr wie seit 1883 eine unselbständige Einrichtung der Stadtgemeinde.[108] Die Notverordnung von 1931 wurde durch das Gemeindeumschuldungsgesetz vom 21. September 1933 ergänzt, das den Gemeinden zunächst bis März 1935 untersagte, weitere Schulden zu machen.[109] An das Kommunalkreditverbot hielten sich in den folgenden Jahren sowohl die Stadt als auch die Städtische Sparkasse geflissentlich.

Die Weltwirtschaftskrise blieb selbstredend nicht ohne Auswirkungen auf das Aktiv- und Passivgeschäft der Städtischen Sparkasse. Die Summe der Spareinlagen sank zwischen Ende 1930 und 1932 um knapp 400.000 auf 11,2 Millionen RM, und auch das Hypothekenneu- und das Kreditgeschäft waren – nicht zuletzt aufgrund der Notverordnung vom Oktober 1931 rückläufig.[110] Eine allmähliche Belebung vor allem des Aktiv-, aber auch des Passivgeschäfts sollte jedoch bald nach 1932 unter veränderten wirtschaftlichen und politischen Rahmenbedingungen wieder einsetzen.[111]

Die Sparkasse unter dem Hakenkreuz

Im Gegensatz zu den Städtischen Sparkassen in Detmold und Blomberg vollzog sich der Übergang von der Weimarer Republik zur NS-Diktatur auch in personeller Hinsicht – wie beim Über-

Beleuchtung im Bad Salzufler Kurpark, 1933.

gang vom Kaiserreich zur Republik 15 Jahre zuvor – naht- und geräuschlos. Während der Detmolder Sparkassendirektor Winkler und sein Blomberger Kollege Schellin 1933 ihre Posten räumen mußten, fand ein solches politisch begründetes Revirement an der Spitze des Salzufler Institutes nicht statt, und auch die Subalternkräfte blieben ohne Ausnahme im Amt.[112] Sparkassendirektor Paul Meier, seit 1928 auch Vorsitzender des neugegründeten lippischen Sparkassenverbandes, sollte erst 1937 über die Affäre Deutsche Eigenheim-Baugesellschaft, die auch die Sparkasse Bad Salzuflen in eine kurzzeitige Vertrauenskrise stürzte, zu Fall kommen und wurde in jenem Jahr durch den ebenfalls linientreuen vormaligen Oberrevisor des Westfälischen Sparkassen- und Giroverbandes Walter Kohlschmidt ersetzt.[113] Nur einmal während der NS-Zeit wurde an den Gewährträger im Jahre 1934 35.161 RM aus dem Reingewinn abgeführt.[114] Für die Folgejahre bis 1945 sind keine weiteren Gewinnabflüsse an die Salzestadt aus den stetig steigenden Reingewinnen mehr belegt, da diese vollständig der Sicherheitsrücklage zugeführt werden mußten. Der Stadt wiederum gelang es, langsam und kontinuierlich ihre langfristigen Verbindlichkeiten bei ihrem Institut auf 1,4 Millionen RM (Stand Ende 1943) zurückzuschrauben.[115]

Nach Ausweis der Revisionsberichte des Westfälischen Sparkassen- und Giroverbandes beteiligte sich die Sparkasse Bad Salzuflen während der NS-Zeit mit bescheidenen jährlichen Beträgen zwischen 700 und 800 RM nolens volens an der Adolf-Hitler-Spende der deutschen Wirtschaft, zu der alle deutschen Wirtschaftsunternehmungen verpflichtet waren. Ansonsten wurden regelmäßig das Winterhilfswerk und das DRK mit namhaften Summen (bis 3.000 RM) bedacht. 1939 allerdings ließ sich die Sparkasse die Ausschmückung ihres Geschäftsgebäudes mit Hakenkreuzfahnen und Girlanden zum Tag der »Alten Garde« die stolze Summe von 1.134 RM kosten![116] Die beiden lippischen NSDAP-Kreisleitungen erhielten auf ihr Ersuchen von allen lippischen Sparkassen 1934 eine einmalige Spende in Höhe von 4.000 RM, von denen das Salzufler Institut seiner Größe und Bedeutung entsprechend allein 640 RM beitrug.[117] Sparkassendirektor und Parteigenosse Meier führte dazu in seiner Eigenschaft als Vorsitzender der Vereinigung der lippischen öffentlichen Sparkassen in einem Schreiben an seine Kollegen willfährig die Bitte befördernd unter anderem aus: »Es ist nicht auszudenken, was aus unseren Sparkassen geworden wäre, wenn es der N.S.D.A.P. nicht gelungen wäre, die Zügel fest in die Hand zu nehmen.«[118]

Westfalenfahrt der »Alten Garde« der NSDAP durch Bad Salzuflen am 15. Juni 1939.

Der Hitlerjugend wurde 1935 eine Spende für die Heimbeschaffung in Höhe von 6.000 RM, davon 960 RM seitens der Salzufler Sparkasse, als Jugendwohlfahrtspflegemaßnahme zugedacht.[119] Weitere offizielle Zuwendungen an die Partei, ihre Gliederungen und Organisationen durch das Kreditinstitut ließen sich nicht ermitteln. Die überlieferten Quellen – vor allem die Rückerstattungsakten, die beim Wiedergutmachungsamt, das dem Landgericht Detmold angeschlossen war, erwuchsen – geben zudem zur begründeten Vermutung Anlaß, daß die Städtische Sparkasse an der »Arisierung« jüdischen Vermögens und Eigentums nach der »Reichskristallnacht« (9./10. November 1938) nicht direkt beteiligt war.

Schon 1933 wurde aus dem Weltspartag in politisch bewußter Akzentverschiebung ein »Nationaler Spartag«. Dieser erfreute sich auch beim Salzufler Publikum großer Beliebtheit und wurde reichsweit 1942 zur »Deutschen Sparwoche« umgewidmet. Im Jahre 1943 zahlten 1875 Sparer 377.952 RM bei der Salzufler Sparkasse ein.[120] Die verschiedenen Formen des Kleinsparens, die schon im Kaiserreich und in der Weimarer Zeit in Bad Salzuflen unter kommerziellem Aspekt betrachtet mehr oder weniger erfolglos praktiziert wurden (s.o.), erfuhren in der NS-Zeit eine Intensivierung und Ergänzung durch neue Formen wie das »Kraft durch Freude-Sparen«. Die Zahl der Sparkassenbücher schnellte zwar in die Höhe, und damit wurde man dem öffentlichen Auftrag zur Sparerziehung besonders der Jugend gerecht, aber der Aufwand stand in keiner betriebswirtschaftlichen Relation zum Sparertrag. So vermeldet der 1939er Geschäftsbericht, »[...] daß von insgesamt 17.700 Sparbüchern 9.300 Stück = 53 % Guthaben von weniger als RM 100 aufwiesen. Im Jahre 1939 wurden aus 1.677 im Umlauf befindlichen Heimsparbüchsen insgesamt RM 14.000 gespart.«[121] Die Summe der Spareinlagen auf Sparbüchern betrug in jenem

Gruppenbild am »runden Tisch«, 1938 (90jähriges Jubiläum der Städtischen Sparkasse).
Von links: Architekt Karl Hartmann, Tischlermeister Gustav Kottmann, Sparkassenbeamter Karl Pieck, Sparkassendirektor Walter Kohlschmidt, Bürgermeister Hans Breimann, NSDAP-Ortsgruppenleiter und Stadtrat Wilhelm Hillebrenner, Fabrikant Gustav Blanke, Kaufmann Hermann Homann, Installateur Heinrich Kramer.

Jahr rund 15,1 Millionen RM und verdreifachte sich bis Ende 1944 sogar auf 45,5 Millionen RM![122] Diese drastische Steigerung der Spareinlagen ist weniger auf die umfangreiche Werbetätigkeit des Salzufler Kreditinstituts (Inserate, Plakate, unterschiedlichste Werbematerialien und -geschenke) oder gar auf die wenig erfolgreiche Intensivierung des Kleinsparens, als vielmehr auf den durch die Kriegszeiten erzwungenen Konsumverzicht der Bevölkerung zurückzuführen.[123] Parallel zum rasanten Anwachsen der Spareinlagen auf der Passivseite ging der Hypothekenbestand der Sparkasse Bad Salzuflen von 9,1 (= ca. 60 % der Spareinlagen, Ende 1939) auf 6,8 Millionen RM (= ca. 15 %, Ende 1944) auf der Aktivseite zurück.[124] Diese ureigentliche Sparte des Sparkassenaktivgeschäfts kam naturgemäß während des Krieges bedingt durch die Zeitläufte und die reichsgesetzlichen kreditwirtschaftlichen Beschränkungen (nur die Hälfte der Sparein-

Walter Kohlschmidt

Walter Kohlschmidt wurde am 4. Februar 1902 in Lichtenstein, Kreis Glauchau, als Sohn eines Webers geboren. Nach dem Besuch der Volks- bzw. Handelsschule seiner Heimatstadt begann er 1916 eine Lehre bei der dortigen Stadtverwaltung. Da er bereits während seiner Lehrzeit auch bei der Lichtensteiner Stadtsparkasse gearbeitet hatte, wurde er 1919 als Gehilfe bei der Stadtsparkasse Altenburg/Thüringen angestellt. Zwei Jahre später erfolgte der Wechsel zur Gütersloher Stadtsparkasse, wo er bis Ende November 1925 als Buchhalter tätig war. Die nächsten knapp zwölf Jahre arbeitete Walter Kohlschmidt als Revisor bzw. Oberrevisor beim Rheinisch-Westfälischen Sparkassenverband in Köln bzw. beim Westfälischen Sparkassen- und Giroverband in Münster. Nachdem durch die Strafverfolgung des Bad Salzufler Sparkassendirektors Paul Meier die Direktorenstelle im Frühjahr 1937 neu zu besetzen war, übernahm Walter Kohlschmidt – seit Mai 1933 bereits Mitglied der NSDAP – diese zunächst kommissarisch, bevor er zum 1. Januar 1938 zu deren hauptamtlichem Leiter avancierte. Im Februar 1943 wurde Walter Kohlschmidt zur Wehrmacht einberufen und gilt seit Dezember 1944 als vermißt. Auf Beschluß des Amtsgerichts Bad Salzuflen ist er im Dezember 1954 für tot erklärt worden.

Quelle: STABS, C 450.

lagen durfte als Hypothek ausgetan werden) mithin auch in Bad Salzuflen mehr oder weniger zum Erliegen. Spiegelbildlich und zwangsläufig stieg daher der Anteil der Staatspapiere im Portefeuille der Sparkasse, da die hereinströmenden Spargelder ja angelegt werden mußten. Standen 1938 Wertpapiere, vornehmlich des Reiches, in Höhe von 1,8 Millionen RM als Bilanzwert zu Buche, so waren es 1944 ebensolche im Wert von 27,5 Millionen RM, die auf der Aktivseite der Jahresbilanz standen und mit der Währungsreform des Jahres 1948 vollständig ihren Wert verloren![125] Ein großer Teil auch der Salzufler Spargelder war somit für die Kriegsfinanzierung des Reiches abgeschöpft worden. Während die Finanzierung des Ersten Weltkrieges durch Kriegsanleihen sichergestellt wurde, geschah die Aufrüstungs- und Kriegsfinanzierung im »Dritten Reich« auf indirektem Wege über Kapitalsammelstellen wie den Instituten des Sparkassensektors. Die Forschung spricht daher auch von der »geräuschlosen Kriegsfinanzierung« der Nazis, die eine öffentliche Diskussion der Finanzlage des Reiches scheuten und tunlichst vermeiden wollten.[126] Bereits im Vorwort des Geschäftsberichts der Sparkasse für 1940 führte Sparkassendirektor Walter Kohlschmidt zu diesem Themenkomplex ungewollt entlarvend und sehr treffend aus: »Im Vertrauen auf die Stärke der militärischen und politischen Führung, die uns die unbedingte Sicherung und Erhaltung des Wertes der deutschen Währung gewährleistet, sind die Einlagen bei den deutschen öffentlichen Sparkassen im Jahre 1940 weiter erheblich gestiegen. Der damit erzielte Kapitalzuwachs hat zu einem großen Teile zur Finanzierung des Krieges Verwendung gefunden.«[127] Zu den Salzufler Verhältnissen bemerkte er an gleicher Stelle: »Wenn auch diese erhebliche Spartätigkeit mit darauf zurückzuführen ist, daß für einen großen Teil der überschüssigen Kaufkraft eine geeignete Anlage gesucht wurde, so muß in der Beurteilung des Einla-

genzuwachses doch der Umstand wesentliche Beachtung finden, daß sich die Einzahlungen aus einer Vielzahl kleinerer und mittlerer Posten zusammensetzen, die aus allen Schichten der Bevölkerung stammen.«

Im Laufe der Kriegsjahre wurden immer mehr Mitarbeiter der Sparkasse zur Wehrmacht einberufen, darunter auch seit 1943 Sparkassendirektor Walter Kohlschmidt. Von den mittlerweile 36 Beschäftigten – darunter ein Drittel Frauen – des Jahres 1941 standen 13 Männer »im Felde«.[128] Seit 1941 waren in jedem Kriegsjahr ein bis drei gefallene »Gefolgschaftsmitglieder« und »Arbeitskameraden«, so der Sprachgebrauch der Zeit, in den mit nationalsozialistischer Phraseologie durchtränkten Geschäftsberichten zu beklagen.

Ehrentafel

Bei den siegreichen Kämpfen gegen den Bolschewismus fand am 2. Oktober 1941 den Heldentod

unser Gefolgschaftsmitglied

Leutnant Friedel Hempelmann

Inhaber des Eisernen Kreuzes I. und II. Klasse und anderer Auszeichnungen.

In Ehrfurcht und tiefer Dankbarkeit gedenken wir dieses vorbildlichen Arbeitskameraden, der im Kampf um die Freiheit des Reiches für Führer und Volk sein Leben ließ.

Ehrentafel im Geschäftsbericht für das Jahr 1941 für den gefallenen Sparkassenmitarbeiter Friedel Hempelmann.

Entwicklung der Spar- und Giro-Einlagen bei den lippischen Sparkassen in den Jahren 1933 bis 1940 (»Lippische Staatszeitung« vom 12. Januar 1941).

Entwicklung
der Spar- und Giro-Einlagen
bei den lippischen öffentlichen Sparkassen
in den Jahren 1933 bis 1940

Bezeichnung der Sparkasse	Stand am 1. Januar 1933			Stand am 1. Januar 1941		
	Spareinlagen	Depositen-, Giro- und Kontokorrent-einlagen	Gesamt-einlagen	Spareinlagen	Depositen-Giro- und Kontokorrent-einlagen	Gesamt-einlagen
Lippische Landesspar- und Leihekasse Detmold	15 975 000.-	3 355 000.-	19330000.-	29193 000.-	6 687 000.-	35880000.-
Kreissparkasse Lemgo	9 014 322.-	701 742.-	9716064.-	22 159 327.-	4 431 112.-	26590439.-
Kreissparkasse Detmold	5 782 731.-	627 631.-	6410362.-	16 655 690.-	3 182 174.-	19837864.-
Städtische Sparkasse Bad Salzuflen	11 200 000.-	510 000.-	11710000.-	17 900 000.-	1 460 000.-	19360000.-
Sparkasse der Stadt Lemgo	6 729 281.-	373 406.-	7102687.-	11 465 125.-	1 171 281.-	12636406.-
Sparkasse der Stadt Lage	6 429 000.-	193 000.-	6622000.-	11 268 000.-	968 000.-	12236000.-
Städtische Sparkasse Detmold	3 028 672.-	273 065.-	3301737.-	7 923 758.-	1 993 638.-	9917396.-
Stadtsparkasse Blomberg	4 228 984.-	751 851.-	4980835.-	6 896 033.-	936 223.-	7832256.-
Sparkasse zu Horn (Lippe)	3 826 220.-	226 328.-	4052548.-	6 965 987.-	733 936.-	7699923.-
Städtische Sparkasse Barntrup	1 625 260.-	80 261.-	1705521.-	3 078 454.-	354 000.-	3432454.-
Gemeindesparkasse Bösingfeld	1 213 000.-	71 000.-	1284000.-	2 460 000.-	300 000.-	2760000.-
Summe:	69 052 470.-	7 163 284.-	76215754.-	135 965 374.-	22 217 364.-	158182738.-

Arbeit schafft Kapital!

Die Entwicklung der Einlagen bei unseren heimischen Sparkassen beweist die Richtigkeit dieses vom Nationalsozialismus geprägten Satzes. Gleichzeitig sind vorstehende Zahlen aber auch ein schöner Beweis für das unerschütterliche Vertrauen unserer Sparer zur heutigen Staats- und Wirtschaftsführung.

Im Zuge der Flurbereinigung im deutschen und lippischen Sparkassenwesen wurde zum 1. Juli 1943 auch die wenig bedeutende Hauptzweigstelle Bad Salzuflen der Lippischen Landesspar- und Leihekasse mit allen Aktiva und Passiva (Spareinlagen 2,8 Millionen RM) von der Sparkasse Bad Salzuflen übernommen.[129] Bei dieser Neugliederung des lippischen Sparkassenwesens in der Zeit des »totalen Krieges« stand das gut fundierte Salzufler Institut im Gegensatz zur teilweise erregten Neugliederungsdebatte der späten 60er und 70er Jahre nie zur Disposition.[130] Die Städtische Sparkasse blieb bis zum 1. Juli 1951, als die Rheinisch-Westfälische Bank ein Filiale in der Kurstadt eröffnete, einziges Kreditinstitut am Platze.

Von der »Stunde Null« zum »Wirtschaftswunder«

Für die Bewohner Bad Salzuflens – Einheimische, Fremdarbeiter und Evakuierte – sowie die rund tausend verwundeten und kranken deutschen Soldaten, die sich in mehreren Lazaretten der Badestadt befanden, endete der Zweite Weltkrieg am 5. April 1945 mit der kampflosen Besetzung der Badestadt durch amerikanische Truppen.[131] Die alten lokalen Machthaber aus Partei und Verwaltung, wie der Bürgermeister und Sparkassenvorstandsvorsitzende Hans Breimann, räumten das Feld oder wurden von der Besatzungsmacht, respektive der in ihrem Auftrag handelnden neueingesetzten lippischen Landesregierung unter Heinrich Drake, ihrer Ämter enthoben.

Die folgenden drei Jahre bis zur Währungsreform waren auch in Bad Salzuflen in wirtschaftlicher Hinsicht geprägt vom Währungsverfall (der Geldschein mutierte zum Scheingeld), der Zigarette bzw. der Zigarre als Ersatzwährung (eine Zigarette entsprach ca. 7 RM!), vom Bezugsscheinsystem, von Hamsterkäufen und Warenhortung, vom Schwarzmarkt und vom Tauschhandel.[132] Zudem wurden Stadt und Bevölkerung durch die Beschlagnahmung von 320 Wohnhäusern, Pensionen, Hotels und Sanatorien in den Jahren 1945/46 seitens der britischen Besatzungsmacht zusätzlich besonders hart getroffen.[133] Am sogenannten »Tag X«, dem Tag der Währungsreform vom 20. Juni 1948, bekamen auch die Salzufler Einwohner jeweils insgesamt 60 DM Kopfgeld (ausbezahlt in zwei Raten), und ihre Sparguthaben sowie ihr

Seit dem Frühjahr 1948 horteten viele Händler ihre Waren. Sie wollten diese nicht für das bald wertlose Geld hergeben. Nach der Währungsreform war dann vieles wieder zu erhalten, aber für den »kleinen Mann« zu unerschwinglichen Preisen. Diese Entwicklung prangert die in der »Freien Presse« vom 3. Juli 1948 veröffentlichte Karikatur an.

RM-Bargeldbesitz wurden in der folgenden Woche unter Verrechnung dieses Kopfgeldes auf die Umtauschrelation von (letztlich) 100 RM zu 6,50 DM abgewertet. Dieser Tag, ein Sonntag, war von vielen, mit Ausnahme von Schiebern und Schwarzhändlern, lange herbeigesehnt worden. Wie von Zauberhand waren die Schaufenster mit zuvor gehorteten Waren vergleichsweise prall gefüllt. Auch in der Salzestadt bildeten sich in jenen Tagen des drastischen Währungsschnittes lange Schlangen vor den Schaltern der Städtischen Sparkasse, die einmal mehr die Volkstümlichkeit des heimischen Instituts – diesmal jedoch aus einem eher traurigen Anlaß – augenfällig belegten.[134] Aufgrund des angestauten erheblichen Bedarfs an Wirtschaftsgütern aller Art und der Verärgerung der Sparer, die im Gegensatz zu Sachwertbesitzern durch den Währungsschnitt benachteiligt waren, kam es bei der Städtischen Sparkasse zunächst zu erheblichen Auszahlungsüberschüssen und für die Jahre 1948 bis 1950 sogar zu geringen Bilanzverlusten! Erst Ende 1949 ergab sich erstmals ein Einzahlungsüberschuß im dortigen Sparverkehr, als Grundvoraussetzung zur Befriedigung der wachsenden (Bau-)Kreditwünsche.[135]

Ein beredtes Bild über die gebäulichen und sozioökonomischen Verhältnisse in Sparkasse und Stadt für die Jahre nach 1945, zur Währungsreform und für die Zeit des beginnenden Wirtschaftswunders ab 1949 zeichnet der »Geschäftsbericht für die Zeit vom 21. Juni 1948 bis 31. Dezember 1952«, der es daher verdient, im folgenden ausführlicher zitiert zu werden.[136] Darin wird gemeinsam seitens des Stadtdirektors Otto Diederich, in seiner Eigenschaft als Sparkassenvorstandsvorsitzendem, und dem Nachfolger des vermißten Sparkassendirektors Walter Kohlschmidt, dem vormaligen Rendanten Karl Pieck, rückblickend unter anderem ausgeführt: »Durch die Währungsreform von 1948 wurden die oft mühsam verdienten und in langen Jahren zurückgelegten Spargelder von

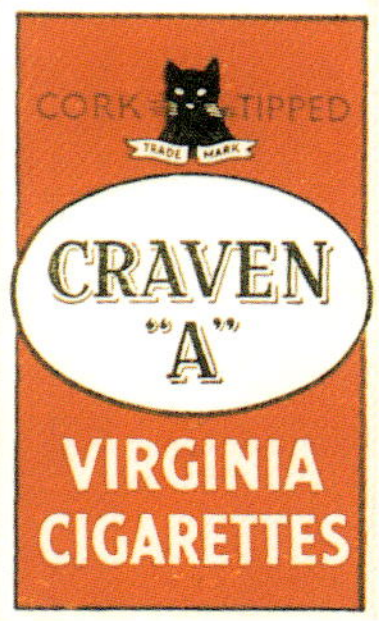

In den Jahren 1945 bis 1948 nahmen Zigaretten die Funktion einer Ersatzwährung ein.

Gruppenfoto von 1949 (Mitglieder des Rates der Stadt, des Vorstandes und der Leitung der Sparkasse), aufgenommen anläßlich der 100-Jahr-Feier der Städtischen Sparkasse im Garten des Waldrestaurants »Forsthaus« in Bad Salzuflen.
In der vorderen Reihe, zweiter von links, Stadtdirektor Otto Diederich und vierter von links, Bürgermeister Wilhelm Bünemann. In der hinteren Reihe ganz links: Sparkassenrendant Karl Pieck.

100 Jahre
1849 1949
Städt. Sparkasse Bad Salzuflen

Blick auf den Hafermarkt in der Bad Salzufler Altstadt, Anfang der 1950er Jahre.

Badehäuser am Rosengarten, 1954; von links: Leopold-Bad, Woldemar-Bad und Inhalatorium.

insgesamt rund 50 Millionen Reichsmark bei unserer Sparkasse über Nacht auf ganze 2,6 Millionen Deutsche Mark Spareinlagen heruntergedrückt. Die Erbitterung und Enttäuschung der Sparer, von denen die älteren eine zweite Währungsreform miterlebten, war allgemein und nachhaltig. [...] Durch die erfolgreiche Politik einer stabilen Währung fand bald wieder eine sehr beachtliche Kapitalbildung auf den Sparkonten statt. [...] Im Zuge dieser Entwicklung erlebte auch die Städtische Sparkasse Bad Salzuflen einen erfreulichen und beachtlichen Aufstieg.

Wenn auch das Stadtgebiet von Kriegszerstörungen verschont blieb, bedrückten doch Kriegsfolgelasten die heimische Wirtschaft in erheblichem Umfange. Die gesamten Anlagen des Staatsbades, sämtliche Hotels und fast sämtliche Fremdenheime waren lange Jahre und sind leider zum Teil auch heute noch von der Besatzungsmacht beschlagnahmt. Zug um Zug mit der Freigabe von Badeeinrichtungen und Unterkünften stieg entsprechend die Zahl der das Bad aufsuchenden Kurgäste. [...] Auch die sonstigen im Stadtgebiet vertretenen Unternehmungen haben sich äußerst gesund und krisenfest entwickelt. Der erhebliche Zugang an neuen Mitteln im kurzfristigen Geschäft setzte die Sparkasse in die Lage, den an sie herangetragenen Kreditwünschen im Rahmen der Satzung und sonstigen gesetzlichen Bestimmungen zu entsprechen. Durch das seit Ende 1950 eingetretene stetige Steigen der Spareinlagen wurde die Sparkasse in die Lage versetzt, fast sämtlichen Wünschen auf Hergabe von Hypothekendarlehen für Neubauten entsprechen zu können. Dem sozialen Wohnungsbau wurden bevorzugt für Siedlungsbauten auf der Elkenbrede und am Asenberg erhebliche Mittel zur Verfügung gestellt. [...]

Aus der stetigen Ausweitung des Geschäftsumfanges ergaben sich für den Sparkassenbetrieb räumliche Schwierigkeiten. Der Vorstand

Karl Pieck

Karl Pieck wurde am 19. Juli 1895 in Blomberg als Sohn des Kaufmanns Georg Pieck und seiner Ehefrau Helene, geb. Schaerff, geboren. Nach dem Besuch der Blomberger Volksschule sowie der Salzufler Realschule absolvierte Karl Pieck von 1912 bis 1915 eine Lehre bei der Städtischen Sparkasse Bad Salzuflen. Nach dem Ersten Weltkrieg, an dem er nach Beendigung seiner Lehrzeit teilgenommen hatte, wurde er 1919 als Angestellter wieder von der Bad Salzufler Sparkasse eingestellt. 1923 wurde ihm die 3. Beamtenstelle (Sparkassenbuchhalter), 1928 die 2. Beamtenstelle (stellvertretender Leiter) übertragen. Nach dem Zweiten Weltkrieg, an dem Karl Pieck von 1939 bis 1945 teilgenommen hatte, durfte er wegen seiner langjährigen SA-Mitgliedschaft seine Tätigkeit bei der Städtischen Sparkasse nicht gleich wieder aufnehmen. Erst nach Abschluß des Entnazifizierungsverfahrens wurde Karl Pieck am 1. Februar 1947 wieder eingestellt. Ein Jahr später wurde ihm zunächst die stellvertretende Leitung der Kasse übertragen, bevor er trotz erneuter Ausschreibung der Stelle am 17. Dezember 1951 durch die Ratsversammlung einstimmig zum Sparkassendirektor gewählt wurde. Nach Erreichung der Altersgrenze trat Karl Pieck zum 1. August 1960 in den Ruhestand. In den folgenden Jahren engagierte er sich zusammen mit seiner Frau Liselotte (1903-1984), mit der er seit 1925 in kinderloser Ehe verheiratet war, insbesondere für den Ortsverein des Deutschen Roten Kreuzes. Am 17. August 1981 ist Karl Pieck in Bad Salzuflen verstorben. Quelle: STABS, D 1562, Bd. 1–4.

Blick auf die katholische Bonifatius-Kirche in der Grabenstraße, um 1955. Im Hintergrund eines der Wahrzeichen der Stadt, der Turm der ev.-ref. Stadtkirche auf dem Hallenbrink.

der Sparkasse beschloß daher nach Freiwerden der bisher im I. Stock untergebrachten Bürgermeisterwohnung, diese in die Geschäftsräume mit einzubeziehen. [...] Die neu geschaffenen und modernisierten Geschäftsräume gewähren nunmehr einen glatten und zügigen Ablauf des Geschäftsbetriebes.«

In neuen Räumlichkeiten

Drei Jahre später – 1955 – erhielt das Gebäude ein zweites Obergeschoß. Dennoch sollten sich die Räumlichkeiten binnen weniger Jahre wieder als zu beengt für das prosperierende Institut erweisen. Es galt, neuen Raum für die wachsende Zahl der Mitarbeiter und Kunden zu schaffen. Daher beauftragte im Dezember 1959 das im Vorjahr durch das NW-Sparkassengesetz neugeschaffene Gremium des Sparkassenrates (vormals Vorstand, ab 1970 Verwaltungsrat genannt), in dessen Händen die Verwaltung des Instituts ruht und der die Richtlinien der Geschäftspolitik bestimmt, den Vorstand der Städtischen Sparkasse (Sparkassendirektor Pieck) und den Vorsitzenden des Sparkassenrates, den Ratsherrn und Steuerberater Willi Moritz, offiziell mit der Suche nach einem geeigneten Grundstück für die Errichtung eines neuen, größeren Sparkassengebäudes.[137] Im Bereich der Grabenstraße wurde man fündig. Die alte katholische Kirche nebst Küsterhaus mit Grund und Boden, arrondiert um benachbarte Parzellen, konnten erworben und nach Abriß der Gebäude für den großzügigen Neubau bereitgestellt werden.[138] Im Oktober 1961 erteilte der Rat der Stadt die Genehmigung zum Bau. Nach umfangreichen Bodenuntersuchungen und

Fundamentarbeiten erfolgte die Grundsteinlegung am 8. Mai 1963.[139] Zwei Jahre später, im Juni 1965, wurde das neue Geschäftsgebäude in der Grabenstraße 5/7 fertiggestellt und seiner Bestimmung übergeben. Nach mehr als zwei Generationen hatte das alte Sparkassengebäude Am Markt 5, in dem sich heute eine Filiale der Dresdner Bank befindet, endgültig ausgedient.[140]

Der Überlebenskampf in den 1970er Jahren

Die Tatsache, daß die Städtische Sparkasse 1999 überhaupt ihr 150jähriges Bestehen feiern kann, verdankt sie einem Urteil des Landesverfassungsgerichtshofes zu Münster vom 31. Oktober 1980.[141] Darin wurde die Verordnung des damaligen NRW-Ministers für Wirtschaft und Verkehr, Horst Ludwig Riemer, zur Neuordnung der Sparkassen im Kreis Lippe vom 12. April 1979 bezüglich des Aufgehens der Städtischen Sparkasse Bad Salzuflen in eine Zweckverbandssparkasse der Institute des Altkreises Lemgo, gegen die die Badestadt alsbald Verfassungsbeschwerde eingelegt hatte, als verfassungswidrig und damit nichtig erklärt. Die Selbständigkeit des Instituts blieb durch das Urteil erhalten. Seit Anfang der 1970er Jahre hatten sich die Beschwerdeführerin als Gewährträgerin, ihre Ratsfraktionen, der Verwaltungsrat, der Vorstand und die Mitarbeiterinnen und Mitarbeiter der Städtischen Sparkasse Bad Salzuflen unermüdlich für die Eigenständigkeit des leistungs- und renditestarken und wirtschaftlich eng mit dem Herforder Raum verflochtenen Instituts eingesetzt und gegen die »große Lösung« eines Anschlusses an eine angeblich leistungsfähigere Zweckverbandssparkasse, die seit Ende der 1960er Jahre ventiliert wurde und wie ein Damoklesschwert mehr als ein Jahrzehnt über dem Städtischen Kreditinstitut schwebte, gewehrt.[142] Im Kampf um die Eigenständigkeit

August Windel

August Windel wurde am 17. Mai 1909 als Sohn des Zimmermanns Heinrich Windel und seiner Frau Auguste, geb. Strate, in Salzuflen geboren. Nach dem Besuch der Volksschule trat er am 1. April 1923, also unmittelbar vor der Hochinflation, bei der Städtischen Sparkasse Bad Salzuflen als Lehrling ein. Nach Beendigung seiner Lehrzeit wurde er dort ab 1. April 1926 als Angestellter weiterbeschäftigt. In den folgenden Jahren war er in allen Abteilungen der Sparkasse tätig. Nach einer vorübergehenden Beschäftigung beim Hannoverschen Sparkassenverband und der Gemeindesparkasse in Elbrinxen kehrte August Windel zur Städtischen Sparkasse Bad Salzuflen zurück und wurde am 1. April 1939 zum Innenrevisor bestellt.

Nach dem Zweiten Weltkrieg wechselte August Windel zunächst zur Stadtverwaltung, wo er der Finanzverwaltung vorstand. Zum 1. April 1951 wurde er zur Städtischen Sparkasse zurückversetzt, wo er wieder seine frühere Stelle als Innenrevisor bekleidete. August Windel, der sich in den nächsten Jahren insbesondere bei der Mechanisierung des Sparkassenbetriebes große Verdienste erwarb, wurde 1958 vom Sparkassenrat zum Mitglied des Vorstandes ernannt. Zwei Jahre später, am 1. August 1960, trat er die Nachfolge von Karl Pieck als Vorsitzender des Vorstandes an. Er setzte sich mit Nachdruck für den Neubau der Hauptstelle in der Grabenstraße ein, der im Juni 1965 bezogen werden konnte.

August Windel, der – wie in einem Nachruf herausgestellt wurde – »stets dem Wohle der Allgemeinheit diente«, starb nach kurzer, schwerer Krankheit im Alter von nur 61 Jahren am 6. Juni 1970 in Mainz.

Quelle: Unterlagen der Personalabteilung der Sparkasse Bad Salzuflen.

Heinrich Grafhorst

Heinrich Grafhorst wurde am 30. Oktober 1926 in Bad Salzuflen als Sohn des Bahnbeamten Theodor Grafhorst und seiner Frau Martha, geb. Massolle, geboren. Nach erfolgreicher Absolvierung der Oberschule für Jungen in seiner Heimatstadt besuchte er für zwei Jahre die Städtische Handelsschule in Herford. Anschließend trat er am 1. April 1944, also noch während des Krieges, als Lehrling bei der Städtischen Sparkasse Bad Salzuflen ein. Nachdem seine Lehre zunächst durch die Einberufung zur Wehrmacht unterbrochen werden mußte, schloß Heinrich Grafhorst diese im Februar 1947 erfolgreich ab und wurde sofort als Angestellter übernommen. In den folgenden Jahren nahm er an verschiedenen Weiterbildungsmaßnahmen teil, um schließlich im Dezember 1953 die Prüfung für den gehobenen Sparkassendienst abzulegen. Am 1. Juli 1954 wechselte er zum Westfälisch-Lippischen Sparkassen- und Giroverband nach Münster, für den er über vier Jahre als Verbandsrevisor tätig war. Am 1. November 1958 kehrte Heinrich Grafhorst als Innenrevisor zur Städtischen Sparkasse Bad Salzuflen zurück. Im April 1963 wurde er zum Mitglied des Vorstandes ernannt, sieben Jahre später, am 1. Juli 1970, trat er die Nachfolge August Windels im Amt des Vorsitzenden des Vorstandes an. Verbunden mit der überaus erfolgreichen Amtszeit des Vorstandsvorsitzenden Heinrich Grafhorst bleibt der »siegreiche« Prozeß vor dem Verfassungsgericht in Münster, der – durch das Urteil vom 31. Oktober 1980 – die Selbständigkeit der Städtischen Sparkasse Bad Salzuflen sicherte. Nach über 40jähriger Dienstzeit trat Heinrich Grafhorst Ende September 1985 aus gesundheitlichen Gründen in den Ruhestand.

Quelle: Unterlagen der Personalabteilung der Sparkasse Bad Salzuflen.

erfuhr man neben der Unterstützung einiger lokaler Bundes- und Landtagsabgeordneter auch tatkräftige Hilfe seitens einer im Juli 1978 eigens gegründeten Bürgerinitiative zur Rettung der Sparkasse, die sich mit zahlreichen Aktivitäten wie Flugblattaktionen und einer Unterschriftensammlung (fast 7.000 Unterschriften!) für den Erhalt der Städtischen Sparkasse stark machte.

Bürgerprotest für den Erhalt der Städtischen Sparkasse im November 1978.

In der Urteilsbegründung des Landesverfassungsgerichtes wurde unter anderem auch bereits mit Blick auf die Zweigstellen der Sparkasse Lemgo im Salzufler Stadtgebiet (s.u.) festgestellt:

»Eine auf örtlicher Ebene organisierte Sparkasse, deren Geschäftspolitik von der Stadt Bad Salzuflen wesentlich beeinflußt wird, und die Stärkung der Leistungsfähigkeit dieser Sparkasse durch Übertragung der im erweiterten Stadtgebiet liegenden Zweigstellen anderer Sparkassen werden der Funktion Bad Salzuflens als Mittelzentrum und Entwicklungsschwerpunkt zweiter Ordnung, dem Bedeutungszuwachs dieser Stadt und der großen Einwohnerzahl ihres Versorgungsbereiches in höherem Maße gerecht, als die Herabstufung der bisher selbständigen Sparkasse zur Filiale einer Verbandssparkasse.

Auf deren Geschäftspolitik könnte die Stadt nur im Rahmen der Verbandssatzung Einfluß nehmen.«[143]

Zweigstellenpolitik

Um ihrem öffentlichen Auftrag und ihrer kommunalen Bindung besonders gerecht zu werden, um die Nähe zum (potentiellen) Sparkassenkunden zu suchen, und um die Bevölkerung zunächst der Stadt und dann nach der kommunalen Neugliederung (1. Januar 1969) der Großgemeinde Bad Salzuflen flächendeckend bedienen zu können, wurden, dem Siedlungsgefüge entsprechend, allmählich und schrittweise Geschäftsstellen eingerichtet.[144] Dies ersparte den Kunden Zeit und längere Wege und entlastete gleichzeitig die Zentrale in der Grabenstraße. So wurde 1965 – 60 Jahre nach Einrichtung der nur kurzlebigen Langenholzhausener Nebenrendantur und sieben Jahre nach Aufhebung der höchstrichterlich verfügten Aufhebung der Bedürfnisprüfung für die Einrichtung von Sparkassengeschäftsstellen – erstmals wieder eine Zweigstelle in der Beetstraße und ein Jahr später die zweite im Elkenbreder Weg angemietet und eröffnet. Im Ortsteil Ehrsen-Breden wurde 1971 die dritte Geschäftsstelle eingerichtet.[145]

Die Sparkasse Bad Salzuflen hinkte damit allerdings der allgemeinen regionalen Entwicklung etwas hinterher, da im Zeitraum zwischen 1958 (Aufhebung der Bedürfnisprüfung) und 1970 jede westfälisch-lippische Sparkasse im Durchschnitt mehr als fünf Geschäftsstellen eröffnete.[146] Der Hauptgrund für diese betont bedächtige Salzufler Geschäftsstellenpolitik ist – neben der Kleinräumigkeit des Gewährträgerraumes (bis Ende 1969 nur Stadtgebiet), dem Aspekt der Betriebskostenminimierung und dem Hauptstellenneubau – darin zu suchen, daß die vormalige Kreissparkasse Lemgo bereits in den damals noch nicht zur Stadt gehörenden Ort-

Die erste Zweigstelle in der Beetstraße wurde am 28. September 1965 eröffnet.

Sparkassenbetrieb hinter dem Schalter in der Zweigstelle Beetstraße in den 1960er Jahren.

Vor der am 1. Februar 1988 erfolgten Übernahme der Filialdirektion Schötmar der Sparkasse Lemgo nebst ihrer Filialen ( ) in Ahmsen, Knetterheide (Werl-Aspe), Lockhausen, Retzen, Sylbach (Holzhausen) und Wüsten war die Städtische Sparkasse Bad Salzuflen ( ) neben der Kernstadt lediglich in Wüsten, Schötmar und Ehrsen-Breden mit Zweigstellen präsent.

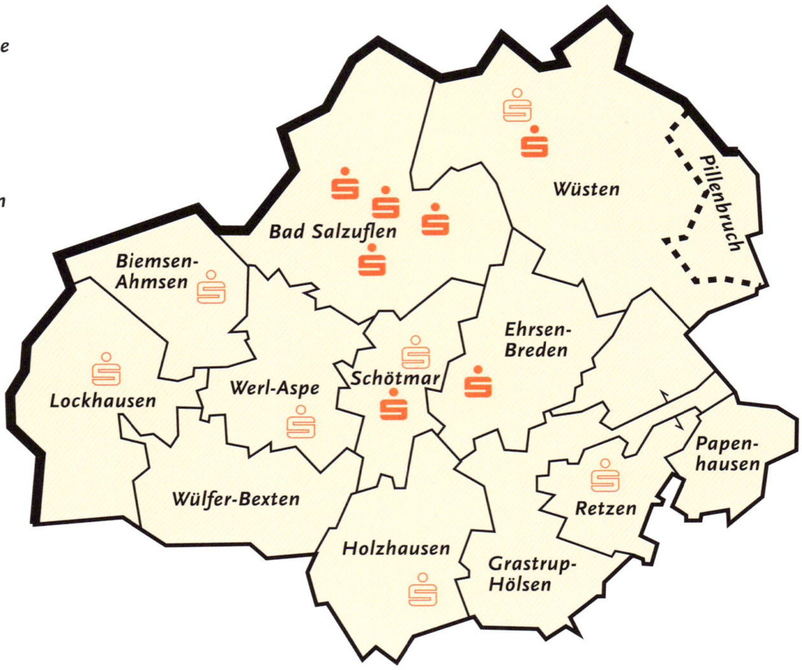

schaften ein dichtes, die Badestadt kranzartig umgebendes Zweigstellennetz angelegt hatte.[147] Die drei Geschäftsstellen der Städtischen Sparkasse, die sich nach Ausweis der Verwaltungsratsprotokolle im übrigen sehr positiv entwickelten, konnten aufgrund des bei der Salzufler Sparkasse bis Anfang der 1970er Jahre herrschenden notorischen und chronischen Fachpersonalmangels zudem erst im Laufe des Jahres 1971 ganztägig öffnen.[148]

Weitere Außenstellen kamen erst in der Mitte der 1980er Jahre hinzu! Zunächst als nicht nur uneigennütziger Reflex auf eine Untersuchung zur Marktlage der Städtischen Sparkasse des Westfälisch-Lippischen Sparkassen- und Giroverbandes vom März 1983, die neben dem damaligen, bereits langjährig vorherrschenden relativ schwachen Sparkassen-Aktivgeschäft (niedrige Kredit-Einlagen-Quote) vor allem die bis dato immer noch zu geringe Geschäftsstellendichte in einem wesentlich vergrößerten Gewährträgerbezirk gegenüber Verwaltungsrat und Vorstand nachdrücklich monierte. Dann durch die Übernahme der Filialdirektion Schötmar der Sparkasse Lemgo nebst sechs weiteren Filialen im Gebiet der Großgemeinde Bad Salzuflen (Ahmsen, Knetterheide, Lockhausen, Retzen, Sylbach, Wüsten) zum 1. Februar 1988.[149] Mit dieser längst überfälligen Bestandsbereinigung wurde die seit der kommunalen Neugliederung bestehende örtliche Gemengelage auch im Sinne der Urteilsbegründung des Landesverfassungsgerichts (s.o.) aufgehoben und dem sogenannten Regionalprinzip im Sparkassenwesen konsequent Genüge getan. Zuvor blieben Klagen der Sparkasse Lemgo gegen die Übertragungsanordnung des Regierungspräsidenten vom 15. Dezember 1983 vor dem Verwaltungsgericht Minden (1984) und dem Oberverwaltungsgericht Münster (1987) ohne Erfolg.[150] Die Städtische Sparkasse Bad Salzuflen wurde 18 Jahre (!) nach der kommunalen Neugliederung endlich zur Sparkasse der Gesamtstadt. Heute zählt sie – nach einem zahlenmäß geringfügigen Auf und Ab – insgesamt 12 Zweigstellen mit über 240 Mitarbeiterinnen und Mitarbeitern im Dienst am Kunden.

Wieder städtische Hausbank und sprudelndes Füllhorn

Nach dem Zweiten Weltkrieg und der Währungsreform, als allgemein der Kapitalmarkt noch sehr unergiebig war, gewann der Kommunalkredit der Sparkassen – neben dem Hypothekarkredit und der Befriedigung der Kreditwünsche der örtlichen mittelständischen Wirtschaft, der Landwirtschaft, des Handels, des Handwerks und des Gewerbes, eine der originären Sparten ihrer Aktivgeschäfte – erneut an Bedeutung, da die Städte und Gemeinden mit enormen Finanzierungsproblemen konfrontiert waren (Kriegsschädenbeseitigung, Eingliederungsmaßnahmen, Investitionsstau).[151] War die Stadt Bad Salzuflen nach der Währungsreform nur noch mit rund 107.000 DM Altschulden bei ihrem Kreditinstitut langfristig verschuldet, so waren es am 1. Januar 1960 bereits wieder gut 1,7 Millionen DM (inklusive Altschulden) für Kredite und Darlehen, die die Stadt seit 1953 hauptsächlich für Belange des (sozialen) Wohnungsbaus, für Infrastrukturmaßnahmen und Schulneubauten erhalten hatte.[152] Die Sparkasse hatte sich bei einem städtischen Gesamtschuldenstand von knapp 4 Millionen DM bis Ende 1959, wie in der Wilhelminischen- und Weimarer Zeit, zur »Hausbank« ihrer Gewährträgerin entwickelt. Zudem leitete die Städtische Sparkasse große Mittel aus vielzähligen Kredit- und Finanzierungsprogrammen der öffentlichen Hand (z.B. Flüchtlingskredite, Existenzaufbauhilfedarlehen) an die Klientel vor Ort weiter. Widhofer-Mohnen bemerkt allgemein zur Rolle der Sparkassen nach 1948 zutreffend: »Der Wiederaufbau hätte sich viel langsamer vollziehen müssen, wenn die Kommunen nicht auf die Sparkassen und ihre Zentralbanken hätten zurückgreifen können.«[153] So leistete auch die Städtische Sparkasse Bad Salzuflen über den Kommunalkredit, aber auch über ihre Personal- und Realkredite, gemäß ihrem öffentlichen Auftrag der

Blick in die Langestraße, die 1975 zur Fußgängerzone umgestaltet wurde, um 1980.

Kreditversorgung für Mittelstand und sozial schwächere Bevölkerungskreise, einen wesentlichen Beitrag zur infrastrukturellen, sozialen und wirtschaftlichen Entwicklung der Badestadt nicht nur in den 1950er Jahren, sondern bis zur Gegenwart (z.B. Sonderkreditprogramm für die Fremdenverkehrsbetriebe 1975). Dieser würde es sicherlich verdienen, in einer eigenen größeren wirtschaftsgeschichtlichen und/oder betriebswirtschaftlichen Arbeit ausführlicher beleuchtet zu werden.[154] Das obengenannte ausgeliehene Kapital von 1,7 Millionen DM wiederum entsprach gut einem Zehntel der Gesamtausleihungen des Instituts von knapp 17 Millionen DM. Eine Generation später, am 1. Januar 1990, war die Stadt mittlerweile mit knapp 73 Millionen DM, davon mit 21,4 Millionen DM – einem knappen Drittel ihrer Schuldenlast – bei Sparkassen (vor allem der Sparkasse Bad Salzuflen), verschuldet! Die Sparkasse wiederum hatte nur noch ein Zwanzigstel ihrer Kundenforderungen, 23,3 Millionen DM von 456 Millionen DM, als Kommunaldarlehen (vor allem an die Stadt) ausgetan.[155] Die kreditwirtschaftlichen Beziehungen zwischen Stadt und Sparkasse Bad Salzuflen hatten sich in diesen drei Dekaden nominal beträchtlich erhöht, real jedoch besonders aus dem Blickwinkel der Sparkasse, dem allgemeinen Trend im Sparkassensektor folgend, gelockert und dies, obschon Verwaltungsrat und Vorstand des ertragsorientierten öffentlichen Wettbewerbsunternehmens durchaus darauf achteten, daß ihre Gewährträgerin nicht bei der lokalen Konkurrenz größere langfristige Darlehen aufnahm.[156]

Erstmals für das Geschäftsjahr 1957 konnten wieder Überschüsse an die Stadt zur Finanzierung von »öffentlichen, mit dem gemeinnützigen Charakter der Sparkassen in Einklang stehenden Zwecken des Gewährträgers« abgeführt werden.[157] Zuvor mußten nach der einschneidenden Währungsumstellung von 1948, aufgrund der gesetzlichen Bestimmungen, die gesamten Überschüsse der Sicherheitsrücklage zugeführt werden, bis dieses Eigenkapital 5 % der Gesamteinlagesumme erreicht hatte. Aus den Überschüssen z.B. des Jahres 1959 wurden 96.143 DM (=25 % des Reingewinns) der Stadt zur Erweiterung des städtischen Feierabendhauses, für den Kindergartenneubau an der Ziegelstraße und für die Schulturnhalle an der Elkenbrede überwiesen.[158]

Nach Ausweis der städtischen Haushaltspläne und der Geschäftsberichte der Städtischen Sparkasse sprudelten die Zuflüsse an die Stadt in den Folgejahren reichlich. Allein bis 1975 wurden insgesamt mehr als 1,5 Millionen DM »zur Finanzierung heimischer Gemeinschaftsaufgaben ausgeschüttet.«[159] Für jenes Geschäftsjahr wurden als ausschüttungsfähiger Gewinnanteil 63.300 DM (= 10 % des Reingewinns) ausgewiesen. 30.800 DM erhielt die Stadt für gemeinnützige Zwecke. Der Restbetrag von 32.500 DM, der seitens der Sparkasse auf Beschluß des Verwaltungsrates für örtliche Vereine und Institutionen direkt als Spende gemeinnützig verwandt wurde, schlüsselt sich wie folgt auf:[160]

10.000 DM	Arbeitskreis Hilfe für Behinderte,
2.000 DM	Deutscher Kinderschutzbund, Ortsverband,
500 DM	Sportschützengruppe der Schützengesellschaft Schötmar,
2.000 DM	Versehrten-Sportgemeinschaft Bad Salzuflen,
2.000 DM	Sportfischer Verein,
8.000 DM	Evangelischer Kindergarten,
1.000 DM	Tischtennisverein Werl-Aspe,
5.000 DM	AWO Ortsverein Altstadt Bad Salzuflen.[161]

Darüber hinaus gewährte die Städtische Sparkasse im Laufe der Jahre bis zum heutigen Tag aus ihren Gewinnen eine Vielzahl zusätzlicher weiterer Spenden für Einrichtungen im sozialen, kulturellen und sportlichen Bereich, zu der sie auch aufgrund ihres öffentlichen Auftrags und ihrer Gemeinnützigkeit rechtlich nicht verpflichtet gewesen war und ist. So verzichtete man z.B. anläßlich der Eröffnung der Zweigstelle im Ortsteil Ehrsen-Breden im November 1971 auf eine kostspielige offizielle Eröffnungsfeier und gewährte stattdessen der Arbeiterwohlfahrt Bad Salzuflen als Trägerin der Aktion »Essen auf Rädern« eine einmalige Zuwendung von 2.500 DM.[162] Und gar 50.000 DM erhielt der Förderverein Städtische Sportanlagen Bad Salzuflen e.V. als Spende – unter anderem als Zuschuß zum Bau des Hallenbades – anläßlich des 125jährigen Bestehens der Städtischen Sparkasse im April 1974! Dafür wurde auf aufwendige Jubiläumsfeierlichkeiten zum Wohle der Allgemeinheit verzichtet.[163]

Innovative Techniken und neue Produkte

Hinsichtlich des einstigen Personalmangels bei der Städtischen Sparkasse und des Einsatzes moderner Techniken bemerkte bereits der Jahresbericht für 1953 und 1954: »Die Ausweitung des Sparkassengeschäftes im Zusammenwirken mit dem Mangel an Fachkräften zwang zur Ausnutzung aller Möglichkeiten auf dem Gebiete der innerbetrieblichen Vereinfachung und zur weiteren Rationalisierung des Betriebes. Das besondere Augenmerk der Kassenleitung galt daher dem verstärkten Einsatz moderner technischer Hilfsmittel.«[164] Diese skizzierte ständige Ausdehnung des Geschäftsumfanges und das rasche Anwachsen des bargeldlosen Zahlungsverkehrs vor allem durch die viele Jahre gebührenfreie Kontoführung von Gehaltskonten seit Beginn der 1960er Jahre, die der Sparkasse viele neue Geschäftskunden zuführten, zwang auch das Salzufler Institut – wie Ende der 1920er Jahre – seine Leistungsfähigkeit durch Nutzbarmachung moderner Betriebstechniken zu stärken. Es kam hinzu, daß die Sparkasse 1961 die Arbeitszeit durch Einführung der Fünf-Tage-Woche weiter verkürzen mußte und man ferner einerseits aus Rentabilitätsgründen die Personalkosten möglichst niedrig halten wollte, andererseits händeringend nach qualifizierten Fachkräften suchte, da man seinerzeit mit dem Gehaltsgefüge der privatrechtlichen Konkurrenz überhaupt nicht konkurrieren konnte.[165] Die Möglichkeiten der Rationalisierung zunächst durch Mechanisierung (Registrier- und Walzenbuchungsmaschinen) und dann durch die Elektromechanisierung stießen trotz Anschaffung einer Anker-Lochkartenmaschine mit Transistorenrechner für die Verbuchung sämtlicher Geschäftsvorfälle im Spar- und Darlehnsverkehr im Werte von rund 100.000 DM (1966) um 1970 endgültig an ihre natürlichen Grenzen. In den Jahren ab 1971 wurde der gesamte Buchungsverkehr auf elektronische

Arbeit an der Registriermaschine. Im Hintergrund Sparkassendirektor Karl Pieck, 1950er Jahre.

Entwicklung von Bilanzsumme, Einlagen und Kreditvolumen zwischen 1950 und 1975.

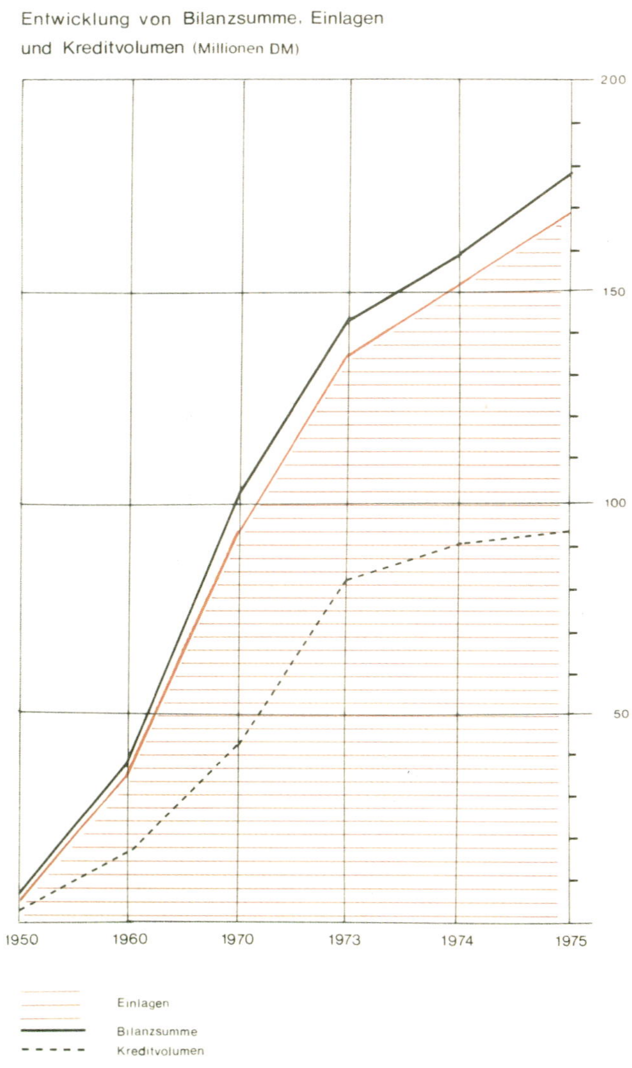

Datenverarbeitung umgestellt und in jenem Jahr auch der Anschluß an die Buchungszentrale im Rechenzentrum des Westfälisch-Lippischen Sparkassen- und Giroverbandes in Münster vollzogen.[166] Das online-Datenübertragungsverfahren konnte bereits im April 1980 in sämtlichen Geschäftstellen eingeführt werden.[167] Mit dem PC-Einsatz zur Unterstützung der Sachbearbeiterinnen und Sachbearbeiter und zur Verbesserung des Kundenservices wurde schon 1984 begonnen.[168]

An neuen Produkten im Spar-, (Konsumenten-)Kredit-, und Dienstleistungsgeschäft, die aufgrund gesetzlicher und technischer Neuerungen seit Ende der 1950er Jahre auch seitens der Städtischen Sparkasse ihren Kunden angeboten werden können, sind vor allem das prämienbegünstigte Vertragssparen (1959), der Sparkassenbrief (1968) und die Sparkassenobligation (1972), – Sparformen, die selbstredend die Zuwachsraten des klassischen sogenannten Kontensparens bremsten –, diverse Scheck- und Kreditkarten (ab 1968), der Dispositionskredit für Lohn- und Gehaltsempfänger (1968), die Umwandlung des spartenbezogenen Kundenbedienungssystems in ein marktorientiertes Beratungssystem (1980) und der »Bargeldservice – rund um die Uhr« (Geldautomaten seit 1982) zu nennen.

Auf steilen Wachstumspfaden mit der Heimat verwurzelt

Eine enge Zusammenarbeit mit der Landesbausparkasse zu Münster, der Bausparkasse der Sparkassen, existiert bereits seit Mitte der 1950er Jahre. Mit der dortigen Provinzial-Versicherung sowie der Lippischen Landes-Brandversicherungsanstalt zu Detmold, für die man Versicherungen verschiedenster Art vermittelt und für die die Sparkasse mit ihren Zweigstellen Beratungsstelle ist, eine ebensolche seit Anfang

der 1970er Jahre. Diese Kooperation mit den Verbundpartnern wurde in den 1980er und 1990er Jahren weiter ausgebaut (»Allfinanzangebot«) und ist für alle Beteiligten und die Kunden von Vorteil. Sie vertieft zudem die Verwurzelung der Sparkasse Bad Salzuflen in Stadt und Umland. Die stürmische Entwicklung des Salzufler Sparkasseninstituts in dem Vierteljahrhundert zwischen 1950 und 1975 – gesamtwirtschaftlichen Rezessionen und konjunkturellen Rückschlägen zum Trotz – spiegelt die Abbildung aus dem Geschäftsbericht von 1975 wider. Die Mitarbeiterzahl stieg in dieser Zeit von 29 auf 79, die der Sparkonten von 14.555 auf 25.253.[169] Unwillkürlich werden Assoziationen an die erste Blütephase des Instituts unter den Huneckes im letzten Drittel des vorigen Jahrhunderts wach. In beiden Epochen behielt das in Stadt und Umland fest verwurzelte Institut den Wachstumskurs bei und erfreute sich des Vertrauens weiter Kreise sowie aller Schichten der Bevölkerung in ihre »Kasse«. Der damalige Verwaltungsratsvorsitzende Hermann Fricke führte dazu anläßlich der 125-Jahrfeier der Städtischen Sparkasse am 18. April 1974 in einer Sondersitzung des Verwaltungsrates aus: »Die enge Verbundenheit zwischen den Bürgern unserer Stadt und ihrer Sparkasse, gepaart mit dem lippischen Sparwillen, waren die wichtigsten Elemente für die großartige Geschäftsentwicklung der Städtischen Sparkasse Bad Salzuflen.«[170] Diese vor 25 Jahren anläßlich der letzten Jubelfeier getroffene Feststellung besitzt auch heute noch ihre uneingeschränkte Gültigkeit.[171]

»Der jedem echten Salzufle

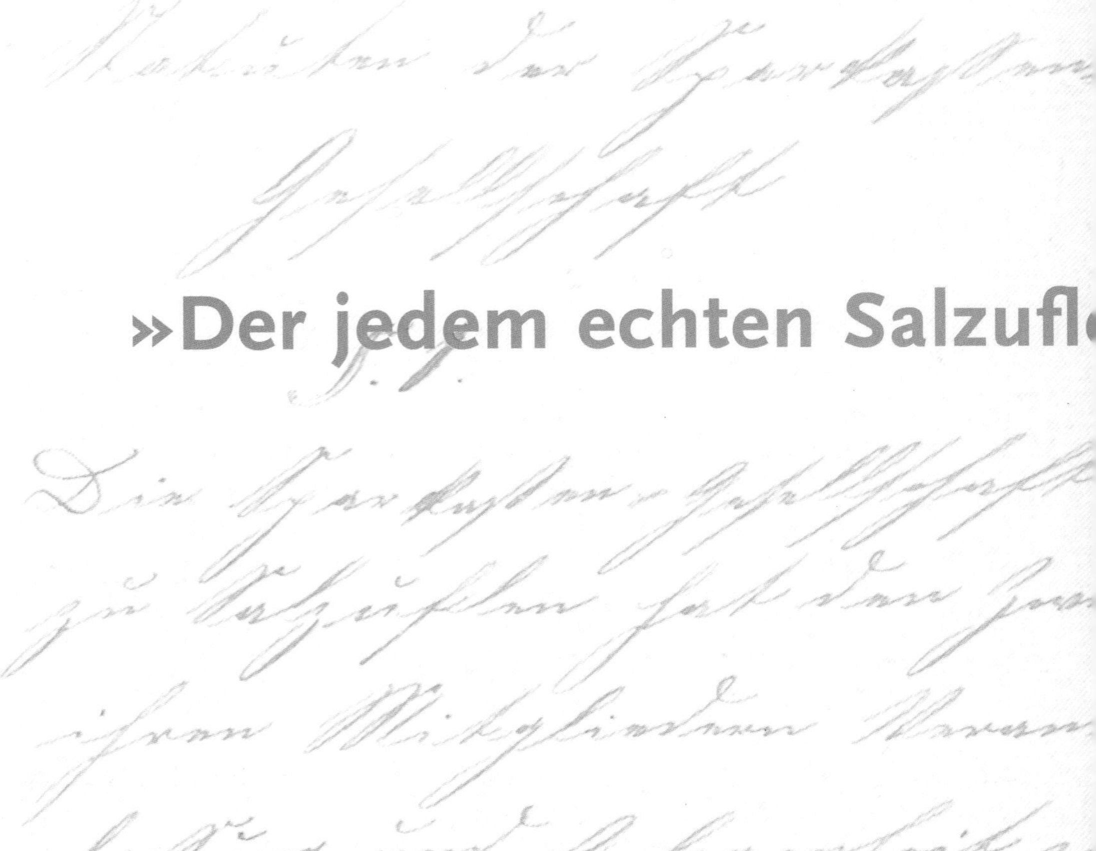
Statuten der Sparkassen-
Gesellschaft
§. 1.
Die Sparkassen-Gesellschaft
zu Salzuflen hat den Zw
ihren Mitgliedern
§. 2.

newohnende Sinn für Sparsamkeit«

Über die Revolution von 1848, den Volksverein Salzuflen und die Gründerjahre der Salzufler Sparkasse

Christoph Laue

»Wie das Bad Salzuflen, so trug auch der Ort selbst das Gepräge höchster Einfachheit [...]. Dem Äußeren der Häuser entsprach das Leben der meisten Bürger; auch dies trug das Gepräge großer Einfachheit, trotz einer gewissen Wohlhabenheit, der sich die Mehrzahl derselben erfreute. Wirklich Arme gab es in Salzuflen nicht. Gegen Armut schützte die Bewohner ihr Fleiß, ihre Anspruchslosigkeit und der jedem echten Salzufler innewohnende Sinn für Sparsamkeit. Wer es irgend konnte, war bestrebt, in der Sparkasse des Ortes, die sich mit Recht allgemeinen Vertrauens erfreute, nach und nach ein kleines Kapital anzusammeln. [...] Auch das stolze Bewußtsein, Bürger einer Stadt zu sein, die ein nennenswertes Gemeindevermögen von 1 1/2 Millionen Mark besaß, was nicht selten betont wurde, ließ man sich gefallen. Und das um so mehr, als die glänzende Vermögenslage der Stadt die Erhebung von Gemeindesteuern unnötig machte.«[1]

So beschaulich schildert Wilhelm Burre, Lehrer der Rektorschule Bad Salzuflen, in seiner 1923 verfaßten Rückschau das Leben im Ort in den 1860er Jahren, in denen der kommende wirtschaftliche Aufschwung bereits erkennbar ist. Auch zwanzig Jahre früher, zur Zeit der deutschen Revolution von 1848, hat es kaum anders in der Stadt ausgesehen. Salzuflen war wirtschaftlich gesund, das 1817 gegründete Bad spielte im Wirtschaftsleben allerdings noch keine Rolle, die sozialen Verhältnisse des 18. Jahrhunderts hatten sich nur geringfügig verändert. Die neuen liberalen und demokratischen Ideen der 1848er Revolution hinterließen nicht sehr viele Wirkungen. Eine allerdings war die Gründung der zwanzig Jahre später schon hochgelobten Sparkasse.

Salzuflen in der 1848er Revolution

Die Revolution insgesamt verlief in Salzuflen wie im gesamten Land Lippe eher ruhig.[2] Obwohl in Lippe »allenthalben [...] in der ersten Märzwoche die Volksbewegungen«[3] begannen, sind revolutionäre oder gar gewaltsame Aktionen aus Salzuflen selbst – im Gegensatz zu den Bauernzusammenrottungen im Amt Schötmar[4] – nicht bekannt. Wie in anderen Orten wurde auch hier als Reaktion auf die Ereignisse schnell eine Bürgerwehr zur Abwehr unliebsamer Aktionen gebildet.[5] Äußeres Zeichen der neuen Zeit war eine schwarzrotgoldene Fahne, die zur Hissung auf dem Rathaus beschafft wurde.[6]

Nach kurzem Aufruhr beschränkte sich das revolutionäre Handeln im Land Lippe – bis auf die »demokratische Insel« Lemgo – auf Eingaben an die Regierung und das Fürstenhaus: »In Lippe lag die Unzulänglichkeit der bisherigen Verfassung auf der Hand, und so war es vorauszusehen, daß die Forderung nach einer wirklichen Volksvertretung auf Grund allgemeiner und gleicher Wahlen auch hier an der Spitze der politischen Wünsche stehen würde.«[7] Mit dem Patent der fürstlichen Regierung vom 9. März waren bereits wenige Tage später viele dieser Forderungen erfüllt worden und damit die entscheidenden politischen Vorgänge abgeschlossen. Auch aus Salzuflen kam schon bald eine Dankesbezeugung an das Fürstenhaus.[8]

Aus den Wochen danach sind zahlreiche Petitionen aus den Gemeinden und von Einzelpersonen überliefert.[9] Aus Salzuflen machte sich der Kaufmann Friedrich Wilhelm Luther Kotzenberg – der spätere erste Sparkassenrendant (s.u.) – mit seiner Denkschrift an den Fürsten vom 17. März 1848 zum Sprecher von sozialen Anliegen. Aber auch Kotzenberg forderte wie viele Bürger nicht etwa als demokratischer Revolutionär, sondern auf christlich-pietistischem Hintergrund eher aus der Angst vor dem »Terror der Arbeiterschaft« Kompromisse der alten Autoritäten.[10] Wie in der übrigen Region hatte in Lippe der Niedergang der Handspinnerei und -weberei, verbunden mit dem speziellen Problem der Abschottung vom übrigen Markt, gerade für die Handwerkerschaft eine schwere wirtschaftliche Krise und soziale Verwerfungen hervorgerufen.[11]

Auch die Salzufler Stadtverordneten verfaßten eine Bittschrift an den Landtag. Aufgrund eines anonymen Antrags eines Bürgers, der gleich die Abschrift einer Petition beilegte und eine Beteiligung forderte, wandte sich der Stadtverordnetenvorsteher Heinrich Fehrmann am 24. März an seine Mitstreiter: »Es ist gestern angezeigt worden, daß die meisten Städte unseres Landes eine Petition zu der neuen Verfassung der Landtags-Abgeordneten schon eingereicht hetten, so ist der Wunsch unserer Bürger, das auch von uns solches geschehen möge und deshalb eilig ist? So frage ich hierdurch an, mit ja oder nein zu unterzeichnen, damit ich sogleich bei Wohl[löblichem] Magistrat beantragen kann, das die Petition heute noch gemeinschaftlich von Magistrat und Stadt[verordneten]-Collegium beschlossen und morgen früh eingereicht werden könnte.«[12]

Alle Stadtverordneten unterzeichneten mit »Ja«. Nur Kotzenberg merkte kritisch an: »Ich weiß nicht wie die Verfassung lauten soll, wenn man den Inhalt der Petition nicht genau kennt, so ist es von uns eine gemachte Sache, Vorschläge hinsichtlich der Verfassung zu machen, ansonsten bin ich mit allem zufrieden.«[13] Da er offensichtlich einer der wenigen fähigen politischen Köpfe war, sollte er den vorliegenden Text schließlich vor der Einreichung überarbeiten.[14]

Als weitere Wirkung der politischen Forderungen der Revolution beschlossen der Salzufler Magistrat und die Stadtverordnetenversammlung im Mai 1848 die Öffentlichkeit ihrer Sitzungen.[15] Nunmehr informierte eine schwarze Tafel am Rathaus über Tag und Stunde der Sitzung; der Bürgermeister mußte zu

Beginn die Sachlage und die Tagesordnungspunkte feststellen, und bei Ruhestörungen wurde das Publikum entfernt.[16] Überliefert ist auch ein Gesuch »von vielen hiesigen Bürgern«, sich im Rathaussaal zu versammeln, was auch genehmigt wurde. Wahrscheinlich handelte es sich dabei schon um den Volksverein.[17] Bis auf die Anträge des Volksvereins sind weitere durch die Revolution verursachte politische Aktivitäten in Salzuflen nicht feststellbar. Die Verhandlungen des Magistrats und der Stadtverordneten in dieser bewegten Zeit beschäftigten sich wie zuvor meist mit rein lokalen Angelegenheiten.

Mit den Wahlen zur Deutschen Nationalversammlung in Frankfurt war ab Mai 1848 die Revolution auch in fast ganz Deutschland schon in geordnete, parlamentarische Bahnen übergegangen. Vor allem durch die Wahl differenzierten sich auch die politischen Positionen in den Städten und Gemeinden und institutionalisierten sich in verschiedenen politischen Clubs, Parteien und vor allem Zeitungspublikationen. Die Wirkungen der demokratisch-revolutionären Gedanken verlagerten sich nun stärker in die Köpfe des Bildungsbürgertums und in das politische Handeln vor Ort, obwohl auch immer die ›große‹ Politik verfolgt und diskutiert wurde. Selbst bei den demokratischen Lippern stand allerdings dabei die deutsche Frage eher im Hintergrund, wie im November 1848 aus den Statuten der lippischen Volksvereine ablesbar war: »Aber wir wollen die Einheit Deutschlands nicht auf Kosten der Freiheit erreichen[...]«.[18] Über Petitionen an die Abgeordneten versuchten Bürger und Kommunen auf die große Politik Einfluß zu nehmen. Allein der Gymnasialprofessor Heinrich Schierenberg[19] aus Detmold, lippischer Abgeordneter in Frankfurt – er galt als monarchistisch, aber eher unpolitisch und orientierte sich später zur linken Seite – konnte aus seinem Einzugsbereich 36 Petitionen mit 13.000 Unterschriften übergeben.[20]

Stadtkirche der evangelisch-reformierten Kirchengemeinde am Hallenbrink; im Vordergrund Häuser der Schülerstraße (heute Brunnengasse), um 1900.

Der Volksverein Salzuflen als Interessenvertretung des Wirtschafts- und Bildungsbürgertums

Wenn auch die erste deutsche Revolution von 1848 im Land Lippe ruhig verlief, war sie wie in vielen anderen Städten auch in Salzuflen Ausgangspunkt für das bürgerliche Engagement im Interesse der eigenen Kommune. Träger war hier der bürgerliche, gemäßigt fortschrittliche Volksverein.[21] Oft auch (treffender) als Bürgerverein bezeichnet – der Name Volksverein wurde in vielen Städten eher von demokratisch orientierten Gruppierungen genutzt[22] – rekrutierten sich seine Mitglieder aus allen Bereichen der Bürgerschaft. Fast alle Mitglieder waren etablierte Bürger, verfügten über ein Haus – in allen Teilen der Stadt, nicht nur in den besseren Wohnlagen – und besaßen Wahlrecht in Salzuflen. Unter ihnen finden sich viele Kaufleute sowie kommunale und landesherrliche Amtsträger, aber auch einige Gastwirte und selbständige Handwerker. Vor allem in seinen Führungspersonen war der Verein aber weniger von der durch die Wirtschaftskrisen der ersten Jahre des 19. Jahrhunderts pessimistisch gestimmten, immer noch zünftigen Handwerkerschaft als von einer neuen Bürgergruppe aus Verwaltung, Bildungsbürgertum und Kaufmannschaft geprägt.

Einige der führenden Mitglieder des Vereins waren auch bereits als gewählte Mitglieder der Stadtverordnetenversammlung politisch aktiv. Die in Lippe traditionell starke kommunale Selbstverwaltung war durch die neue Städteordnung von 1843, die die bürgerlichen Rechte stärkte, und die Revolution nicht angetastet worden: Dem Magistrat oblag weiterhin die Rechtsprechung der ersten Instanz, die allgemeine Verwaltung und Ortspolizei »und endlich die Direktion und Aufsicht über ihr Oekonomie- und Kämmerey-Wesen und alles, was das gemeine Beste ihrer Einwohner und die Aufnahme des Nahrungsstandes betrifft.«[23]

Auch der neugebildete Volksverein erkannte den Magistrat als administrative Oberhoheit an und wandte sich Anfang Juli 1848 erstmals an ihn: »Schon seit längerer Zeit hat sich in unserer Stadt vielfach der Wunsch kund gegeben, eine engere Vereinigung der hiesigen Einwohner zu dem Zwecke herbei zu führen, um sich gegenseitig über die Interessen sowohl unserer Stadt, als unseres kleineren und größeren Vaterlandes zu unterhalten und zu verständigen. Wir Unterzeichneten wünschen nun in nächster Zeit einen solche Vereinigung ins Leben zu rufen und stellen als Zweck der demnächst zu haltenden Versammlungen hin: Berathung über das Wohl und Interesse unserer Stadt und unseres Landes, vorzüglich über die baldigst neu zu organisierende Zunft- und Gewerbeordnung. Als ferneren Zweck stellen wir hin, die jedesmalige Mittheilung der neuesten Zeitungsnachrichten, sowie die Besprechung und Erörterung derjenigen Fragen, welche unser deutsches Gesamtvaterland angehen, weil ohne Bekanntschaft mit dem Gesamtstaat auch die Verhältnisse des Einzelstaates nicht genau zu verstehen und zu würdigen sind.

Unterzeichnete Bewohner der Stadt Salzuflen glauben diese Zwecke am besten und vollständigsten durch Besprechung in wöchentlichen Zusammenkünften erreichen zu können, und hegen die Hoffnung, daß ein Wohllöblicher Magistrat, die Nothwendigkeit und Wichtigkeit eines solchen Strebens erkennend, dem Wunsch der hies[igen] Einwohnerschaft nicht hemmend in den Weg treten wird und richten daher an Wohllöbl[ichen] Magistrat die gehorsamste Bitte:›Den demnächst zu haltenden Versammlungen hiesiger Einwohner den Rathaussaal einzuräumen.‹«[24]

Diesem Schreiben schlossen sich 64 Unterschriften von Salzufler Bürgern an; diese Gruppe war, gemessen an der Einwohnerzahl von 1.585, zwar relativ klein, stellte allerdings, wenn man die in ihr vertretenden Berufsgruppen betrachtet, doch eine beträchtliche wirtschaftliche Macht dar.

Ackerbürgerhäuser in der Langestraße, vor 1900. Zum Zeitpunkt der Gründung der Sparkasse dürfte das Straßenbild kaum anders ausgesehen haben.

Blick in die Ritterstraße in Richtung Hafermarkt, um 1910.

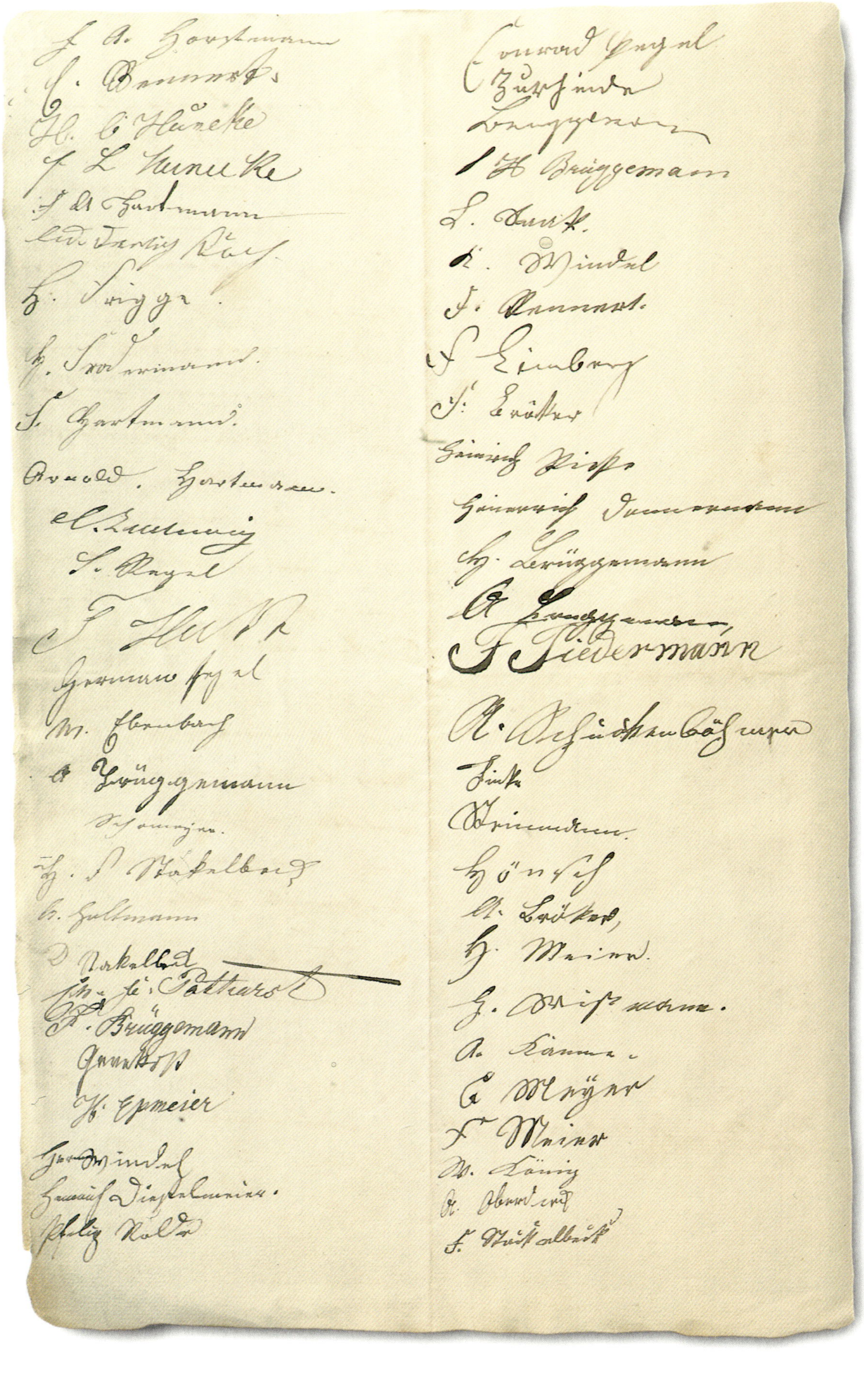

Auf der linken Seite:
Unterschriften von Mitgliedern des Salzufler Volksvereins (Ausriß aus einer dem Magistrat am 2. Juli 1848 vorgelegten Bittschrift).

Verzeichnis der Gründungsmitglieder:
Ludwig Goedecke, Salinenrendant
Heinrich Krecke, Richter
Friedrich Wilhelm Krecke, Kaufmann und Amtsanwalt
Wilhelm Brandes, Salinendirektor
Friedrich Adolph Krecke, Kaufmann
Christian Diedrich Grimme, Gastwirt und Kaufmann
Friedrich Wilhelm Luther Kotzenberg, Kaufmann
Georg Kleemann, Tischler
Carl Wilhelm Napoleon Sturhahn, Stadtmusikus
G. Friedrich, Klempner
Conrad Friedrich Horstmann, Maurer
Eberhard Rennert, Schlosser
Heinrich Conrad Hunecke, Lohgerber
Friedrich Leopold Hunecke, Kaufmann
Friedrich Adolph Hartmann, Maurer
F. Hartmann
Ludewig Friedrich Koch, Müller
Jürgen Heinrich Frigge, Totengräber
Hermann Heinrich Frodermann, Fuhrmann
Arnold Hermann Hartmann, Gastwirt
Wilhelm Ludewig, (Rathaus-)Kellerwirt
Simon Heinrich Regel
Friedrich Christian Huth, Bäcker
Hermann Conrad Pegel, Feldinspektor und Fuhrunternehmer
*Friedrich Wilhelm M. Ebenbach**
Friedrich Adolf Brüggemann, Schneider
Friedrich Schomeyer, Kantor
Hermann Friedrich Stakelbeck, Polizeidiener und Feldinspektor
Friedrich August Hollmann, Schuhmacher
Diederich Christian Stakelbeck, Lumpensammler
Christian Friedrich Pottharst, Kaufmann
Ernst Friedrich Brüggemann, Schlosser
August Gevekoth, Stadtsyndikus
Heinrich Arnold Epmeier, Handarbeiter und Schuhmacher
Heinrich Karl Windel
Johann Henrich Diestelmeier, Schuhmacher
Johann Philip Nolte
Hermann Conrad Pegel, Fuhrunternehmer
Friedrich Adolf Zurheide, Ölmüller
Heinrich Brüggemann, Sieder
Simon Heinrich Brüggemann, Maurer
Heinrich Luther Saak, Schuhmacher
Hermann Windel
Wilhelm Florenz Rennert, Tischler
Friedrich Limberg, Commertiant
Arnold Bröker, Böttcher
Heinrich Piske
Johann Heinrich Donnermann, Schuhmacher
Hermann Heinrich Brüggemann, Sieder
Adolph Brüggemann, Salinenschmidt
Friedrich Tiedermann, Weißgerber
Jobst Hermann Schuckenbäumer
Friedrich Anton Finke, Schuhmacher
Johann Heinrich Steinmann
Heinrich Hönsch, Handarbeiter
Johann Friedrich Bröker, Holzwärter
Johann Heinrich Meier, Salzmesser
Simon Heinrich Wißmann, Tischler
Heinrich Arnold Kanne, Schmied
Johann Friedrich Meyer, Salinenschmied
Friedrich Wilhelm König, Uhrmacher
Adolph Oberdieck, Zimmermann
Friedrich Stakelbeck, Glaser

* Hinweis: Der ehemalige »Israelit« Salomon Ebenbach konvertierte vor dem 12.11.1846 (Ableistung des Bürgereids) zum Christentum; vgl. STABS, A 3, S. 177.

Quellen: U.a. STABS, A 689, fol. 2 (Liste der Gründungsmitglieder des Volksvereins vom 2.7.1848); STABS, A 724, fol. 4 – 11 (Wählerverzeichnis vom 18.4.1848, mit Berufsangaben).

Die Interessen des Vereins waren – wie bei vielen Gründungen von Gewerbe- und Bildungsvereinen in der 1848er Zeit – eindeutig: Im Vordergrund standen die Förderung des Gewerbes und des Bildungsstandes in der Kommune. Wie eng die Kontakte zu den anderen Volksvereinen in Lippe – meist eher avantgardistische Bürgervereine mit demokratischem Gedankengut – waren, muß, ebenso wie die Beteiligung des Salzufler Vereins am Kongreß der lippischen Volksvereine in Lage und Lemgo und der Bildung eines Zentralkomitees im Oktober, unklar bleiben.[25]

In den folgenden Monaten des Jahres 1848 ergaben sich aus den Diskussionen im Verein, der Zeitungslektüre in Lippe (es existierten die gemäßigt fortschrittlichen ›Vaterländischen Blätter‹ (Redakteur war bis 1842 unter anderem der Salzufler Apotheker Rudolph Brandes), die demokratische ›Wage‹ aus Lemgo und das regierungstreue ›Lippische Volksblatt‹[26]) und den politischen Entwicklungen in Deutschland – der Verein favorisierte wie fast alle Vereinigungen zu diesem Zeitpunkt die großdeutsche Lösung – verschiedenste Anträge zu lokalen Fragen an den Magistrat. Die insgesamt aber eher unpolitische Haltung des Vereins wurde durch den Bericht des Magistrats über den Volksverein bestätigt: So verhandele dieser lokale Interessen, fördere nützliche Einrichtungen und wolle eine Verbesserung der Lage der unteren Volksklassen erreichen. Das Verhalten der Mitglieder sei anständig, sie fassten keine politischen Beschlüsse, besäßen keine Kontakte zu auswärtigen Vereinen und hätten keine besonderen Tendenzen.

Im Gegenteil, der Volksverein arbeite im Sinne der Verwaltung: »Viele Mitglieder werden über locale Verhältnisse, wovon sie früher nicht im Stande waren sich richtige Vorstellungen zu machen, belehrt und lernen solche von der richtigen Seite kennen.«[27] So ist auch nur ein Antrag zur »großen Politik« überliefert: Zur Förderung des deutschen Flottenbaus solle eine Eiche gespendet werden, was aber vom Magistrat abgelehnt wurde.[28]

Auch das Statut des Volksvereins der Stadt Herford bewies die eher örtlich bezogenen Ambitionen, politisch weitergehende Forderungen waren darin nicht enthalten.

So beschäftigte sich der Volksverein mit dem Wohle der Stadtbürger, die allerdings auch bisher schon von der finanziell gesunden Kommune gut alimentiert wurden. Im Herbst 1848 forderte er, es müsse künftig jedem Bürger frei stehen, »über das ihm zufallende Deputatholz nach Belieben innerhalb der Grenzen unserer Stadt verfügen zu dürfen«[29] bzw. für nicht genutztes Holz müsse seitens der Stadt eine Ausgleichsabgabe gezahlt werden. Nach der Einholung eines Berichtes des Försters Deppe über den jährlichen Ertrag der Salzufler Schlagholzbestände bekräftigte der Magistrat aber das bisherige Verfahren: »Um so mehr, da dadurch nur einzig und allein das Beste der hiesigen Bürger bezweckt werden soll. Den Bürgern für eine abgegebene Holz-Nummer 2 R[eichs]T[aler] wie für die Frei Nummern zu vergüten, ist ein unbilliges Verlangen, da wie gesagt letztere frei von der städtischen Abgabe sind, mithin einen höheren Werth haben.«[30]

Weitere Anträge des Volksvereins zielten auf eine Wiedereinrichtung der früheren Schäferei-Gesellschaft, die Verbesserung der Holzwege und des Steinkuhler Weges. Auch forderte er wegen des Laubfalls und dem Lichtverlust das »Umhauen« der Pappeln an der Chaussee nach Schötmar und das »Ausschlüchtern« der Pappeln an der Chaussee nach Herford.[31]

Von nachhaltigerer Wirkung war aber der Antrag auf Errichtung der Kleinkinderschule Ende Dezember 1848. Eine ›Commission für die Kleinkinderbewahranstalt‹, bestehend aus den Bürgern Brandes, Hunke, Kleemann, Klein, Barkhausen und Kotzenberg sowie Pastor Thorbecke, berichtete: »Entstanden durch einen Vortrag im Volksverein, hat sich hier ein Verein

Statuten des Volksvereins der Stadt Salzuflen

§ 1

Zweck des Vereins ist die Beförderung des Gemeinsinns zunächst in unserer Stadt, gegenwärtige Belehrung über die wichtigen Fragen der Gegenwart; Verständigung darüber und über die Mittel; die Ergebnisse dieser Belehrung und Verständigung ins Leben zu rufen.

§ 2

Theilnehmer des Vereins kann jeder männliche Einwohner der Stadt Salzuflen werden, der keine öffentliche Schule besucht.

Man wird Theilnehmer durch eigenhändige Eintragung in das zu diesem Zwecke anzulegende Verzeichnis.

§ 3

An der Spitze des Vereins steht ein Vorstand, welcher aus einem Vorsitzenden, einem Schriftführer und dessen Stellvertreter gebildet wird.

Der Schriftführer ist zugleich Stellvertreter des Vorsitzenden.

§ 4

Der Vorstand wird auf 2 Monate gewählt; die Wahl geschieht mündlich, gewählt ist, wer die meisten Stimmen erhalten hat.

§ 5

Bei sonstigen Abstimmungen ist zur Beschlußfassung die Stimmenmehrheit der erschienenen Theilnehmer des Vereins nothwendig.

§ 6

Zutritt zu den Sitzungen des Vereins hat Jedermann.

Salzuflen, 18. Juli 1848

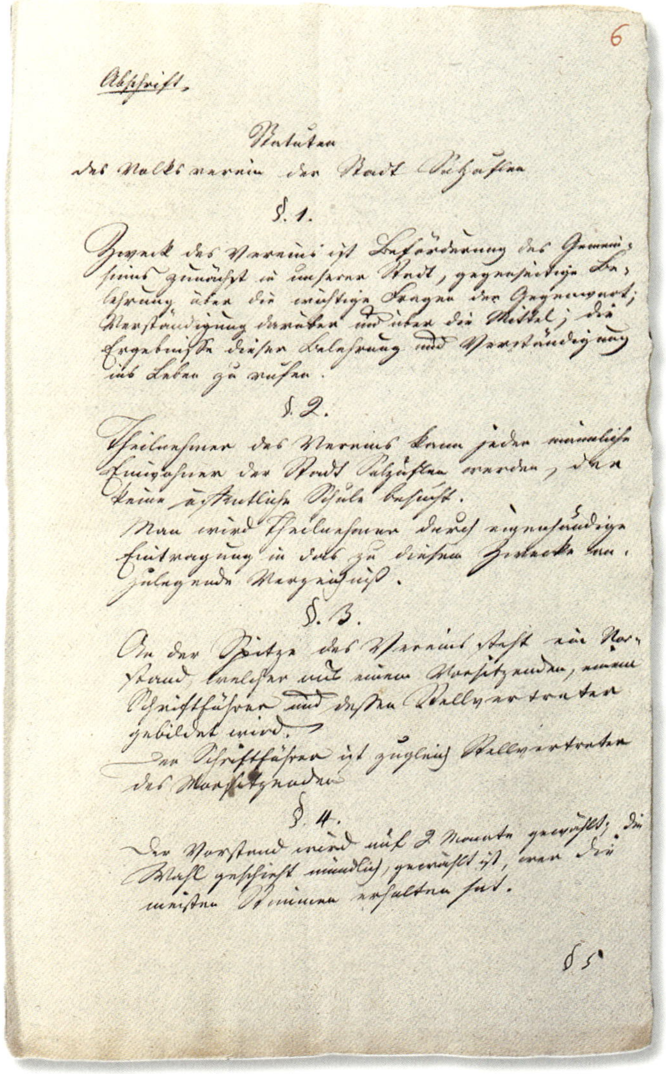

gebildet, welcher es sich zur Aufgabe gestellt hat, für hiesige Stadt eine Kleinkinder-Bewahranstalt nach dem Muster anderer Städte zu gründen, die Statuten der Stadt Lemgo hierbei.« Es habe bereits viele Gespräche dazu gegeben, die die

Schießhofstraße 21, Aufnahme von 1999. In diesem Gebäude befand sich die vom Salzufler Volksverein ins Leben gerufene »Kleinkinderschule«.

Schwierigkeiten aufzeigten, aber die Bereitschaft in der Bevölkerung sei groß. Die Gründe für die Errichtung seien offensichtlich: »Wie es jetzt geht, sehen wir offenbar, die Kinder treten in die Fußstapfen der Eltern, die Zahl unnützer Menschen muß sich von Jahr zu Jahr vermehren und möchten in späteren Jahren die jetzigen Armen Mitteln nicht mehr ausreichen. Die Kinder Bewahr Anstalt soll nun einen Damm bilden, um diesem Sittenverderbnis, dem Betteln nach Nahrungsmitteln, Einhalt zu thun, denn in der Regeln dauern die Gaben die Kinder, während die Eltern dadurch in der Faulheit bestärkt werden.« Kinder von zwei bis sieben Jahren sollten Unterricht in geistiger und körperlicher Beziehung erhalten, ein Raum wäre vorhanden, die Kosten betrügen etwa 52 Taler. Der Antrag endete mit der Bitte um Absicherung durch den Magistrat, so sollte die Armenkommission den fehlenden Restbetrag von 13 Talern und 25 Silbergroschen übernehmen.

Am 10. Januar 1849 beschloß die Armenkommission einen Zuschuß von 11 5/6 Talern für 1849, weitergehende Anträge von Kotzenberg wurden aber abgelehnt, weil sie nicht allein von der Kommission für die Bewahranstalt ausgegangen waren. Die Anstalt wurde eingerichtet, benötigte aber in den nächsten Jahren weitere öffentliche Unterstützungen.[32]

Die Kleinkinderbewahranstalt Salzuflen ist eine der ältesten Einrichtungen dieser Art. Geprägt war die Errichtung durch christlich-erweckungsbewegte Positionen, die zwar soziale Notlagen erkannten, deren Ursachen aber nicht in der ökonomischen Krisensituation ihrer Zeit, sondern in fehlender christlicher Glaubenstreue sahen.

Deutlichere gewerbliche Interessen zeigten sich in der Forderung an den Magistrat: »Bei der Regierung die nöthigen Schritte zu thun, um zu erlangen, daß Militair [einige hundert Mann; d. Verf.] nach Uflen verlegt werde.«[33] Diese in der Revolutionszeit auch in anderen Orten oft erhobene Forderung entsprang nicht etwa einem Sicherheitsinteresse, sondern dem Wunsch, durch die private Unterbringung die örtliche Nachfrage vor allem für den Einzelhandel zu erhöhen. Trotzdem hielt der Magistrat dies im »allgemeinen Interesse und als zum Nutzen der hiesigen Bürger nicht für angemessen. Würden auch einzelne hiesige Einwohner einigen Nutzen daraus ziehen können, so würde dies doch für den größten Theil derselben nur zu Unbequemlichkeit, ja selbst beim Ausquartieren zum Schaden gereichen, auch eignet sich unsere Stadt bei den so sehr beschränkten Wohnungen durchaus nicht zum Militairaufenthalte. [...] Das Nachsuchen um die Verlegung des Militairs in hiesige Stadt würde nach dem Dafürhalten des Magistrats schon deshalb nicht gewährt werden können, da eine Vereinigung mit dem übrigen Militair zu gemeinsamen Exercierübungen die Lage unseres Orts nicht zuläßt.«[34]

Der Volksverein – von der Ablehnung nicht überzeugt – beharrte auf seiner Forderung und berichtete über das Ergebnis einer Umfrage, nach der die Mehrheit der Bürger eine Verlegung von Militär wünschen und großen Nutzen darin erkennen würde. In kurzer Zeit sei so Quartier für 180 Mann gefunden worden. Da nicht alle Bürger gefragt wurden, rechnete der Volksverein mit einem Platzangebot für etwa 200 Mann. Demnach sei die Haltung des Magistrats nicht haltbar: »Löblicher Magistrat wolle sich unverzüglich um Verlegung von Militair in hiesige Stadt bei der Regierung verwenden.«[35] Diesem Druck beugte sich der Magistrat widerwillig und stellte bei der lippischen Landesregierung das Gesuch, »daß, wenn es die sonstigen Verhältnisse gestatten sollten, Hochdieselbe es veranlassen möge, daß etwa eine Compagnie in hiesige Stadt verlegt werde,«[36] weil der Volksverein glaube, »dadurch unseren Bürgern einigen Verdienst zuzuwenden.« Der Erfolg blieb versagt, Kompanien könnten nach Angabe der Regierung nicht in die einzelnen Städte verlagert werden, »weil sie gegenwärtig größere Uebungen in Bataillonen vornehmen müssen.«[37]

Politisch brisanter – und die neuen Konfliktlinien innerhalb der örtlichen Elite anzeigend – war die Auseinandersetzung des Volksvereins mit dem Magistrat, »daß künftig niemand, der Mitglied des Magistrats oder Stadtverordneten Collegium sey, eine Arbeit oder Waare, die aus öffentlichen Cassen bezahlt werde, liefern kann.« Diese Forderung »vieler Gewerbe dieser Stadt«[38] nach Ausschluß der Amtsträger von öffentlichen Aufträgen – auch eine übliche Revolutionsforderung – lehnte der Magistrat zunächst ab, »indem sie nur eine Ungerechtigkeit darin erblicken können, einen solchen Antrag auszuführen.« Er wolle alle Bürger der Stadt möglichst gleichmäßig am Verdienste in der Stadt teilhaben lassen.[39]

Hintergrund für dieses Ansinnen war der Verdacht der Kungelei unter den Magistratsmitgliedern und Stadtverordneten, was sich kurze Zeit später auch im Antrag des Volksvereins auf eine Erweiterung der bereits im Mai 1848 beschlossenen Öffentlichkeit der Magistrats- und Stadtverordnetensitzungen – wiederum eine fast in jeder Stadt 1848 gestellte Forderung – zeigte: »Außer Zeit und Stunden die Gegenstände zu veröffentlichen, welche in der öffentlichen Magistrats- und Stadtverordneten Sitzung zur Sprache kommen, oder wenigstens den Polizeidiener zu ermächtigen, den Bürgern Einsicht zu gestatten über die Gegenstände, welche zu der jedesmaligen Sitzung auf der Tagesordnung stehen.«[40] Hier sah der Magistrat nun die Gefahr der Interessenpolitik der anderen Seite und appellierte: »Er ist vielmehr der Ansicht, daß jeder Bürger, welcher den Verhandlungen über städtische Angelegenheiten beizuwohnen gedenkt, dies nur aus allgemeinem Interesse an dem städtischen Wohle und nicht aus Neugierde oder in eigenem persönlichen Interesse thut.«[41]

Um die Vergabe der öffentlichen Arbeiten wurde weiter gefochten. Auch die Stadtverordnetenversammlung bat darum, daß »auf eine Beschwerde des Volksvereins zu Salzuflen [betreffend] Ausschließung der Personen des Magistrats und des Stadtverordneten-Collegiums von hiesiger städtischer Arbeiten [...] von Hochfürstlicher Regierung eine Erklärung verlangt werden [solle] und diese Erklärung das Collegium mit betheilige,« um eine eigene Rechtfertigung dazu abzugeben.[42]

Der Volksverein suchte mit einer Beschwerdeschrift die Unterstützung der Regierung. Zu dieser mußte sich der Magistrat umfangreich rechtfertigen.[43] In scharfer Wortwahl stellte er fest, daß die Forderungen und Unterstellungen nicht angebracht seien. Der Volksverein mische sich in städtische Angelegenheiten, ohne sich vorher ausreichend zu informieren und der Magistrat, der zum großen Teil selbst aus tüchtigen Handwerkern bestehe, habe dessen Argumente bereits genügend widerlegt.

Der Bautenaufseher achte auf gleichmäßige Vergabe, allerdings ohne Magistratsmitglieder auszuschließen. Auch gebe es keine unrichtigen Rechnungen oder Ausschreibungen vom Bautenaufseher. »Der in der Beschwerdeschrift bekrittelte Anstrich des Pfarrhauses, ist unter Aufsicht eines Magistrats-Mitgliedes aus geführt, die Rechnung ist nicht wie angegeben in einer Pauschsumme aufgestellt, sondern darin die Farbe, der Firnis und das Tagelohn, jeder Posten einzeln berechnet. Eine Rechnung nach Quadratfuß ist nicht verlangt, würde auch nicht verlangt worden sein, wenn die Arbeit durch einen Nicht-Stadtverordneten geschehen wäre.« Eine Berechung nach Quadratfuß wäre auch teurer gewesen.

Vielmehr sehe der Magistrat hier private Interessen von Volksvereinsmitgliedern im Spiel: »Der Volksverein ist wohl auf diesen Gegenstand nur deshalb gerathen, weil der Ratsh[err] Krecke ein paar Jahre die Zeuge zu Kleidungsstücke[n] für hiesige Arme, welche längere Jahre vorher der Kaufmann Krecke am Markte geliefert hatte, lieferte, allein die Bestimmung über diese Lieferung stand nicht einmal dem Magistrat, sondern der Armenkommission zu und war im Ganzen so geringfügig, daß es nicht abzusehen ist wie darüber ein so gewaltiger Wortkram hat verbreitet werden können [...]«. Das Gerücht, daß Krecke die Lieferung übertragen wurde, weil er die Armenliste führe, sei falsch.

Zudem wäre der Ausschluß von Magistratsmitgliedern ungerecht. Schließlich seien sie die besten Handwerker der Stadt und müßten darüber hinaus für die Magistratsarbeit ihrem Geschäft manche Stunde entziehen. So wäre der Entzug der Aufträge eine zusätzliche Strafe. »Die Ansicht des Volksvereins, daß es Ehrenämter seyen, ist leicht gesagt, aber davon kann niemand leben.« So »könnte das Eingehen auf diesen Antrag vielleicht zur Folge haben, daß ein Theil der Handwerker, welche in beiden Collegien sitzen, aus ihrem Amte ausscheiden würden, denn ein rechtlicher Handwerker kann sich unmöglich auf eine so kränkende Weise in Ausübung seines Gewerbes, solche Schranken setzen lassen und würde es nur einen trüben Eindruck auf den größten Theil der hiesigen Bürger machen, ihre Vertreter, welchen sie ihr ganzes Zutrauen schenken, so behandelt zu sehen.«

Die Rechtfertigung endete mit der Hoffnung auf Ablehung des Antrages, die auch von der Bevölkerung unterstützt würde: »Der Magistrat glaubt nun die auf Irrthum des Volksvereins beruhende Angabe widerlegt und nachgewiesen zu haben, daß durch die Vertheilung der öffentlichen Arbeiten und Lieferungen an sämtliche Gewerbetreibenden hiesiger Stadt wovon auch die Magistrats- und Stadtverordneten-Mitglieder nicht ausgeschlossen seyn dürfen in der Ordnung ist und erwartet mit voller Zuversicht, daß Hochfürstl[iche] Regierung den hiesigen Volksverein mit seinen grundlosen Verlangen abweisen werde, besonders auch deshalb, da ein Ausdruck und eine Beschlußnahme von etwa 1/10 der hiesigen Einwohner vom Magistrat durchaus nicht als der Gesammt-Wille der hiesigen Bürger angesehen werden kann.«[44]

Diesen Aussagen des durch den Antrag des Volksvereins offensichtlich hart getroffenen Magistrats schenkte die Regierung Glauben. Sie schickte den Bericht des Magistrats mit der Bemerkung an den Volksverein: Das »Verfahren des Magistrats, welcher sich vollkommen gerechtfertigt hat, kann nur gebilligt werden und wird daher die angebrachte Beschwerde als unbegründet verworfen.«[45] Der Konflikt schien damit beendet zu sein. Es blieben aber Differenzen erhalten, die sich später im Mißtrauen gegen Vorhaben des Vereins erkennen lassen. Wortführer des Volksvereins schien in dieser Angelegenheit der schon mehrfach erwähnte Kaufmann Kotzenberg zu sein, der auch schon als Stadtverordneter mit seinen Kollegen und dem Magistrat häufiger Konflikte austrug (s.u.).

Der örtlich bezogene, im allgemeinen eher unpolitische Volksverein, zeigte neben sicher auch vorhandenen Eigen- und Einzelinteressen gerade in dieser Auseinandersetzung sein modernes Profil als politische Vertretung des neuen Wirtschafts- und Bildungsbürgertums in der Stadt. Dazu kamen die sozialen Anliegen, die neben rein christlich-pietistischen Merkmalen auch schon die Verfügbarkeit der ärmeren Schichten für das wirtschaftliche Handeln sichern sollten. Der Volksverein war Interessenvertreter der Kaufleute und Gewerbetreibenden und stellte sich damit gegen die alteingessene Handwerkerschaft, die im Magistrat noch die Mehrheit besaß. Diese Rolle wurde auch in der Vereinsidee zur Sparkasse deutlich, obwohl die damit verbundenen ökonomischen Ziele aufgrund von persönlichem und wirtschaftlichem Unvermögen zunächst nicht umgesetzt werden konnten. Nach der Errichtung der Kleinkinder-Bewahranstalt und der Sparkasse löste sich der Verein allmählich auf. Über sein genaues Schicksal ist allerdings nichts bekannt. »Er entschlief sanft wie ebenso die nach 33 Jahren versuchte Neugründung«, heißt es in der Festschrift der Sparkasse 1949.[46]

Im Jahre 1879, im Zusammenhang mit der geplanten Neugründung, wurde der 1848er Volksverein weniger fortschrittlich dargestellt. Hugo Hunecke beschrieb die Aktivitäten des Vereins: »Im Jahre 1848 entwickelte sich aus dem damaligen Volksverein zu Salzuflen die Klein-Kinderschule und die Sparkasse, zwei Institute, welche bis auf den heutigen Tag in segensreicher Wirksamkeit gestanden und den Gründern zur Ehre gereichen, möge der unter gleicher Weise neu constituierte Verein ähnliche Resultate aufweisen.

Es war der conservative Geist, welcher aus den Wirrnissen der bekannten Revolutionszeit diese Schöpfungen ins Leben rief, derselbe Geist, welcher auch in dem gegenwärtigen Chaos wieder die Oberhand zu gewinnen scheint, um auf Grundlage des bestehenden, der sittlichen Weltordnung die verschiedenartigen Verhältnisse des Lebens zu regeln [...].«[47]

Salzuflen um 1900: Blick von der Salze-Brücke am Salzhof in Richtung Steege; auf der linken Seite sind die Gebäude der Fürstlich Lippischen Saline zu erkennen.

Auch die neuen Statuten zeigten nun eher christlich-konservative Züge, ein Zeichen für die Etablierung und die neuen Sichtweisen der 1848 noch etwas aufmüpfigen Bürger: »Der Volksverein in Salzuflen verfolgt den Zweck, durch Vorträge und Besprechungen, die sich auf allgemein nutzbringende, belehrende oder öffentliche Angelegenheiten beziehen, edlen, sittlich religiösen Sinn zu pflegen und einen Gegensatz zu bilden gegen das verderbliche Wirtshausgehen namentlich der jungen Leute.«[48]

Die Sparkasssenidee: Spargedanken und Wirtschaftsförderung

Genau in die Zeit der Konflikte um politische Mitwirkung und Kungelei fiel der Antrag des Volksvereins auf Errichtung einer Sparkasse. Wie bei den anderen Anträgen wurde auch hier der Magistrat in die Verantwortung genommen: »Es erscheint Bedürfnis für hiesige Stadt, daß sich eine Sparcasse bilde, um den Einwohnern Gelegenheit zu geben, Ersparnisse sicher darin niederzulegen und verzinslich anzubringen. Beikommend erlaubt sich der hiesige Volksverein, Wohllöblichem Magistrate entworfene Statuten zu einer hier zu errichtenden Sparkassengesellschaft vorzulegen mit der ergebenen Bitte: Die Statuten zu prüfen und ein Sparkassen-Institut ins Leben zu rufen.«[49] Während in diesem Antrag zunächst noch philanthropisch der Spargedanke hervorgehoben wurde und die Organisation der Sparkasse durch die Besonderheit der Bildung einer »Sparkassengesellschaft« – bei der alle Einleger Rechte an der Mitverwaltung erhalten – genossenschaftliche Züge aufwies,[50] zeigte der Statutenentwurf des Vereins bereits auch die weitergehenden Gedanken der Gewerbeförderung durch Kapitalbildung und Ausleihe.

Diese fanden sich insbesondere im Entwurf zum § 21 (geänderte Form § 15) über die Aufgabe des Vorstandes, für eine »sichere und möglichst baldige verzinsliche Ausleihung der sich einsammelnden Capitalien zu sorgen«. Im Entwurf ging der Volksverein von festen Risiken bei der Ausleihe von Geld aus, so »darf in dieser Hinsicht eine Ausleihe nur gegen Hypothek auf Grundbesitz und zwar bis zu 1/3 zu dessen Wertanschlages oder auf sichere Obligationen bewilligt werden. Als regelmäßiger Zinsfuß sind 4 1/6 % zu bedingen, doch kann hiervon eine Ausnahme gemacht werden, wenn Vorstand und Ausschuß-Mitglieder ihre Einwilligung dazu ertheilen.«[51] Die Kleinhaltung der Risiken und trotzdem relative Großzügigkeit bei der Zinseinräumung und den Sicherheiten wiesen aber in Richtung Gewerbeförderung.

Die Sparkasse sollte zudem nach dem Entwurf eindeutig nur den privaten und geschäftlichen Interessen dienen, eine Steigerung der Kommunalfinanzen selbst schien zunächst nicht beabsichtigt. Im Entwurf des Volksvereins war von einer Förderung der Interessen des Magistrats durch eine Gewinnabführung an diesen oder gar einer gemeinnützigen Intention nichts zu erkennen.

Interessant war allerdings die im Statut verankerte Möglichkeit einer sozial motivierten Kreditgewährung, die sich im Entwurf zum § 6, nach dem aus einem Reservefonds »kleine Darlehen an Hülfsbedürftige, welche wenigstens eine moralische Sicherheit bieten, verabreicht werden können«, fand.[52] Hier ist die Frage zu stellen, ob unter »Hülfsbedürftige« nicht nur die ärmeren Schichten der Salzufler Bevölkerung, sondern gerade auch die Klientel des Volksvereins selbst gefaßt wurden.

Der Magistrat versicherte »das Seinige dazu beizutragen, ein solches Institut ins Leben zu rufen.« In seinen Korrekturen und Streichungen zum Statutenentwurf forderte er aber höhere Sicherheiten. Besonders wichtig erschien ihm, daß das Kapital nur bis zur Hälfte des Besitzes ausgeliehen werden dürfe und er im Zweifelsfall entscheiden solle. Zudem forderte er für sich auch beim Personal der Sparkasse durch persönliche Kautionen und Überwachungsorgane eine strengere Aufsicht ein. Trotz dieser Veränderungen stellte er (zu § 24) zunächst nur eine kurze Garantie in Aussicht und übergab die Verantwortung für die Errichtung der Kasse voll an den Volksverein, beides Hinweise auf das aus anderen Konflikten herrührende Mißtrauen. »Die aus dem Volksvereine entstandene Commission zur Einführung dieses Instituts wolle diese Arbeiten fortsetzen, die Ernennung des Rechnungsführers, Controlleurs und der Deputierten vornehmen und den Magistrat von dem Erfolg in Kenntnis setzten, überhaupt, da sich dieselbe mit diesem Gegenstande schon am besten bekannt gemacht hat, die Ausführung des ganzen Instituts übernehmen, wohingegen der Magistrat es sich angelegen seyn lassen wird, daß das Ganze zur Wirklichkeit werde.«[53]

Nach dieser positiven Rückmeldung berichtete der Volksverein, daß er sofort Wahlen vorgenommen habe. Zum Rechnungsführer seien Kaufmann Friedrich Wilhelm Luther Kotzenberg, zum Kontrolleur Kaufmann Adolph Barkhausen und als Deputierte Kaufmann Friedrich Leopold Hunecke, Rendant Ludwig Gödecke, Wilhelm Krecke, Ratsherr Hasse und Salinendirektor Wilhelm Brandes gewählt worden. Die vorgeschlagenen Statutenänderungen zu den §§ 21 und 23 (Kontrolle durch den Magistrat) seien aufgenommen, zur kurzen Garantiefrist in § 24 habe der Verein aber Bedenken. Er wolle Solidität, und diese Garantie müsse in der Anstalt selbst – auch bei kleinen Verlusten – liegen. »Der Volksverein sagt ›ein kleiner Verlust‹, aber mit Recht, denn voraussichtlich wird der Wirkungskreis der Sparkasse unbedeutend sein, man kann die jährlichen Einlagen auf höchstens 300 R[eichs]T[aler] anschlagen, und möchte sich die Einnahme mit der Ausgabe jährlich absorbieren.« Ohne eine längere Magistratsgarantie bestände die Gefahr, daß die Sparkasse bereits am Ende des ersten Jahres auch ihr Ende erreiche, wenn keine Verlängerung passiere. Der Verein zweifele zwar nicht an der Verlängerung, biete durch Kaution Sicherheiten und wolle deshalb aber auch eine Genehmigung durch die Regierung. Gegen die vom Magistrat geforderte Kautionsstellung regte sich allerdings auch bald Widerstand, so weigerte sich der Kaufmann Barkhausen, »den Posten als Controlleur anzunehmen, weil nach seiner Meinung die Caution seinerseits nicht gestellt werden brauche,« woraufhin sich aber der »Rechnungsführer erbot, [...] die Caution zu verdoppeln, und entschied der Volksverein, den Controlleur der Stellung von Caution zu überheben.«

Die auf diesen Äußerungen fußende »Sparkassenphilosophie« verdeutlichte trotz des Kleinredens des Wirkungskreises wiederum die wirtschaftlichen Interessen der Mitglieder des Volksvereins: »Die Vortheile der Sparkassen sind weltbekannt, sie erwecken die Lust, Vermögen zu sammeln, stilliegende Capitalien kommen in Circulation, und die Geld suchenden werden auf leichte Weise befriedigt, ohne an Unterhändler hohe Prozente bezahlen zu müssen.«[54] Dafür unterwarf sich der Verein auch den magistratlichen Änderungen, um eine eigene Anstalt zu errichten.

Bereits einen Tag später bestätigte der Magistrat den Rechnungsführer und Kontrolleur und erneuerte die Garantie bis zum Ende des Jahres mit Aussicht auf mögliche Verlängerung. Gegen die alleinige Kautionsübernahme durch den Rechnungsführer »findet der Magistrat nichts zu erinnern.«[55] Am 14. April 1849 übersandte der Sparkassenvorstand (Kotzenberg, Barkhausen) dem Magistrat schließlich die nach dessen Maßgaben veränderten Statuten mit der Bitte um Genehmigung und Rücksendung: »Gleichzeitig bitten wir uns in unseren übernommenen Pflichten der Sparkasse gegenüber zu bestätigen.«[56] Die Bestätigung erfolgt am 20. April 1849 (offizielles Gründungsdatum der Sparkasse).

Fortsetzung auf Seite 78 ⇢

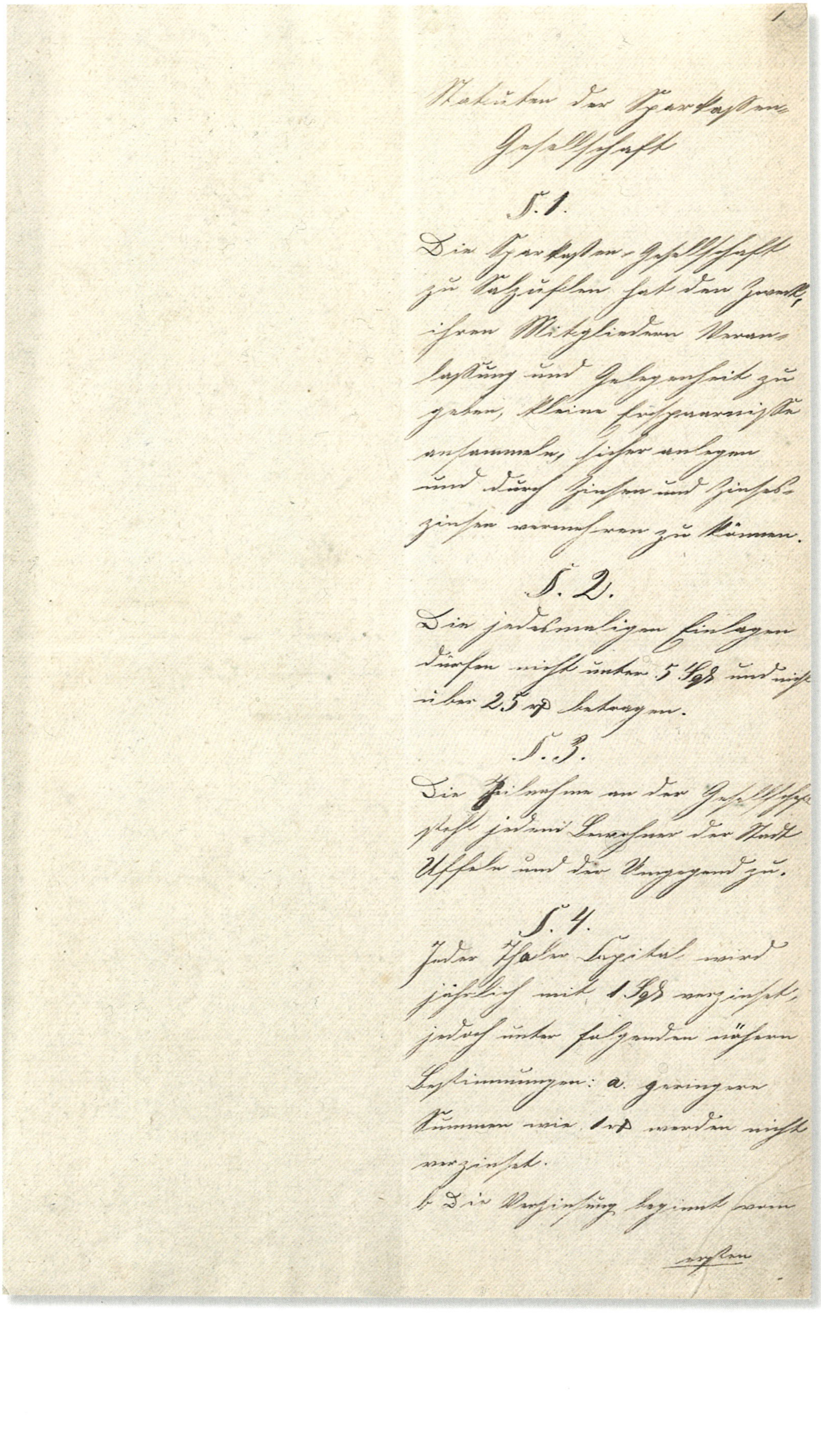

Statuten der Sparkasten-Gesellschaft

§. 1.

Die Sparkasten-Gesellschaft zu [illegible] hat den Zweck, ihren Mitgliedern Veranlassung und Gelegenheit zu geben, kleine Ersparnisse anzusammeln, sicher anlegen und durch Zinsen und Zinseszinsen vermehren zu können.

§. 2.

Die jedesmaligen Einlagen dürfen nicht unter 5 Sgr und nicht über 25 rt betragen.

§. 3.

Die Theilnahme an der Gesellschaft steht jedem Bewohner der Stadt Uffeln und der Umgegend zu.

§. 4.

Jeder Thaler Capital wird jährlich mit 1 Sgr verzinset, jedoch unter folgenden näheren Bestimmungen: a. geringere Summen wie 1 rt werden nicht verzinset.

b Die Verzinsung beginnt vom

ersten

Statuten der Sparkassen-Gesellschaft

(in der durch den Magistrat der Stadt Salzuflen am 20. April 1849 bestätigten Fassung)[1]

§ 1
Die Sparkassen-Gesellschaft zu Salzuflen hat den Zweck ihren Mitgliedern Veranlassung und Gelegenheit zu geben, kleine Ersparnisse ansammeln, sicher anlegen und durch Zinsen und Zinseszinsen vermehren zu können.

§ 2
Die jedesmaligen Einlagen dürfen nicht unter 5 Silbergroschen und nicht über 25 Reichstaler betragen.

§ 3
Die Theilnahme an der Gesellschaft steht jedem Bewohner der Stadt Salzuflen und der Umgegend zu.

§ 4
Jeder Thaler Capital wird jährlich mit 1 Silbergroschen verzinset, jedoch unter folgenden näheren Bestimmungen:
a. geringere Summen wie 1 Reichstaler werden nicht verzinset.
b. Die Verzinsung beginnt vom ersten Tage des folgenden Monats nach der Einlegung des Capitals.

§ 5
Wer die laufenden Zinsen verlangt, muß solche in der ersten Hälfte des Monats Januar abfordern, nach dieser Zeit werden sie zu Capital geschlagen und verzinsen sich mit Zinses-Zinsen, jedoch nur so weit die Zinsen eine runde Summe von 1 Reichstaler betragen. Die Zahlung der Zinsen wird vom Rendanten in das Buch, worin die gemachten Einlagen notirt und welches als Obligation dient, eingetragen oder darin zu Capital geschlagen. Die Notiz der gezahlten Zinsen dient als Quittung des Empfängers.[2]

§ 6
Sollte sich ein Ueberschuß für die Casse ergeben, so soll dieser zuerst zu Capital gebildet und zu Ansammlung eines Reservefonds benützt werden, aus welchem sodann kleine Darlehen an Hülfsbedürftige, welche wenigstens eine moralische Sicherheit gewähren verabreicht werden können.[3]

§ 7
Die Zurückzahlungen von 10 Reichstalern und darüber geschehen nach 4 Wöchentlicher Kündigung, nach Umständen auch eher, Summen über 10 Reichstalern der Regeln nach, nach 3monatlicher Kündigung. Theilweise Zurückzahlungen finden nicht unter 5 Reichstalern statt.

§ 8
Zur Anschaffung der Bücher etc. etc. zahlt jeder Eintretende 2 1/2 Silbergroschen Eintrittsgeld, ist aber bei ferneren Einlagen frei von dieser Abgabe.[4]

§ 9
Die Auszahlung geschieht an denjenigen, auf dessen Namen die von der Casse ausgestellten Empfangs-Quittung[5] *lautet oder an dessen Erben. Eine Cession kann nur mit Wissen und Willen des Vorstandes statthaben, um gleichzeitig gültig zu sein.*

§ 10
Die Verwaltung der Sparkasse ist einem Vorstande von 2 Personen zu übertragen.

§ 11
Die Geschäfte des Vorstandes theilen sich in die eines Rendanten und eines Controlleurs. Der Rendant hat eine Caution von 500 Reichstalern zu leisten und solche entweder durch Ingrossation oder Deponirung sicherer Obligationen beim Magistrat zu schaffen.[6]

§ 12
Die Pflichten des Controlleurs sind:
a. Anmeldungen von Einlagen entgegen zu nehmen, die betreffenden Obligationen und Eintragung in die Quittungs-Bücher auszufertigen und zu unterschreiben.[7]
b. Die zu verleihenden Gelder gemeinschaftlich mit dem Rendanten zu verwilligen, über Einnahme und Ausgabe ein Journal zu führen, woraus der Stand der Casse ersichtlich ist.

§ 13[8]
Die Pflichten des Rendanten sind:
a. Die Einlagen in Empfang zu nehmen, in das Journal einzutragen, und die vom Controlleur ausgestellten Empfangsbescheinigungen[9] *zu unterschreiben, ohne welche*[10] *keine Obligation Gültigkeit hat.*
b. Führung der Hauptbücher, aus welchen die Nummer der Einlage und Schuldner ersichtlich sind: Aufbewahrung der Schriften und Documente der Gesellschaft sowie des baaren Cassenbestandes.
c. Nach dem zu entwerfenden Formular die Rechnung des verflossenen Jahres aufzustellen.
d. die ordentlichen und außerordentlichen Versammlungen zu berufen, in welchen der Controlleur den Vorsitz hat und die Berathungen leitet.[11]

§ 14
Beide Vorstandsglieder haben Anfangs jeden Monats[12] *die laufenden Geschäfte zu ordnen, und hat der Rendant die im Buche des verflossenen Monats ein und ausgezahlten Gelder nach dem von beiden geführten Formular in die Hauptbücher einzutragen.*

§ 15
Der Vorstand hat die Pflicht für die sichere und möglichst baldige verzinsliche Ausleihung der sich einsammelnden Capitalien zu sorgen, derselbe darf auf Grundstücke Capitalien bis zu 2/3 zu des Taxwerthes und auf Häuser

zur Hälfte des Werthes nach dem Brandcataster, wobei jedoch der jetzige Werth der Häuser ebenfalls sehr zu berücksichtigen, verleihen. Sollten Fälle eintreten wo bei einer Verleihung der Vorstand Bedenken hegt, so ist die Einwilligung des Magistrats einzuholen. Der regelmäßige Zinsfuß ist 4 1/6 % doch kann mit Bewilligung des Ausschusses davon eine Ausnahme gemacht werden.[13]

§ 16

Neben dem Vorstande besteht ein Ausschuß von 5 Mitgliedern der Gesellschaft, welchem Rechung abgelegt wird. Dieser Ausschuß wird durch Stimmenmehrheit von den Mitgliedern erwählt.[14]

§ 17[15]

Die Wahl des Vorstandes bedarf der Bestätigung des Magistrats.

§ 18

Der Ausschuß verwaltet sein Amt 2 Jahr und ergänzt sich beim Abgange eines Mitgliedes durch Neu Wahlen selbst.[16]

§ 19

Jeder Interessent der Sparkasse, welcher großjährig und sein Vermögen selbständig verwaltet, kann zum Vorstande oder Ausschuß-Mitgliede erwählt werden, ist auch verpflichtet die Wahl ohne Vergütung anzunehmen.[17]

§ 20

Wurde bei größerer Ausdehnung des Instituts die Rechnungsführung beschwerlicher, so soll nach Umständen gegen ein jährliches Fixum ein besonderer Rendant angestellt werden.[18]

§ 21

Vorstand und Ausschuß Mitglieder sind verpflichtet gewissenhaft und nach besten Kräften das Fortbestehen und Gedeihen der Sparkasse zu fördern und auf die Beachtung der Statuten genau zu achten.[19]

§ 22

Die Rechnung des verflossenen Jahres muß nach geschehener Revision des Controlleurs im Monat Februar den Ausschußmitgliedern vorgelegt werden, welche die Richtigkeit zu prüfen und zu bescheinigen haben. Zugleich sind die Obligationen über sämmtliche in verflossenen Jahre ausgeliehenen Capitalien vorzulegen und sich über deren Sicherheit zu vergewissern. Ueber die Abnahme Verhandlungen ist ein besonderes Protokoll auszufertigen, und dem Magistrat mitzutheilen.

§ 23

Jedes Jahr findet eine allgemeine Versammlung sämtlicher Interessenten statt, wozu ein Termin vom Vorstande bestimmt und gehörig bekannt gemacht wird. Zuerst wird den Interessenten vom Vorstand und Ausschuß allgemeine Auskunft über den Bestand der Sparkasse gegeben, und wenn es nöthig ist die Wahl neuer Vorstands- und Ausschuß-Mitglieder vorgenommen. Es kann in dieser Versammlung jeder Interessent Vorschläge und Wünsche die das Institut betreffen eröffnen und wird darnach nach Stimmenmehrheit abgestimmt. Zu dieser Versammlung ist auch ein Mitglied des Magistrats und eines des Stadtverordneten-Collegiums vom Magistrat ernannt hinzuzuziehen.[20]

§ 24

Abänderungen des Statuts können nur mit Genehmigung des Magistrats vorgenommen werden, sowiederselbe für selbes die Garantie für vorläufig Ende dieses Jahres übernommen und solches stets unter seiner Aufsicht steht; dann aber eine Verlängerung, wenn das Institut sich bewährt mit Sicherheit zu erwarten steht.[21]

Salzuflen den 14. März 1849

gez[eichnet] A. Barkhausen[22]

Vorstehendes Statut der hiesigen Sparcassen-Gesellschaft wird andurch obrigkeitlich bestätigt.

Salzuflen 20. April 1849
Magistrat das[elbst]

F[erdinand] Capellen

1 STABS, A 335, 20.4.1849. Durch den Magistrat der Stadt Salzuflen korrigierte und bestätigte Fassung des Entwurfs von A. Barkhausen vom 14.3.1849. In der Edition werden übliche Abkürzungen wie RT = Reichstaler und Sgr = Silbergroschen ohne Kennzeichnung aufgelöst.

2 Im Entwurf: »Die Bezahlung der Zinsen wird vom Rendanten auf der Rückseite der Obligationen bemerkt und dient als Quittung des Empfängers.«

3 Im Entwurf: »Sollte sich ein Ueberfluß für die Casse ergeben, so soll dieser zuerst zur Bildung eines Reservefond benützt werden, aus welchem sodann kleine Darlehen an Hülfsbedürftige, welche wenigstens eine moralische Sicherheit bieten verabreicht werden können.«

4 Im Entwurf: »Zur Anschaffung der Sachen etc. zahlt jeder Eintretende 2 1/2 Silbergroschen Eintrittsgeld, bei sich wiederholenden wird diese Abgabe nicht gehoben.«

5 Im Entwurf: »Scheine«.

6 Ersetzt die §§ 11 und 17 im Entwurf: »Neben dem Vorstande besteht ein Ausschuß von 5 Mitgliedern der Gesellschaft, welchem Rechnung abgelegt wird. Dieser Ausschuß wird durch Stimmenmehrheit der Mitglieder gewählt.« Und: »Die Geschäfte des Vorstandes theilen sich in die eines Rendanten und Controlleur, von welchen jeder eine Caution von 250 RT zu leisten hat, solche wird durch Ingrossation oder Deponierung sicherer Obligationen beim Magistrat beschafft.«

7 Ersetzt den § 18 aus dem Entwurf: »Die Pflichten des Controlleurs sind: a. Anmeldungen von Einlagen entgegen zu nehmen, die betreffenden Obligationen auszufertigen und zu unterschreiben.«

8 Im Entwurf § 19.

9 Im Entwurf »Obligationen«.

10 Im Entwurf hier »Contrasignation«.

11 Im Entwurf: »die außerordentlichen wie die ordentlichen Versammlungen zu berufen, in welchen der Controlleur den Vorsitz führt und die Berathungen leitet.«

12 Im Entwurf § 20, die erste Zeile lautet dort: »Beide Vorstandsglieder haben im Anfange jeden Monats gemeinschaftlich...«

13 Im Entwurf als § 21 mit dem Wortlaut: »Der Vorstand hat die Verpflichtung für die sichere und möglichst baldige verzinsliche Ausleihung der sich einsammelnden Capitalien zu sorgen, und darf in dieser Hinsicht eine Ausleihe nur gegen Hypothek auf Grundbesitz und zwar bis zu 1/3 zu dessen Wertanschlages oder auf sichere Obligationen bewilligt werden. Als regelmäßiger Zinsfuß sind 4 1/6 % zu bedingen doch kann hiervon eine Ausnahme gemacht werden, wenn Vorstand und Ausschuß-Mitglieder ihre Einwilligung dazu ertheilen.«

14 In den Entwurf neu eingefügt.

15 Im Entwurf § 12.

16 Im Entwurf § 13 mit dem Wortlaut: »Der Ausschuß verwaltet sein Amt auf 2 Jahr und ergänzt sich beim Abgange eines Mitgliedes durch Wahl eines neuen selbst.«

17 Im Entwurf § 14 mit dem Wortlaut: »Jeder Interessent der Sparkasse, welcher großjährig und zur eigenen Verwaltung seines Vermögens rechtlich befugt ist, kann zum Vorstande oder Ausschuß gewählt werden, und ist verpflichtet die Ämter unentgeldlich zu übernehmen.«

18 Im Entwurf § 15 mit dem Wortlaut: » ... soll alsdann nach Umständen gegen ein jährliches Fixum ein besonderer Rendant außer dem Vorstande angestellt werden.«

19 Im Entwurf § 16 mit dem Wortlaut: »So wohl die Mitglieder des Vorstands des Ausschußes sind verpflichtet nach besten Kräften und gewissenhaft das Fortbestehen und Gedeihen der Sparkasse zu befördern ...«.

20 Der letzte Satz zum Entwurf ergänzt.

21 Im Entwurf nur: »Abänderungen dieses Statuts können nur mit Genehmigung des Magistrats vorgenommen werden, sowie das Institut selbst unter der Garantie und Aufsicht des Magistrats steht.«

22 Entwurfsunterzeichnung.

Unvermögen und Eigeninteressen: Konflikte und Mißerfolge der Salzufler Sparkasse in den Jahren 1849 bis 1859

Im ersten »Spar-Cassen-Bericht« vom 4. Januar 1850 erneuerte der Sparkassenvorstand – im Namen des Volksvereins – den Wunsch nach weiterer Bestandsgarantie durch den Magistrat: »Mit dem 31. Dec[em]br[is] war die Bürgschaft der Stadt für die SparCasse abgelaufen. Wir beeilen uns deshalb die Rechnung über die bis zu dieser Zeit eingekommenen Einlagen, abzulegen, und um Erneuerung auf unbestimmte Zeit nachzusuchen. Wie wir überhaupt nur das Beste dieser Commune mit der ins Leben gerufenen Sparcasse gewollt haben, so dürfen wir auch die Hoffnung aussprechen: Wohllöbl[icher] Magistrat werde den Vorstand derselben sichern. Es kann zwar den Gläubigern dieser Casse eine Caution von 500 R[eichs]T[alern] hinlänglich genügen, dann würde die Existenz dieser Anstalt von dem Willen einer oder einiger Privatpersonen, oder aber auch von deren Leben oder Sterben abhängen. Es bedarf daher dieselbe nothwendigerweise des Schutzes Wohllöbl[ichen] Magistrats, und zweifeln wir an der Erfüllung unserer Bitte nicht, den Stand der Rechnung wird Wohllöbl[icher] Magistrat aus der Anlage ersehen. Wir hoffen, daß die Einrichtung derselben genügt, widrigenfalls muß dieselbe für die Zukunft verbessert werden. Zur weiteren Übersicht legen wir noch eine genaue Berechnung der Casse bei, danach beträgt das Vermögen derselben bis zum 1. Jan[ua]r d[iesen] J[ahres] [0] R[eichs]T[aler], 18 S[ilber]gr[oschen], 4 [Pfennig].«[57]

Der im Dezember 1849 neugewählte, personell aber kaum veränderte Magistrat schickte die Rechnungen an Sparkassenvorstand Kotzenberg zurück und bat darum, diese zukünftig nach einem von ihm beigelegten Schema zu erstellen. Er übernahm »für die Sicherheit der eingezahlten sowol als der künftig eingezahlt werdenden Capitalien fernere Garantie auf sechs Jahre,« monierte zwar, daß »bislang die Caution des Rechnungsführers, welche derselbe den Statuten gemäß mit 500 R[eichs] T[alern] zu leisten hat, nicht effectiv geleistet worden, indem jetzt erst 365 R[eichs]T[aler] in Obligationen beschafft ist,« war aber trotzdem mit dieser Sicherheit vorerst zufrieden.[58]

Auch ein Jahr später ging die von Vorstand Kotzenberg eingereichte Rechnung für 1850 ohne größere Bemerkungen zurück. Der Magistrat sah sich aber veranlaßt, den »Vorstand darauf aufmerksam machen, daß die §§ 22 und 23 [Revision durch Ausschuß und Interessentenversammlung; d. Verf.] des Statuts der Sparcassengesellschaft nicht eingehalten zu seyn scheinen und demselben die Ausführung derselben anheim zu geben.«[59] Die Abhängigkeit des Gedeihens des Instituts von einer einzigen Person wurde damit von beiden Seiten erkannt, aber nicht weiter verfolgt, indem der Magistrat beispielsweise weitere Absicherungen forderte. Auch wäre bei den offensichtlich geringen Geldgeschäften eine grundsätzliche Prüfung der Weiterexistenz angebracht gewesen.

Daß die Salzufler Sparkasse zu Beginn der 1850er Jahre lokal und auch landesweit keine Rolle spielte, zeigte sich auch daran, daß sie 1853 bei der Anfrage des preußischen »Centralvereins für das Wohl der arbeitenden Klassen« zum Stand des Sparkassenwesen in Lippe im Gegensatz zur seit 1842 bestehenden Sparkasse Schötmar nicht zum Bericht aufgefordert wurde.[60] Auch die Stärkefabrik Salzuflen beantragte und erhielt 1850 anläßlich ihrer Gründung kein Kapital durch die Sparkasse.[61] Ebenso scheint es keine öffentliche Kreditaufnahme durch die Stadt gegeben zu haben, was wohl nicht nur auf die günstige finanzielle Lage der Kommune zurückzuführen war.

Offenbar erkannte auch der seit 1849 amtierende Rendant Kotzenberg die problematische Lage der Sparkasse; er legte Anfang Dezember

1853 – sei es aus der Erkenntnis der eigenen Unfähigkeit, wegen Arbeitsüberlastung (er baute zur gleichen Zeit seine Zwirnfabrik auf) oder aus anderen Gründen – sein Amt nieder: »Aus bereits d[em] Herrn Ad[olph] Barkhausen mitgetheilten Gründen, muß ich die Führung der Sparcassen-Rechnung zu Neujahr niederlegen. Da ich jedoch noch sehr viele Restanten habe, so wird die wirkliche Ablegung wohl erst Mitte Januar [1854] statt finden.«[62] Die Kündigung wurde trotz der unklaren Finanzverhältnisse und der eigenen Entnahmen Kotzenbergs zunächst akzeptiert.

Auf Kotzenbergs erst am 26. Januar 1854 vorgelegte Rechnung erfolgte heftige Kritik von Seiten des Magistrats unter Verweis auf den § 23 des Statutes: »Wenn sich der Magistrat auch bei diesem Institute auf die geschehene Aufforderung des damaligen Volksvereins betheiligt hat, so ist dies nur im Allgemeinen geschehen. Rechnungen abzunehmen u[nd] d[er] g[eichen] gehört nicht zu seinem Ressort, sondern zu dem des Vorstandes. Überhaupt ist der Rendant den ihm statutenmäßig obliegenden Verpflichtungen gegen den Magistrat gar nicht nachgekommen. So hat derselbe unter anderm jährlich eine General-Versammlung zu berufen und dazu ein Mitglied des Magistrats und der Stadtverordneten[versammlung] hinzuzuziehen, welches nicht geschehen ist usw. Eben so sollen demselben die jährlichen Rechnungen mitgetheilt werden. Seit 1850 ist dies nicht geschehen, auch ist [er] seit dieser Zeit ohne alle weitere Nachricht über das Fortbestehen fraglicher Anstalt geblieben.«[63]

Die Kritik war berechtigt, obwohl einige Angaben der Satzung widersprachen. So ist nach § 16 der Ausschuß Abnehmer der Rechung und dem Magistrat muß nach § 22 nur eine Mitteilung über die Abnahme der Rechnung zugestellt werden.

Aufgrund der Untätigkeit des Rendanten schien das Geschäft der Sparkasse nahezu zum Erliegen gekommen zu sein, was sich auch an dem mangelnden Interesse der Salzufler Bürger und Geldanleger erkennen ließ. So berichtete Barkhausen dem Magistrat am 2. Februar 1854 von einer Einladung an die Interessenten wegen der Neuwahl des Rendanten: »Niemand ist aber erschienen. Die Sparkasse darf aber, da Kotzenberg die Annahme fernerer Einlagen weigert, jetzt nicht längere Zeit ohne Rendant bleiben; daher bitte ich Wohllöblichen Magistrat gehorsamst, sobald wie möglich einen Rendant zu wählen. Vorzuschlagen erlaube ich mir C.A. Krecke, Volland, F.W. Hunecke, F.A. Barkhausen.«[64] Das dies gar nicht Aufgabe des Magistrats war – der Rendant wurde nach § 17 nicht durch den Magistrat gewählt, sondern lediglich bestätigt – schien keine Rolle zu spielen. Dieser wurde auch nicht selbst tätig, zumal Barkhausen am 6. Februar um die Bestätigung von Friedrich Leopold Hunecke als Rendanten bat.[65] Auch dies war zumindest eine Nichtbeachtung der Statuten, wo nach § 23 die Interessentenversammlung unter Einbeziehung eines Magistratsmitgliedes und Stadtverordneten einberufen werden mußte. Über die Wahlmodalitäten für den Rendanten wurde dort nichts bestimmt. All dies waren Zeichen dafür, wie wenig der »Controlleur« Barkhausen in die Geschäfte einbezogen war und von den von ihm selbst (mit)verfaßten und unterzeichneten Statuten noch wußte.

Hunecke hatte nach seinem Amtsantritt mit großen Schwierigkeiten zu kämpfen: »Noch immer nicht bin ich in Besitz der Bücher und Abrechnungen hiesiger Sparkasse gekommen, weshalb [ich; d. Verf.] Wohll[öblichen] Magistrat bitten muß, den früheren Rendanten zur Ablegung sämmtlicher dieserhalb in Händen habenden Instrumente anzuhalten. Es kommen tag täglich Einlagen vor und kann ich solche der Vorschrift gemäß nicht gehörig buchen.«[66] Nachdem der Magistrat als Aufsichtsbehörde Kotzenberg zur Herausgabe der Unterlagen aufgefordert hatte,[67] konnte an eine Revision der Rechnungen gegangen werden. Wie schnell die bestehenden Statuten unbeachtet blieben, zeigte sich nochmals in der Bemerkung Barkhausens, daß er nicht gewußt habe, daß ein Vorstand gewählt worden sei. Er sei allerdings überzeugt, daß, wenn »zukünftig Controlleur und Rendant Hand in Hand arbeiten,« das Institut Erfolg haben werde.[68]

Die letzten Materialien erhielt Hunecke offenbar erst im Juli 1854 von Kotzenberg. Daraufhin fragte er, obwohl auch dies statutenmäßig nicht Aufgabe des Magistrats war, diesen, was mit dem Überschuß von 7 Reichstalern 3 Silbergroschen und 4 Pfennigen passieren solle. Der Magistrat bewertete den Überschuß als Einnahme für 1854.[69] Auch weiterhin wurde dieses Gremium stärker als in den Statuten vorgesehen als »Aufsichtsbehörde« genutzt. So fragte Hunecke wegen der Bewertung einer Hypothek des Schuhmachers Kaufmann für eine Kreditvergabe an, was positiv beschieden wurde.[70] Sämtliche alten Rechnungen des früheren Rendanten wurden durch den Magistrat überprüft und im November 1854 an Kotzenberg zurückgegeben, mit der Erwartung, daß die gemachten »Monita« durch den »Controlleur« Barkhausen erledigt würden. Diese Anmerkungen betrafen mehrere Versäumnisse Kotzenbergs bei Kreditvergaben und Eigenausleihen: »Was nun die Sicherheit einiger Sparcassen-Capitalien, welche der Rechnungsführer für sich ausgeliehen hat betr[ifft], so wird Seitens des Magistrats demselben Folgendes bemerklich gemacht:« Der Magistrat zählte insgesamt acht Fälle auf, die zum größten Teil bis zum 27. Juni 1855 durch Zurückzahlungen bzw. andere Erledigung der Vorwürfe gelöst wurden. Diese »Monita« geben erstmals auch Hinweise auf die Kreditkundschaft und -verwaltung der Sparkasse[71]:

- »Der Verlust bei dem Schneider Brüggemannschen Capital würde nicht entstanden sein, wenn der Rechnungsführer die von dem Schuldner übernommene Abschlagszahlung gehörig eingefordert hätte. Die Sparcassen-Verwaltung will es vorläufig abwarten, ob demnächst aus dem Vermögen der Wittwe Friedr[ich] Hartmann, der Schwiegermutter des [genannten] Brüggemann, diesem soviel zufällt, daß damit der Ausfall gedeckt werden kann; der Rechnungsführer bleibt bis dahin für den Ausfall verhafftet. [Vermerk des Bürgermeisters dazu:] nach Aussage des jetzigen Rechungsführers ist der Ausfall ad 11 R[eichs]t[aler] auf das Vermögen der Wittwe Fr. Hartmann ingrossiert und will sich die Sparcasse damit begnügen, es würde demnach den [genannten] Kotzenberg von seinen Verpflichtungen entbinden.
- Das Capital bei dem Schneider Brüggemann und bei Fr. Hartmann ist dem letzteren gekündigt und würde bei einem Ausfall der Rechnungsführer in Anspruch genommen werden müssen. [Vermerk:] ist zurückgezahlt.
- Das Capital bei Simon Begemann steht augenblicklich in so fern unsicher, als auf dessen Namen im Hypothekenbuche nur sein Wohnhaus eingetragen sich befindet. Ob nun die übrigen Immobilien desselben sich auf dessen Namen eintragen lassen, muß versucht werden und wird sich alsdann über die Sicherheit etwas Bestimmteres sagen lassen. Bis dahin bleibt der Rechnungsführer für das Capital verhafftet. [Vermerk:] ist die Sicherheit für genügend erachtet.
- Ueber das zuletzt für den Nagelschmidt Pottharst aus bezahlte Captial von 100 R[eichstalern] an Brandes Erben, fehlt die cedirte Obligation und würde diese zu nächst von dem Rechnungsführer zu beschaffen sein.
- Nicht allein dies; sondern auch das früher demselben ausbezahlte Capital von 100 R[eichstalern] ist demselben gekündigt und hat der Rechnungsführer für den richtigen Eingang beider Capitalien einzustehen.
- Ueber den Rest des von dem Tischler Horst-

Häuser in der Wenkenstraße, um 1910.

In der Unteren Mühlenstraße, um 1910.

mann schuldigen Capitals ad 15 R[eichstalern] ist zwar vom Stadtgerichte die Pensions-Urkunde in Abschrift eingefordert und eingegangen; allein es fehlt darunter die Umschreibung auf die Sparcasse im Hypothekenbuche, welches von dem Rechnungsführer noch zu besorgen wäre.

– ebenfalls fehlt bei den Henr[ich] Richterschen und Küper Brökerschen Capitalien die Umschreibung im Hypothekenbuche, welche auch von dem Rechnungsführer zu veranlassen wäre. [Vermerk:] ist das bei dem Küper Bröker stehende Capital ad 50 R[eichstaler] zwar gekündigt; jedoch beschlossen solche zurückzunehmen.«

Zur Beurteilung dieser Fälle zog der Magistrat umfangreiche Angaben zu den Besitzverhältnissen der Beteiligten ein. So finden sich in den Akten Übersichten über Besitz- und Hypothekeneintragungen zu Simon Henrich Begemann, dem Nagelschmied Pottharst, dem Salinenarbeiter Johann Christian Diekmann, dem Maurer Heinrich Richter, dem Küper Arnold Bröker und dem Färber B. Kottmann.[72]

Erst damit war das leidige Kapitel Kotzenberg beendet. Nicht nachzuvollziehen ist, ob er selbst von seinen Handlungen profitiert hat oder ob er eher geschädigt wurde, wie er in einem Fall mit der Aussage »Wenn ich bei dem Schneider Brüggemann zu nachsichtig gewesen bin, so habe ich durch den Ankauf des Hauses Opfer genug gebracht« behauptete.[73] Noch 1857 verwies Hunecke allerdings bei der Prüfung der Rechungen für 1854/55 auf die mangelhafte Tätigkeit Kotzenbergs und mußte auf dessen Unterlagen Bezug nehmen, so hätte er »demnach die noch von Kotzenberg in Händen habenden Rechnungen nachzuliefern.«[74]

Der Magistrat nahm im März 1855 »mit Vergnügen die bessere Einrichtung derselben gegen früher wahr« und hatte auch an der Rechnung Huneckes für 1854 »nichts zu erinnern.« Allerdings solle bald der Vorstand [gemeint ist der Ausschuß; d. Verf.] einberufen werden, um die »noch vorhandenen Dissonanzen mit dem früheren Rechnungsführer, dem Kaufmann Kotzenberg, auszugleichen und die Caution, welche der jetzige Rechnungsführer zu leisten hat, zu bestimmen.«[75]

Hier gab es offenbar noch einigen Regelungsbedarf. Kotzenberg hatte am 12. April 1849 »Zur Bestellung der Sicherheit in Betreff der SparCasse« dem Magistrat 365 Reichstaler übergeben und zwar 200 als »Ueberweisung von Tischler Dieckmann«, zweimal 50 als Obligationen »auf Zurheide« und 65 als Obligation »auf Steinmann«. Trotz des Versprechens »Die fehlenden 135 R[eichs]T[aler] werde ich in nächster Zeit beschaffen, ich habe solche wohl in ingrossierten Schuldscheinen liegen, will jedoch die Ingrossation befördern lassen.«[76] erhielt er erst am 17. Juni 1852 zwei Obligationen im Wert von 165 Talern gegen Hinterlegung einer weiteren »auf Heinr[ich] Arnold Stakelbeck zu 288 R[eichs]T[aler] 14 M[arien]g[roschen]« zurück, womit er aber immer noch nicht die statutengemäße Höhe erreicht hatte.

Zwei Jahre nach seiner Kündigung erhielt er aufgrund seines Antrages: »Aus meiner Sparcassen-Führung befindet sich noch im Besitz Wohllöbl[ichen] Magistrats 2 Obligationen auf den verstorbenen F.A. Zurheide von zusammen R[eichs]T[alern] 100. Da ich derselben bedarf, so bitte um Zurückgabe derselben, so wie ich auch wegen dieser Casse um Decharge bitte,« weitere 100 Taler in Obligationen zurück.[77] Erst Ende 1856 forderte Hunecke, weil die »Königsche Sache jetzt erledigt« sei, Kotzenberg auf, die Obligation von 288 Talern, die er seinerzeit als Sicherheit hinterlegt hatte, vom Magistrat zurückzuforden und ihm zustellen zu lassen, woraufhin Kotzenberg diese Cession vornahm.[78] Hier schien es sich möglicherweise immer noch um die Begleichung von Schulden aus seiner Rendantenzeit zu handeln.

Hunecke selbst leistete erst am 24. Juni 1855

– über ein Jahr nach Amtsantritt – zunächst eine Kaution von 300 Talern durch einen Schuldschein des Gutsbesitzers Rhodovi zu Hündersen, erhöhte diese durch eine Obligation des Colons Stranghöhner aus Nr. 75 der Altstädter Bauerschaft in Herford vom 30. Dezember 1867 auf die vorgesehenen 500 Taler, um schließlich am 17. Juni 1873 2.000 Taler einzubringen.[79]

Im Juni 1855 wurde die Gründungsphase schließlich mit der Bitte um Genehmigung der Veränderungen der Statuten abgeschlossen, wodurch die Sparkasse auch eine größere Selbständigkeit erlangte und ihre wirtschaftsförderliche Funktion erhöht wurde. So fand sich kein Einlage-Höchstbetrag mehr (§ 2: »die jedesmaligen Einlagen dürfen nicht unter 5 S[ilber]gr[oschen] betragen«), was zur Kapitalerhöhung beitrug. Dem gleichen Zweck diente die Verschlechterung der Zinsauszahlungsbedingungen (§ 4b: »Jede Einlage, welche vor dem 15. j.M. belegt wird, kommt mit dem 1sten des nächsten Monats zur Verzinsung. Eine Einlage nach dieser Zeit wird von dem 1. Tage des 2ten Monats verzinset«, und § 7: »bei sofortiger Rückzahlung werden für den letzten Monat keine Zinsen berechnet«).

Der Rendant erhielt eine höhere Verantwortung (§ 12b: »Derselbe führt über die Einnahmen durch Einlagen ein Verzeichnis, hat aber über den Stand der Casse keine Notiz zu führen«). Die Verwaltung des Instituts wurde vereinfacht (§ 14 fiel weg) und die Sparkasse erhielt durch die Veränderung der Kreditbedingungen und der Aufsichtsorgane größere wirtschaftliche Selbständigkeit, wobei sich der Magistrat eine erweiterte Mitsprache durch die Genehmigung der Ausschußwahl sicherte (§ 16: »Neben dem Vorstande besteht ein Ausschuß von 3 Mitgliedern, von Ersterem mit Genehmigung des Magistrats gewählt«; § 18 fällt weg, § 23 »soll heißen: Den Interessenten der Sparkasse wird durch öffentliche Bekanntmachung angezeigt, daß die revidierte Rechnung zu Einsicht am Rathaus offen liegt.«).[80]

Die 1849 noch an genossenschaftliches Gedankengut erinnernde Generalversammlung der Sparer (Sparkassengesellschaft) fiel ersatzlos weg.[81] Der Professionalisierung der Anstalt wurde durch die Aussetzung von Gehältern für die Sparkassenbeamten Rechnung getragen (§ 20: »Der Rendant erhält ein jährliches Gehalt von 10 R[eichs]T[alern]. Der Controlleur für jede ausgefertigte Obligation 1/4 S[ilber]gr[oschen], welche der Rendant zu erheben hat«). Die Verbindung zum Magistrat wurde auch durch die Wahl des Ratsherren Carl August Krecke gesichert, der neben August Wilhelm Krecke und Christian Krecke für zwei Jahre als Ausschuß-Deputierter ernannt wurde.[82] Mit dieser Satzungsänderung war die Sparkasse nun voll durch die Stadtverwaltung akzeptiert und organisatorisch wie wirtschaftlich in die Lage versetzt, sich zum modernen Institut zu entwickeln.

Bei der Rechnungskontrolle durch die Revisoren kam es trotzdem immer wieder zu weiteren Kontroversen mit dem Rendanten. Auch deshalb sah sich der Kontrolleur Barkhausen anläßlich der Rechungskontrolle von 1856 zu weiteren Statutenveränderungen veranlaßt. Ziel war eine weitere Professionialisierung der Sparkasse: »Das die Sparcasse für unsere Stadt von Wichtigkeit ist, beweisen die vermehrten Einlagen des vergangenen Jahres, namentlich die Einlagen, deren so viele dem dienenden Stande angehören. Bei dieser Vermehrung wächst aber auch die Arbeit für den Rendanten und kann derselbe unmöglich solche für die bisherige Vergütung von 10 R[eichs]T[alern] leisten, sondern ich möchte hiermit vorschlagen, solche auf 20 R[eichs]T[aler] zu erhöhen, ein Betrag, der durch den jährlichen Überschuß gerechtfertigt ist.«[83] Auch seine weiteren Veränderungen wurden durch den Magistrat bestätigt, so blieb es zukünftig bei größeren Einlagen dem Ermessen des Rendanten und Kontrolleurs überlassen, die Zeit der Verzinsung zu bestimmen

(§ 4), wurde eine vereinfachte Ablage der Rechnung eingeführt (§ 20) und die Anstellung eines Sparkassendieners mit einem halben Taler jährlichem Gehalt bestimmt. Die Hauptaufgabe des dafür eingestellten Höner war es, zum Jahresende die Zinsen auf Schulden einzusammeln.

Die Konsolidierung der Sparkasse geschah endgültig mit der Statutenänderung vom 11. März 1859, in der neben erweiterten Befugnissen des Magistrats auch erstmals die Gemeinnützigkeit festgeschrieben wurde. Nunmehr sollten aus dem Reservefonds, wenn er die festbestimmte Höhe von 500 Reichstalern überschreiten würde, mit Genehmigung des Magistrats gemeinützige Aufgaben für die Stadt Salzuflen geleistet werden. »Insgesamt folgte das neue Statut mehr dem Preußischen Sparkassenreglement von 1838, das für die lippischen Sparkassen im Jahr 1859 ebenso wenig zwingend war wie 1849 bei der Gründung der Sparkasse, in diesem Fall aber nach einem zunächst anders gearteten Versuch offenbar als das bessere Konzept für eine kommunale Sparkasse angesehen wurde.«[84]

Eine weitere umfassende Revison und Präzisierung der Statuten von 1859 geschah am 12. August 1870 noch unter der Ägide von Hunecke und wurde am 16. September durch den Magistrat bestätigt. Wie schon 1859 bezog sich der Vorstand in der Präambel stolz, aber fälschlicherweise auf das Jahr 1848 als Gründungsdatum des Instituts: »Im Jahre 1848 gegründet, hat dieses Institut, unter Garantie des Magistrats, einen solchen Aufschwung genommen, daß mit Recht von demselben gesagt werden kann: diese Anstalt wird mit Nutzen für unsere Stadt bestehen! Jetzt sind in dem Verlaufe der letzt vergangenen elf Jahre so viele Erfahrungen gemacht, daß eine Revision der Statuten vom 24. Februar [1859] nöthig geworden und soll nun dieses revidirte Statut der Sparkasse vom 1. Januar 1871 an zum Grunde gelegt werden.«[85] Weitere Statutenveränderungen und ein neuer Rechtsstatus folgten in den Jahren danach.[86]

Zum Werdegang des Rendanten Friedrich Wilhelm Luther Kotzenberg

Der erste eher erfolglose Rendant der Salzufler Sparkasse war der Kaufmann Friedrich Wilhelm Luther Kotzenberg. Er wurde um 1807 als Sohn des 1829 verstorbenen Salzufler Küsters Friedrich Wilhelm Kotzenberg, der 1793 das Bürgerrecht erlangt hatte und mit der Tochter des Ratsherrn Rudolf Huth verheiratet war, in Salzuflen geboren.[87] Er stammte aus einer alten lippischen Familie, in der eine Tradition der Berufswahl zum Küster und Lehrer bestand.[88] Die genauen Verwandtschaftsbeziehungen sind noch unklar; sein Großvater könnte Wilhelm August Luther Ludwig Kotzenberg (* 1736 Detmold; † 1796 Talle), Lehrer und Küster in Talle, gewesen sein. Dieser hatte mit großer Wahrscheinlichkeit mindestens drei Söhne: Johann Simon Heinrich Christoph August Kotzenberg (* 1773 Talle; † 1827), Lehrer und Küster in Talle und Barntrup, und Arend Heinrich Kotzenberg (* 1780), Lehrer, Küster und Organist in Wasserhorst, Begründer des erfolgreichen Zweiges der Familie in Bremen, sind unstreitig. Der dritte, ältere Sohn war möglicherweise der Vater von Friedrich Wilhelm Kotzenberg.

Kotzenberg wohnte von 1835 bis 1853 als Mieter im Haus Nr. 223 (heute: Am Markt 19, das bei einem Brand des Nachbargebäudes Nr. 225 (heute: Am Markt 15; seinerzeit im Besitz des Juden Herz Katzenstein) beschädigt worden war. Er leistete am 7. Dezember 1832 als eingeborener Bürger seinen Bürgereid. Seine aus Schötmar gebürtige Ehefrau Sophia Thorspecken erhielt am 13. April 1835 das Bürgerrecht in Salzuflen.[89] Kotzenberg war bald ein so geachteter Bürger, daß er auch in der politischen Vertretung der Stadt aktiv werden konnte. Er wurde am 5. Januar 1846 als neugewählter Stadtverordneter gemeinsam mit den wiedergewählten Schneidermeistern Sehring und Epmeyer in sein

Amt eingeführt. Sein Mandat währte bis Ende 1848.[90] Als Stadtverordneter war er maßgeblich an zahlreichen Beschlüssen und gerade in der Revolution von 1848 an politischen Aktionen beteiligt. Dabei verfolgte er auch durchaus eigene wirtschaftliche Interessen. Als im Frühjahr 1847 auf Beschluß der Stadtverordnetenversammlung die Einebnung des am Obernberg gelegenen sechs Scheffelsaat großen Hudebezirks »Auf den Vielenbrinken« (später Standort des Schützenhauses, seit 1917 befindet sich hier die Dürkopp-Villa) beschlossen wurde, sicherte er sich auf zehn Jahre die Nutzungsrechte.[91]

Bei der am 14. März 1848 von der Stadtverordnetenversammlung beschlossenen Errichtung einer Bürgerwehr gehörte er zusammen mit dem Ratsherrn Krecke, dem Stadtverordneten Sehring, dem Bürger Adolph Barkhausen und dem Lohgeber Heinrich Conrad Hunecke zu deren Organisatoren.[92] Im März 1848 verfaßte er eine eigene Petition an den Landesherrn (s.o) und war auch maßgeblich an der Abfassung der städtischen Bittschrift zur neuen Verfassung des lippischen Landtages beteiligt. Dabei zeigte er sich als politischer Kopf, der nicht der allgemeinen Richtung folgte, sondern eigene Ideen in den Reformierungsprozeß einbringen wollte.[93] Er wurde daraufhin am 28. März vom Magistrat und den Stadtverordneten mit der Ausfertigung einer veränderten Petition an den Landtag beauftragt.[94]

Ende August 1848 geriet er dann allerdings in Konflikte mit der Stadtverordnetenversammlung, insbesondere mit deren Vorsteher Fehrmann. So entfernte er sich am 29. August aus der Sitzung, »weil er die Gegenstände, welche im Ladungszettel beantragt waren, nicht anhören wollte.« Die Sitzung des Gremiums mußte deshalb wegen Beschlußunfähigkeit geschlossen werden. Hintergrund dieses Verhaltens war wohl der kurz darauf von Kotzenberg eingelegte Protest gegen die Kirchenrechnung wegen des Anstrichs des Pfarrhauses, der

Der erste Rendant der Sparkasse Salzuflen: Kaufmann Friedrich Wilhelm Luther Kotzenberg. Zeichnung von Julius Geissler, 1845/46.

ja auch bei dem Antrag des Volksvereins zur Vergabe öffentlicher Arbeiten wieder eine Rolle spielte (s.o.). Am 1. September 1848 mußte sich Kotzenberg wegen Verlassens der Sitzung rechtfertigen; bei dieser Gelegenheit wandte er sich massiv gegen den Dünkel und die Unwissenheit des Stadtverordnetenvorstehers.[95] So beschäftige sich dieser immer noch mit der Wiederholung längst abgemachter Sachen, Proteste gegen Magistrat und Regierung. »Er allein weiß was recht ist, in seinem Dünkel ist er erhaben über jeden andern [...]«; Kotzenberg weiter: »Welche herrlichen Folgen könnten die Stadtverordneten-Sitzungen haben, wenn sie wirklich das Gemeinwohl beriethen, wenn sie Flur, Wiese, Wald in Berathung nähmen, wo Verbesserungen eingeführt werden könnten. Sie [hiermit meinte er den Magistrat; d. Verf.], denen vorzugsweise diese Obliegenheiten überwiesen sind, lassen dies schöne Recht dem Bürger Verein.«[96]

Für diesen Bürgerverein, gemeint ist der Volksverein, über dessen Anträge sowohl der Magistrat als auch die Stadtverordnetenversammlung zu entscheiden hatte, wurde er nun immer stärker aktiv. So trat er gemeinsam mit Brandes, Hunke, Kleemann, Pastor Thorbecke, Klein und Barkhausen als Antragsteller und Mitglied der Kommission für die Errichtung einer Kleinkinder-Bewahranstalt auf. Hierbei zeigte sich auch der sozialkonservative und christlich-pietistische Hintergrund seines Handelns: Durch die Bewahranstalt sollten Kinder aus unchristlicher Verderbnis und nicht etwa nur aus ökonomischen Schwierigkeiten gerettet werden. Am 5. Januar 1849 beantragte er bei der Armenkommission »zur ersten Einrichtung« der Anstalt einen Zuschuß in Höhe von 25 Talern. Bewilligt wurden allerdings nur 11 5/6 Taler, und gleichzeitig wurden alle weitergehende Anträge von Kotzenberg abgelehnt, da sie nicht allein von der Kommission ausgingen. Wieder schien er über das Ziel hinauszuschießen.[97]

Mit der Einführung der neuen Stadtverordneten zum 11. Januar 1849 schied er aus dem Gremium aus.[98] Weiterhin trug er aber Konflikte mit der Stadt aus; so ist im Protokollbuch der Stadtverordnetenversammlung am 10. Dezember 1849 vermerkt: »Da der Kaufmann Kotzenberg die angebliche Differenz zu seiner Zehntangelegenheit im Wege des Vergleichs nicht abgemacht wissen will, so ist dieserhalb Klage beim hiesigen Stadtgerichte zu erheben.«[99]

Auch als er 1853 im Haus Nr. 246 (heute: Osterstraße 59) eine Zwirnfabrik errichten wollte, kam es zu einer Kontroverse mit der Stadt. Am 18. August des Jahres war ihm wegen der Errichtung eines mit einer Nummer zu versehenden Hauses der dabei übliche städtische Zuschuß von 30 Reichstaler bewilligt worden.[100] Aber bereits Ende 1853 beantragte er eine weitere Gratifikation in gleicher Höhe, was vom Magistrat mit Befremden aufgenommen wurde. Kotzenberg begründete seinen erneuten Antrag mit dem Hinweis auf Eduard Hoffmann, dem die Stadt in einem vergleichbaren Fall eine Gratifikation von 100 Taler bewilligt hatte. Der Magistrat lehnte ab; die daraufhin eingeschaltete Regierung sprach sich aber am 21. Februar 1854 für die Annahme des von Kotzenberg vorgebrachten Antrages auf eine nochmalige Gewerbeförderung aus. Trotzdem erfolgte durch den Magistrat eine weitere Ablehnung, woraufhin sich auch die Regierung nicht mehr in der Lage sah, »weiteres zu betreiben.«[101]

Dieser Konflikt deckt sich zeitlich mit der von Kotzenberg vorgenommenen Niederlegung des Amtes als Rendant der Salzufler Sparkasse. Seine Fabrik brannte im übrigen 1868 ab. Zu diesem Zeitpunkt war bereits sein Sohn Christian, der 1866 das Bürgerrecht erlangte hatte,[102] Inhaber des Betriebes. Ab 1872 ist Kotzenberg in Salzuflen nicht mehr nachweisbar. Wohin er verzogen, wann und wo er verstorben ist, ließ sich bisher nicht ermitteln.[103]

Friedrich Wilhelm Luther Kotzenberg kann als typischer Vertreter des aufstrebenden neuen

Bürgertums im 19. Jahrhundert eingestuft werden. Aus christlich-pietistischer Tradition verhielt er sich in sozialen Belangen eher konservativ, in der Frage der wirtschaftlichen Förderung – auch seiner eigene Interessen – aber durchaus bürgerlich-fortschrittlich. Aus dem demokratisch-liberalen Gedankengut der 1848er Revolution übernahm er die für seine Position passenden Elemente, vor allem hinsichtlich der Stärkung des bürgerschaftlichen Engagements und der Kontrolle der bisherigen politischen und wirtschaftlichen Eliten, sicherte aber ansonsten hauptsächlich die eigene Position gegen entstehende Konkurrenz. Er war risikofreudig und offenbar stets bereit, gesellschaftliche Verantwortung zu übernehmen, scheint sich aber in der Führung der Sparkasse übernommen zu haben. Inwieweit hierbei auch die Konflikte innerhalb der städtischen Elite eine Rolle spielten, konnte nicht eindeutig geklärt werden.

Ein »Zeugnis von der hoffentlich stets weit

»...rtschreitenden Entwicklung unserer Stadt«

Die Hauptgebäude der Städtischen Sparkasse Bad Salzuflen

Stefan Wiesekopsieker

Mehr denn je legen Banken heute Wert auf repräsentative Bauten, mit denen sie sich aus dem Stadtbild herauszuheben suchen. Auch die Städtische Sparkasse Bad Salzuflen hat in ihrer 150jährigen Geschichte hinsichtlich der Unterbringung ihrer Geschäftsräume eine bemerkenswerte Entwicklung durchgemacht.[1] So erscheint es gegenwärtig kaum mehr vorstellbar, daß die ersten Vorsteher jegliche Sparkassengeschäfte von zu Hause aus regelten, daß also überhaupt keine sparkasseneigenen Räumlichkeiten zur Verfügung standen. So war es schon ein Fortschritt, daß die Sparkasse 1883 einen ersten eigenen Raum im Rathaus nutzen konnte. Es sollte aber noch bis ins neue Jahrhundert dauern, bevor endlich ein stattliches Gebäude modernen Stils bezogen werden konnte. Angesichts der kontinuierlich positiv verlaufenden Entwicklung kam es 1965 zum Bezug eines weiteren Neubaus in der Grabenstraße, für das Jubiläumsjahr 1999 ist die Fertigstellung des neuen Hauptgebäudes am Rande des Hoffmann's-Geländes geplant. Diese rasante Entwicklung, die nicht immer frei von Schwierigkeiten war, soll im folgenden nachgezeichnet werden.[2]

Vom Hinterzimmer ins Rathaus – Die ersten bescheidenen Geschäftsräume der Salzufler Sparkasse (1849 – 1891)

Das anfängliche Geschäftsaufkommen der Salzufler Sparkasse war äußerst gering, so daß angesichts der minimalen Überschüsse der ersten Jahre ein eigenes Geschäftslokal nicht zu finanzieren gewesen wäre. Auf Grund der überschaubaren Zahl der Sparer war überdies kaum mit Publikumsverkehr zu rechnen.[3] Daher konnten die Geschäfte ohne weiteres in den Privatwohnungen der beiden Vorstandsmitglieder getätigt werden. Die dazu notwendigen Unterlagen, wie Kassenbücher und sonstige Akten, dürften sich vor allem im Hause des Rendanten befunden haben, da nach den ersten

Statuten zu dessen Pflichten auch die »Aufbewahrung der Schriften und Documente der Gesellschaft sowie des baaren Caßenbestandes« gehörte (§ 13).[4] Das Amt des Rendanten versah von der Gründung der Sparkasse im Frühjahr 1849 bis zum Dezember 1853 der Salzufler Kaufmann Friedrich Wilhelm Luther Kotzenberg (1804 – nach 1872), der seit Mitte der 1830er Jahre das Haus Nr. 223 (heute Am Markt 19) bewohnte,[5] das damals noch über den prächtigen Renaissanceerker aus dem Jahre 1628 verfügte. Damit befand sich das erste »Sparkassengebäude« im Zentrum der Stadt, nur wenige Meter vom Rathaus entfernt. Ebenfalls in allernächster Nähe lag das Wohn- und Geschäftshaus des langjährigen Kontrolleurs, des Kaufmanns Adolph Barkhausen (1818 – 1886), der gegenüber dem Rathaus im Haus Nr. 7 (heute Am Markt 36) eine Kolonial- und Materialwarenhandlung betrieb, dort aber auch die ihm übertragenen Sparkassengeschäfte tätigte.[6]

Marktplatz und Rathaus von Salzuflen um 1910. Das zweite Haus von rechts (heute Am Markt 19) mit seinem auffallenden Renaissanceerker befand sich einst im Besitz des ersten Sparkassenrendanten Friedrich Wilhelm Luther Kotzenberg. Hier wurden zwischen 1849 und 1853 nahezu sämtliche Sparkassengeschäfte abgewickelt.

Nachdem der erste Rendant, der seinen Pflichten nur äußerst nachlässig nachgekommen war, sein Amt Ende 1853 niedergelegt hatte,[7] um sich voll und ganz seiner im gleichen Jahr gegründeten Zwirnfabrik widmen zu können,[8] zeigte sich erstmals, wie nachteilig die Geschäftsführung von Privaträumen aus sein konnte. So mußte sich sein Nachfolger, der Salzufler Kaufmann Friedrich Leopold Hunecke (1818 – 1876), Ende Februar 1854 mit folgendem Schreiben hilfesuchend an den Magistrat wenden: »Noch immer nicht bin ich im Besitz der Bücher und Abrechnungen hiesiger Sparkasse gekommen, weshalb [ich] Wohl[löblichen] Magistrat bitten muß, den früheren Rendanten zur Ablegung sämmtlicher dieserhalb in Händen habenden Instrumente anzuhalten. Es kommen tag täglich Einlagen vor und kann ich solche der Vorschrift gemäß nicht gehörig buchen.«[9] Dieser Aufforderung scheint der Kaufmann Kotzenberg erst Mitte 1854 nachgekommen zu sein, so daß der neue Rendant nach mehrmonatiger Amtszeit endlich über die notwendigen Geschäftsunterlagen verfügen konnte.

Mit dem Kaufmann Friedrich Leopold Hunecke als neuem Rendanten gelangte die Salzufler Sparkasse erstmals zu nennenswerten Erfolgen.[10] Allerdings wurde auch jetzt noch nicht über die Anmietung eigener Räume nachgedacht, vielmehr erledigte auch Friedrich Leopold Hunecke sämtliche Sparkassengeschäfte von seinem Haus Nr. 233 (heute Am Markt 18) aus, wo sich neben seiner Wohnung auch die von ihm betriebene Tuch- und Manufakturwarenhandlung befand; nebenbei betätigte er sich als Agent zweier größerer Versicherungsgesellschaften. Das Haus gehörte seinerzeit zu den wenigen neueren Gebäuden in der Innenstadt; es war erst im Sommer 1845 durch die Mutter des Rendanten anstelle eines Fachwerkhauses errichtet worden.[11]

Über die Ausstattung der möglicherweise vom übrigen Geschäft abgetrennten Sparkas-

Werbeanzeige der »Tuch- u. Manufacturwaaren-Handlung F.L. Hunecke« (heute Am Markt 18), um 1880. Hier befanden sich zwischen 1854 und 1883 und noch einmal zwischen 1891 und 1903 die Geschäftsräume der Sparkasse Salzuflen.

senräumlichkeiten im Huneckeschen Hause lassen sich infolge nicht überlieferter Akten und Pläne oder gar photographischer Aufnahmen keine Aussagen machen. Insgesamt scheint sie aber noch sehr spartanisch gewesen zu sein. Gleiches dürfte auch für die Sicherheitsmaßnahmen gelten, denn erst im November 1865 wurden seitens des Vorstandes Überlegungen zur Anschaffung eines feuerfesten Geldschranks angestellt. So heißt es am Ende des Prüfungsberichts über das Geschäftsjahr 1864: »Aus vorstehendem Berichte ergibt sich, daß der Umfang hiesiger Sparcaße mit jedem Jahre an Bedeutung gewinnt und kam es deshalb im Vorstande zur Sprache, ob es nicht rathsam sei, zur Aufbewahrung so bedeutender Schulddocumente u[nd] Gelder einen feuerfesten Schrank von den Ueberschüssen der Sparcaße zu beschaffen.« Wenngleich die Wichtigkeit einer solchen Ausgabe von allen anerkannt wurde, konnte sich der Vorstand wegen der »bedeutende[n] Ausgabe« nicht zur sofortigen Anschaffung entschließen und bat zunächst den Magistrat um seine Stellungnahme. Dieser riet jedoch »des hohen Preises wegen« zunächst ab.[12] Erst drei Jahre später, im November 1868, wurde erneut über die Anschaffung eines feuerfesten Schranks diskutiert,[13] doch sollte es noch – insbesondere wegen der enormen Kosten – bis Mitte 1873 dauern, bis endlich ein solcher Tresor für 400 Taler mit Zustimmung des Magistrats und der Stadtverordneten gekauft werden konnte.[14] Beschleunigt hatte die Anschaffung des Schranks schließlich eine im April 1873 erfolgte Statutenänderung, die den Rendanten verpflichtete, wichtige Dokumente in seiner Wohnung aufzubewahren, und zwar in einem Schrank mit zwei verschiedenen Schlössern, zu denen er selbst den einen Schlüssel, der Kontrolleur hingegen den anderen habe (§ 11b).[15]

Anfang Oktober 1876 verstarb Friedrich Leopold Hunecke, welcher der Salzufler Sparkasse über zwanzig Jahre als Rendant vorgestanden hatte. Zu seinem Nachfolger avancierte sein Sohn Hugo (1848 – 1894), der somit nicht nur das väterliche Geschäft, sondern auch dessen Vorstandsamt in der Verwaltung der Sparkasse übernahm. Möglicherweise hatte die feste Verknüpfung des Huneckeschen Hauses mit der Institution Sparkasse die Wahl des gerade 28jährigen Kaufmanns Hugo Hunecke zum Rendanten begünstigt, wenngleich die Ernennung zunächst auf Probe und erst zum 1. Januar 1878 auf Lebenszeit erfolgte.[16]

Auch unter Hugo Hunecke verblieb die Sparkasse zunächst in dem von ihm ebenfalls übernommenen Haus in der damals als Marktstraße bezeichneten Straße zwischen Markt und Steege. Eine Veränderung trat erst im November 1883 ein, als das Geschäftslokal ins Rathaus (heute Am Markt 26) verlegt wurde, was mit der »Erhebung der Sparkasse zu einem städtischen Institut« im Zusammenhang stand.[17] Damit hatte die nunmehr Städtische Sparkasse natürlich eine ganz andere Bedeutung gewonnen. Mehr als je zuvor wurde deutlich, daß der Magistrat quasi als Bürge hinter der Geschäftstätigkeit der Sparkasse stand, was durch die Nähe zur Verwaltungsspitze noch unterstrichen wurde.

Daß der neue Geschäftsraum jedoch nicht die erhoffte Serviceverbesserung mit sich brachte, zeigt eine Beschwerde, die der damals in Schötmar ansässige Arzt und lippische Mundartdichter Ulrich Volkhausen (1854 – 1937) Anfang November 1888 an den Magistrat richtete: »Gestern Nachmittag gegen 1/2 4 Uhr besuchte ich die Ufler Sparkasse, um für meinen Bruder dort Geld zu deponiren. Der Herr Sparkassencontroleur war nicht in seiner Dienstwohnung. Es ist dies wenigstens das sechste Mal, daß ich den betreffenden Herrn nicht anwesend getroffen habe. Wahrscheinlich kommt derselbe überhaupt nie, oder sehr selten, worüber die Herren auf der Sparkasse gewiß Auskunft geben können. Wenn ich recht unterrichtet bin, so ist seiner Zeit öffentlich bekannt gemacht, daß der Controleur täglich seine Dienststunden im Rathhause inne zu halten habe. Ich ersuche einen löblichen Magistrat doch dahin zu wirken, daß der betreffende Herr seinen Verpflichtungen nachkommt, und man nicht nöthig hat, hinter demselben in der Stadt umherzulaufen.«[18] Daraufhin forderte der Bürgermeister den Rendanten zur Stellungnahme auf, wobei vielleicht noch erwähnt werden muß, daß letzterer der Schwager des Beschwerdeführers war.[19] Hugo Hunecke, der sich »auf das Empfindlichste verletzt« fühlte, stellte sich hinter seinen Vorstandskollegen, äußerte sich in diesem Zusammenhang aber auch allgemein über die Schalterstunden: »Der Controlleur, Herr S[imon] H[einrich] Witte, ist seit dem 1. Mai 1886 in Thätigkeit und hat sich das Publikum inzwischen vollständig daran gewöhnt, die statutgemäße Gegenzeichnung der Einlagen in dessen Privatwohnung einzuholen, um so mehr, als die Entfernung sehr gering, die Wohnung leicht aufzufinden [...] ist. – Es ist notorisch, daß gerade in den Nachmittagsstunden von 2 bis 4 Uhr der geringste Verkehr auf der Sparkasse ist und die wenigsten Gelder eingezahlt werden, der weitaus größte Theil der Sparer muß nach des Controlleurs Privatwohnung, auch wenn die festgesetzten Amtsstunden von 10 bis 12 Vormittags bzw. 2 bis 4 Nachmittags voll und ganz eingehalten werden. – Eine regelmäßige Wahrnehmung dieser Dienststunden in dem Controll-Zimmer No. 5 ist [...] auch nicht immer angängig, weil fraglicher Raum mitunter anderweitig besetzt ist und zwar durch Entgegennahme der Gemeindesteuern, Ausgabe von Bauscheinen u.s.w. – Auf Grundlage der gemachten

Erfahrungen darf ich behaupten, daß es dem Geschäftsbetriebe der Sparkasse durchaus keinen Abbruch thut, wenn die offiziellen Dienststunden des Controlleurs ganz aufgehoben werden, der weitaus größte Theil der Einleger kennt die Wohnung des Herrn Witte und jeder Andere kann solche leicht auffinden [...].«[20] Wenngleich die Angelegenheit damit ad acta gelegt wurde,[21] macht der »Fall Volkhausen« zweierlei deutlich, und zwar, daß nach wie vor eine ganze Reihe von Sparkassengeschäften in den Privatwohnungen der Vorstandsmitglieder abgewickelt wurden und daß die offiziellen Kassenstunden weder von den Bediensteten noch von den Sparern ernst genommen wurden.

Erste Baupläne und die Anmietung einer ganzen Etage (1887 – 1903)

Mitte März 1887 wurde das Haus Nr. 222 (heute Am Markt 21) nebst einer dahinter liegenden Scheune durch einen Brand gänzlich zerstört.[22] Da sich die Besitzer mit Verkaufsabsichten trugen, schlug der Salzufler Bürgermeister umgehend der Oberpostdirektion in Minden das »im Mittelpunkte der Stadt« gelegene Areal als geeigneten Standort für ein neu zu errichtendes Postamt vor.[23] Tatsächlich lag das Salzufler Postamt, das sich damals an der Ecke Herforder Straße/Hochstraße (heute Hochstraße 2) befand, an einer wenig günstigen Stelle, weshalb bereits 1882, insbesondere wegen des hohen Postaufkommens der Stärkefabrik, ein Zweigpostamt im Salzufler Bahnhof eingerichtet worden war.[24] Wenngleich die Oberpostdirektion ihr Interesse an dem Vorschlag signalisierte, schien das Projekt zunächst daran zu scheitern, daß ein anderer Interessent der Stadt beim Erwerb der Brandstätte zuvorkam.

Schneller als erwartet sah sich die Stadt aber in die Lage versetzt, eine andere zentrumsnahe Liegenschaft ankaufen zu können, die der Städtischen Sparkasse gehörte und sich für den geplanten Postneubau als wesentlich geeigneter darstellte. Es handelte sich dabei um einen an der Marktstraße/Ecke Wenkenstraße gelegenen Grundstückskomplex, auf dem sich allerdings noch das Wohnhaus Nr. 230 nebst einer Scheune mit Stallung (heute Am Markt 5) befand. Folgerichtig beschlossen Magistrat und Stadtverordnetenversammlung in gemeinschaftlicher Sitzung am 21. Juli 1887 einstimmig, das sparkasseneigene Eckgrundstück für den Bau eines neuen Postgebäudes auszuersehen.[25] Sowohl der Ankauf des Grundstücks als auch der Bau selbst sollten nach einem Magistratsbeschluß vom 22. September desselben Jahres auf städtische Rechnung erfolgen. Darüber hinaus wurde aber auch im Protokoll festgehalten: »Der Magistrat hat hierbei im Auge und hält es für zweckmäßig, da die Räume im Rathhause für die Folge nicht mehr genügen, daß in dem Gebäude gleichzeitig die staedtische Sparkasse (bei Schaffung eines feuersicheren Gewölbes ähnlich wie im Gerichtsgebäude) untergebracht werde, wozu der vorhandene Hofraum bauliche Trennung und getrennte Zugänge ermögliche.«[26]

Es sollte aber noch über ein halbes Jahr dauern, bis der Salzufler Architekt Fritz Seiff (1851 – 1900) Anfang Juni 1888 seitens der Stadt beauftragt wurde, einen Entwurf für ein gemeinsames Post- und Sparkassengebäude anzufertigen.[27] Eine nochmalige Verzögerung trat dann dadurch ein, daß die Stadtverordnetenversammlung nach Eingang des Seiffschen Entwurfs wünschte, einen weiteren »Sachverständigen zur Anfertigung einer anderen Skizze [...] aufzufordern.«[28] Der dazu ausersehene Bielefelder Baumeister Gustav Huwendiek (1830 – 1892) konnte aber erst zu Ende November 1888 einen entsprechenden Entwurf vorlegen, der allerdings im Vergleich mit dem ersten als weniger geeignet beurteilt wurde. Die Kosten für den Neubau einschließlich der

Gestaltung der Außenanlagen sollten insgesamt 47.000 M betragen, wobei der Sparkassenanteil mit 17.710 M wesentlich geringer ausfiel, weil diese ohnehin nur zwei Fünftel des Gebäudes nutzen sollte.[29] Doch auch die erste Jahreshälfte des folgenden Jahres ging zu Ende, ohne daß eine Entscheidung über den Neubau herbeigeführt werden konnte. Der Grund lag darin, daß die Mindener Oberpostdirektion die ihr in Aussicht gestellte Miete als zu hoch und im Hinblick auf den »Verkehrsumfang« als nicht gerechtfertigt empfand.[30]

Nachdem die Verhandlungen im Frühjahr 1889 zunächst abgebrochen worden waren, unternahm der Sparkassenvorstand Anfang Februar 1890 einen erneuten Vorstoß zur Verbesserung der immer prekärer werdenden Raumsituation: »Es hat sich im Laufe der letzten Jahre, vornehmlich in den Monaten Dezember und Januar, wo der Zinsen-Reputirungen wegen der Verkehr stets sehr rege, herausgestellt, daß der zur Verfügung stehende Raum, welcher zu gleicher Zeit ein Warte-, Geschäfts- und Conferenz-Zimmer darstellt, zu beschränkt ist [...]. Wenn Ende 1883 nur 16 Hauptbücher im laufenden Betriebe waren, so sind es heute derer 27, während sich die Anzahl der Journale und Kassenbücher in gleicher Weise vermehrt hat; [...] Schon jetzt fällt es schwer, Hauptbücher und Werth-Dokumente in den beiden Schränken passend unterzubringen, schon längst müssen aeltere Hauptbücher, Journale und Register, deren Werth indeß nicht zu unterschätzen, außerhalb der Feuer- und Diebes sicheren Gelasse geborgen werden und kann die Beschaffung eines 3ten Schrankes, wofür aber im jetzigen Lokale absolut kein Platz mehr vorhanden, nur eine Frage der Zeit sein [...]. Es braucht wohl kaum hervorgehoben zu werden, wie lästig für das Publikum das Fehlen eines Wartezimmers ist, wie störend dieser Mangel auf den Geschäftsbetrieb einwirkt; Geldangelegenheiten sind eben sehr häufig diffiziler Natur, bei deren Erledigung Geber und Nehmer am Liebsten ungenirt ist, ohne von Zeugen beobachtet zu werden [...].« Obwohl der Magistrat die Notwendigkeit der Eingabe des Sparkassenvorstandes erkannte, hielt er den Zeitpunkt für völlig ungeeignet und bat um eine neuerliche Eingabe.[31] Diese Antwort ist vor dem Hintergrund zu sehen, daß wenige Monate zuvor Bürgermeister Albert Ringsdorff (1848 – 1933) sein Amt hatte niederlegen müssen, nachdem seine jahrelangen Unterschlagungen aufgedeckt worden waren, was zu einer durch die Regierung eingesetzten kommissarischen Verwaltung der Stadt geführt hatte. Und die sah sich nun gänzlich anderen Problemen gegenübergestellt, als die Erweiterung des Sparkassenlokals zu forcieren.[32]

Ende August desselben Jahres (1890) wandte sich der Sparkassenvorstand abermals an den Magistrat, »ohne [die] endgültige Verurtheilung des früheren Bürgermeisters Ringsdorff abzuwarten«. Den Anlaß dafür gab die Neuanschaffung dreier neuer Hauptbücher sowie die Tatsache, daß die »äußere Ausstattung [des Geschäftsraumes] auch nicht den Eindruck macht, auf den er doch Anspruch hätte«. Immerhin hatte das Institut im Januar mitunter täglich 100 Kunden zu bedienen gehabt, die im ungeheizten Flur des Rathauses hatten warten müssen. Wenngleich der Magistrat zunächst noch beabsichtigte, der Angelegenheit durch die Anschaffung eines weiteren Schrankes begegnen zu können, setzte sich die Stadtverordnetenversammlung massiv für die Wiederaufnahme der Verhandlungen mit der Mindener Oberpostdirektion ein.[33]

Tatsächlich kam es ab Ende 1890 zu erneuten Schriftwechseln, wobei die zentrale Frage weiterhin der angemessene Mietpreis für den von der Post zu nutzenden Gebäudeteil blieb. Positiv für die Argumentation der Stadtverwaltung war dabei, daß das Salzufler Postamt wegen seiner ebenfalls ständig wachsenden Bedeutung zum 1. April 1891 zu einem Postamt II. Klasse

umgewandelt werden sollte. Daß nun auch die Postverwaltung an der zügigen Umsetzung des Projekts interessiert war, zeigt die Einbeziehung des zuständigen »Bezirks-Postbaurathes« zur Anfertigung von Grundrissen der beiden Hauptgeschosse.[34] Allerdings konnten sich die städtischen Gremien mit diesen Plänen nicht anfreunden und teilten der Oberpostdirektion im Mai mit, daß die »für die Sparkasse in Aussicht genommenen Räume nicht ausreichend« seien, da sie »mindestens 3 Geschäftszimmer, Parterre, und außerdem einer Wohnung für den Rendanten [bedürfe]«, ein Aspekt der nun erstmals in die Debatte geworfen wurde. Trotz allem war man auch weiterhin willens, der Oberpostdirektion das Grundstück für einen Postneubau zur Verfügung zu stellen, unter der Einschränkung jedoch, daß auf dem Areal auch noch ein separates Sparkassengebäude errichtet werde.[35]

Damit waren nach über vier Jahren alle Bemühungen, ein gemeinsames Post- und Sparkassengebäude für Salzuflen zu schaffen, gescheitert. Doch auch zum Bau eines neuen Postgebäudes sollte es auf dem der Sparkasse gehörenden Grundstück nicht kommen. Obwohl die städtischen Kollegien sich sogar noch zu einer deutlichen Senkung des Grundstückspreises bereit erklärten, teilte das nunmehr zuständige Reichspostamt in Berlin am 7. Juli 1892 mit, »daß trotz der aufgewendeten Bemühungen sich keine Möglichkeit geboten hat, dem Wunsche wegen Errichtung des für Salzuflen in Aussicht genommenen Reichspostgebäudes auf dem an der Ecke des Marktes und der Wenkenstraße gelegenen Grundstück zu entsprechen.« Stattdessen wurde nun ein Areal an der Bahnhofstraße (heute ein Teil des Parkhauses Ostertor) ins Auge gefaßt, auf dem tatsächlich bereits im April 1893 ein neues Postgebäude fertiggestellt wurde.[36]

Als abzusehen war, daß sich weder ein gemeinsames Post- und Sparkassengebäude noch ein separates Sparkassengebäude verwirklichen ließ, bemühte sich der Sparkassenvorstand, geeignete Räumlichkeiten mietweise zu erlangen. Dabei brachte Rendant Hugo Hunecke im April 1891 sein eigenes Haus am Markt in Vorschlag, das ja bereits zwischen Januar 1854 und November 1883 als Sparkassenlokal gedient hatte. Dies bot sich vor allem deshalb an, da das vom Rendanten immer noch nebenbei betriebene Manufakturwarengeschäft zum 1. April des Jahres aufgelöst worden war und somit die gesamte untere Etage zur Verfügung stand. Hugo Hunecke, der an einem langfristigen Vertrag mit den städtischen Behörden interessiert war, erklärte sich auch bereit, entsprechende Umbaumaßnahmen auf seine Kosten ausführen zu lassen.[37] In einem zweiten, im Mai verfaßten Angebot nannte Hugo Hunecke erstmals die Höhe der Pachtsumme: Für die komplette untere Etage seines Hauses sowie einen Raum in der dahinterliegenden Scheune »zur Bergung von Kohlen und Holz« sollte ihm die Sparkasse jährlich 750 M zahlen. Abermals betonte er, daß er bereit sei, »die erforderlichen baulichen Abänderungen in den abzutretenden Räumen auf [s]eine Kosten derart herstellen zu lassen, daß die Lokalitäten allen Ansprüchen genügen und einem Neubau entsprechen; es würde verfügbar sein bzw. werden, ein großes, geräumiges und helles Geschäftszimmer, ein Wartezimmer, ein Conferenzzimmer sowie ein Aufbewahrungszimmer für allerlei Utensilien, auf Wunsch auch ein ›Feuerfestes Gewölbe‹.« In einem weiteren Schreiben vom Juni ermäßigte der Rendant schließlich seine Pachtforderung um 50 M und räumte dem Magistrat zusätzlich noch ein jährliches Kündigungsrecht ein.[38]

Nachdem alle erforderlichen Durchbaumaßnahmen unter Hinzuziehung des Architekten und Stadtverordneten Fritz Seiff diskutiert worden waren,[39] kam es am 25. August 1891 zur Unterzeichnung eines entsprechenden Vertrages zwischen Magistrat und Hauseigentümer.[40] Tatsächlich konnten die neuen Räumlichkeiten am 23. November desselben Jahres bezogen werden, woraufhin der Magistrat mit dem Detmolder Landbaumeister Paul Böhmer (1858–1929) einen Termin zur Besichtigung auf »Sicherheit gegen Diebesgefahr« vereinbarte. Dieser schlug eine ganze Reihe Änderungen vor, insbesondere hinsichtlich der Klappläden am Kassenraum, die einen Teil des Fensters unbedeckt ließen und die nach seiner Ansicht von außen leicht geöffnet werden konnten. In den folgenden Monaten wurden die meisten Vorschläge des Gutachters in die Tat umgesetzt.[41]

Obwohl Hugo Hunecke am 23. Juli 1894 nach längerer Krankheit verstarb und die Rendantenstelle nach über 40 Jahren nicht mehr einem Mitglied der Familie Hunecke, sondern dem Fabrikdirektor Wilhelm Meyer (1848–1900) übertragen wurde, verblieb die Kasse im angestammten Haus an der Marktstraße, das, abgesehen von kleineren Umbaumaßnahmen, in den nächsten Jahren kaum verändert wurde.[42]

Am Markt 5 – Das erste eigene Sparkassengebäude (1899–1903)

Am 25. Juli 1899 meldete der »Allgemeine Anzeiger für Salzuflen, Schötmar und Oerlinghausen«: »Heute Mittag gegen 12 1/2 Uhr entstand auf dem Scheunenboden des der Städt. Sparkasse gehörenden früher Dewitzschen Hauses ein Brand, welcher sich mit rapider Schnelligkeit über die dort lagernden Stroh- und Heuvorräthe verbreitete und auf das Hauptgebäude übergriff. In den Gebäuden wurde ein Getreide- und Mehlgeschäft betrieben, außerdem wohnten verschiedene sog. kleinere Familien darin.« Wenngleich sowohl die freiwillige als auch die Hoffmann'sche Feuerwehr sofort zur Stelle waren, konnte dennoch nicht verhindert werden, daß mehrere Häuser in der nächsten Umgebung schweren Brandschaden nahmen.[43] Und so resümierte die Lokalzeitung in ihrer folgenden Ausgabe: »Ein derartiges Schadenfeuer, wie das gestrige, haben wir hier seit dem Anfange der 80er Jahre nicht mehr erlebt, ein Glück war es, daß der Brand nicht bei Nacht und einige Wochen später, nach eingebrachter Ernte ausbrach, das ganze Häuserviertel wäre in diesem Fall ein Raub der Flammen geworden.«[44]

Den größten Schaden hatte das Feuer an den Gebäuden errichtet, die seit einigen Jahren der Städtischen Sparkasse gehörten und die zehn Jahre zuvor zugunsten eines gemeinsamen Post- und Sparkassengebäudes abgerissen werden sollten, nun aber vermietet waren. Zum Zeitpunkt des Brandes betrieb hier seit April 1896 der aus Lemgo stammende Bäcker Wilhelm Roßmann einen Getreidehandel, einige nicht benötigte Räume hatte er untervermietet. Bereits wenige Tage später stand fest, daß das Wohnhaus und die Scheune nicht wieder aufgebaut werden konnten, weshalb ein Verkauf der Brandreste durchgeführt wurde. Dieser florierte im übrigen besonders kräftig, nachdem in einem Balken ein kleiner Münzschatz gefunden worden war. Im Falle der Wiederbebauung stand der Sparkasse eine Brandentschädigung von fast 15.000 M zu, da die zuständige Staatsanwaltschaft in Detmold im August das Verfahren mit dem Hinweis eingestellt hatte, daß »weitere Ermittlungen nach der Entstehungsursache des Brandes keinen Erfolg versprechen [würden].« Da der Wiederaufbau in Form eines Mietshauses auf dem wertvollen Grundstück nicht in Frage kam, stellten der Sparkassenvorstand und die städtischen Kollegien bereits im Herbst 1899 erste Überlegungen zum Bau eines neuen Sparkassengebäudes an.[45]

In der ersten Jahreshälfte des neuen Jahres gelang es, insbesondere auf Initiative der Stadtverordnetenversammlung, das Neubauprojekt voranzutreiben. Ihre Idee ist es auch gewesen, einen geeigneten Entwurf durch eine Ausschreibung einzuholen. Bereits im Februar war endgültig beschlossen worden, die neue Spar-

Blick von der Steege in die Marktstraße, vor 1898; rechts das Geschäftshaus der Familie Hunecke, ganz links das im Juli 1899 abgebrannte Dewitzsche Haus, wo vier Jahre später der Neubau der Sparkasse errichtet wurde.

kasse auf dem Grundstück Marktstraße/Ecke Wenkenstraße zu errichten. Dabei sollte »dem Gebäude [...] der Character eines oeffentlichen Gebäudes gewahrt bleiben.«[46]

Anfang August 1900 wurde schließlich ein öffentlicher Wettbewerb unter den in Deutschland ansässigen Architekten ausgeschrieben, die bis zum 10. September ihre Entwürfe an den Salzufler Magistrat einreichen konnten. Unter den besten Entwürfen sollten 1.000 M zur Verteilung kommen.[47] Insbesondere in den von Architekten und Baumeistern gehaltenen Fachzeitungen wurden die genauen Bedingungen des Wettbewerbs veröffentlicht. So hieß es in den »Konkurrenz-Nachrichten«: »Das Gebäude soll auf einem stumpfwinkeligen Eckbauplatz am Markt errichtet werden. Es handelt sich um ein Sparkassengebäude für die kleineren Anforderungen einer kleinen Stadt [...] Das Äußere des Gebäudes soll seine Bestimmung ausdrücken. Es soll einfach gestaltet sein, alle Überladung ist ausgeschlossen. [...] Die Bauausführung behält sich die Stadt vor. Der bestbefundene Entwurf soll zur Ausführung kommen unter der Bedingung, daß etwa von der Stadt gewünschte Änderungen seitens des Verfassers berücksichtigt werden.«[48]

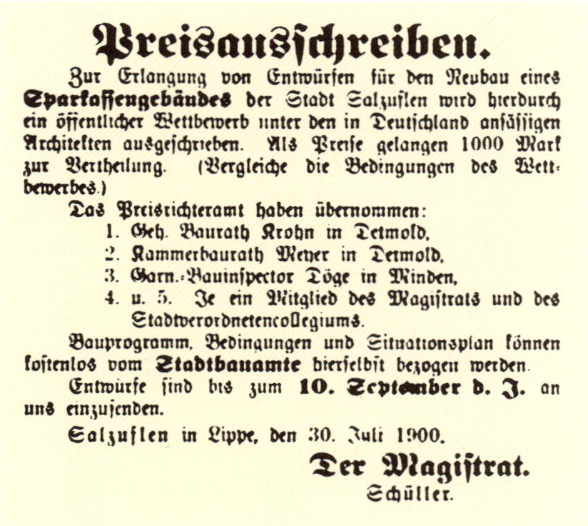
Preisausschreiben.

Zur Erlangung von Entwürfen für den Neubau eines **Sparkassengebäudes** der Stadt Salzuflen wird hierdurch ein öffentlicher Wettbewerb unter den in Deutschland ansässigen Architekten ausgeschrieben. Als Preise gelangen 1000 Mark zur Vertheilung. (Vergleiche die Bedingungen des Wettbewerbes.)

Das Preisrichteramt haben übernommen:
1. Geh. Baurath Krohn in Detmold.
2. Kammerbaurath Meyer in Detmold.
3. Garn.-Bauinspector Töge in Minden.
4. u. 5. Je ein Mitglied des Magistrats und des Stadtverordnetencollegiums.

Bauprogramm, Bedingungen und Situationsplan können kostenlos vom **Stadtbauamte** hierselbst bezogen werden.

Entwürfe sind bis zum **10. September d. J.** an uns einzusenden.

Salzuflen in Lippe, den 30. Juli 1900.

Der Magistrat.
Schüller.

Anzeige für ein Preisausschreiben für den Neubau eines Sparkassengebäudes (»Allgemeiner Anzeiger« vom 4. August 1900).

Schon wenige Tage nach Erscheinen einer entsprechenden Anzeige konnte die Salzufler Lokalzeitung vermelden: »Das Preisausschreiben unseres Magistrates zur Erlangung von Entwürfen für den Neubau eines Sparkassengebäudes hat einen überraschenden Erfolg gehabt. Bis heute haben schon ca. 190 Architekten Bauprogramme, Bedingungen usw. [...] angefordert. Es steht zu hoffen, daß auch das neue Sparkassengebäude eine Zierde des Marktplatzes bilden wird.«[49] Tatsächlich gingen bis zum Stichtag 172 Entwürfe ein, die in den folgenden Tagen von einem Preisrichterkollegium, bestehend aus drei auswärtigen Fachleuten, einem Ratsherrn und einem Stadtverordneten, begutachtet wurden. Der erste Preis wurde schließlich dem Entwurf »An der Salze« unter der Bedingung zuerkannt, daß er in seinen Grundrissen einer Umarbeitung unterzogen werde. Desweiteren ließ die Kommission verlauten: »Der zur Ausführung bestimmte Entwurf sieht ein auf Hochparterre stehendes, im gothischen Style gehaltenes, zweistöckiges Sandsteingebäude vor, mit rothen Sandsteineinfassungen für Thüren und Fenster. Die gebrochene Ecke des Gebäudes wird durch einen kupferbedeckten Thurm flankirt, die übrige Bedachung besteht aus rothbraun glasirten Ziegeln. [...] Der Haupteingang zum Gebäude liegt gleich hinter der gebrochenen Ecke in der Wenkenstraße. Zu rechter Seite desselben liegt der Warteraum und in Verbindung mit diesem das große Geschäftszimmer der Sparkasse, das Zimmer des Rendanten sowie der Tresor und das Aktenzimmer. Links vom Haupteingange liegen 2 Räume für die Stadtkasse, diesen gegenüber das Zimmer für den Boten, Materialienzimmer usw. An der rechten Seite des Gebäudes gelangt man vom Mark[t]e aus in die im zweiten Stockwerke untergebrachte Privatwohnung des Rendanten. Im zweiten Stockwerke sind auch die Räume für das Stadtbauamt untergebracht mit besonderem Eingang von der Wenkenstraße aus. Der Bau wird

in Verbindung mit dem Uekermann'schen Neubau der bis dahin verwahrlosten Ecke der Markt- und Wenkenstraße ein großstädtisches Aussehen verleihen und Zeugnis von der hoffentlich stets weiter fortschreitenden Entwicklung unserer Stadt ablegen.«[50]

Die preisgekrönte Arbeit war von dem aus Lage stammenden und in Altona ansässigen Architekten August Wedegärtner (1866 – 1914) eingereicht worden.[51] Alle Entwürfe, von denen leider kein einziger überliefert ist, wurden bis Anfang Oktober 1900 im Rathaussaal der Öffentlichkeit präsentiert.[52] Erstaunlicherweise geriet das Projekt aber in den folgenden Monaten ins Stocken, so daß ein Leserbriefschreiber Mitte Januar 1901 an die Verantwortlichen appellierte, den wertvollen Bauplatz, der nun schon 18 Monate brachliege, zu verkaufen und das Sparkassengebäude an anderer Stelle, z.B. neben der neuen Realschule an der Hermannstraße, zu errichten.[53]

Der Grund für die Verzögerung lag offenbar in einer Auseinandersetzung zwischen dem Salzufler Magistrat und dem Architekten August Wedegärtner um die Umsetzung des preisgekrönten Entwurfs, die im Februar 1901 auch öffentlich – durch Leserbriefe in der Lokalpresse – ausgetragen wurde. Auf die Behauptung des Magistrats, er stehe weiterhin mit dem Architekten in Verhandlung, hin, ließ dieser in der »Lippischen Volkszeitung« erklären: »Gerade das Gegenteil ist der Fall, denn vor einigen Tagen erhielt ich ein Schreiben des Magistrats, nach welchem man weder mein ursprüngliches, mit dem ersten Preise gekröntes, noch mein auf Grund der Monitas des Preisgerichts abgeändertes Projekt zur Ausführung bringen will [...]. – Also, trotzdem die Stadt, als ausschreibende Behörde, in den Wettbewerbsbedingungen ausdrücklich offerierte, daß ›der bestbefundene Entwurf zur Ausführung kommen soll,‹ stellt sie sich heute auf einen ganz anderen Standpunkt.«[54] Wenige Tage später erschien anonym eine offensichtlich von der Stadtverwaltung beeinflußte scharfe Entgegnung: »Wie vielleicht bekannt sein dürfte, ist seitens des Preisrichter-Kollegiums [...] kein einziges Projekt herausgefunden worden, das für die Ausführung geeignet gewesen wäre. Logischer Weise durfte gar keine Prämierung unbrauchbarer Arbeiten vorgenommen werden. Wenn dies dennoch geschehen ist [...], so ist dies für die Stadtbehörde recht bedauerlich, für Herrn Wedegärtner aber recht erfreulich. Daß Herr Wedegärtner nun aber noch

Architekt August Wedegärtner aus Altona, 1902.

glaubt, daß die Stadtbehörde nach seinen Plänen bauen müsse, ist etwas reichlich naiv. Seine Konkurrenzarbeit hat das Preisgericht nicht als für die Ausführung geeignet bezeichnet, seine nach den Skizzen des Preisrichter-Kollegiums hergestellte Arbeit hält nun wieder die Magistratsbehörde für ungeeignet. Unseres Erachtens muß der Magistrat hoffentlich besser wissen, was ihm nützt und frommt, als Herr Wedegärtner [...]. Der Magistrat Salzuflens hat nach unserer Meinung schon mehr gethan, als er nach Lage der Verhältnisse Herrn Wedegärtner gegenüber zu thun brauchte.«[55] Gekränkt durch diese persönlichen Angriffe, entgegnete August Wedegärtner in einem weiteren Leserbrief, daß sich die Kritiker lieber mit den Preisrichtern auseinandersetzen sollten, da er nur das einfordere, was in der Ausschreibung angegeben sei.[56]

Doch auch in den folgenden Monaten kam es hinsichtlich der Umsetzung des umstrittenen Entwurfs zu keiner Einigung, so daß August Wedegärtner am 10. Mai 1901 die Stadt Salzuflen vor dem Detmolder Landgericht auf eine »Entschädigung für die Entziehung der Ausführung seiner preisgekrönten Skizze« in Höhe von 1.200 M verklagte. Da das Gericht der Auffassung war, der Kläger könne über den von ihm bereits erhaltenen Geldbetrag keine weiteren Ansprüche geltend machen, wurde die Klage am 25. September desselben Jahres zurückgewiesen. Auch ein weiterer Versuch des Architekten, eine Entschädigung für die ihm entgangene Übernahme der Bauleitung einzuklagen, scheiterte im Januar 1902, als das zuständige Oberlandesgericht in Celle die Entscheidung der ersten Instanz bestätigte.[57]

Bereits nach dem ersten gewonnenen Prozeß hatte sich die Stadtverordnetenversammlung in ihrer Sitzung vom 8. Oktober 1901 mit der weiteren Vorgehensweise beschäftigt. Zunächst berichtete Bürgermeister Carl Heldman (1872 – 1914), daß der Magistrat nunmehr drei namhafte Baumeister aus der näheren Umgebung beauftragt habe, die vorliegenden Pläne zu überarbeiten und ihre Vorschläge bis zum 1. November fertigzustellen. Dann beschloß die Versammlung, im Erdgeschoß neben der Sparkasse auch die Stadtkasse und in der zweiten Etage das Stadtbauamt unterzubringen; die vorgesehene Rendantenwohnung hingegen wurde ersatzlos gestrichen.[58]

Die endgültige Entscheidung über Aussehen und räumliche Aufteilung des neuen Sparkassengebäudes wurde in der Stadtverordnetenversammlung vom 21. Januar 1902 getroffen. Unter erneuter Mitwirkung des Landbaumeisters Paul Böhmer wurde der Entwurf des Bielefelder Architekten Bernhard Kramer (1869 – 1953) endgültig als der geeignetste ausersehen. Dieser wurde mit der Erarbeitung detaillierterer Pläne und Kostenanschläge beauftragt, wobei die Bausumme keinesfalls die bereits in den Wettbewerbsbedingungen genannten 60.000 M überschreiten sollte.[59]

Architekt Bernhard Kramer aus Bielefeld, um 1898.

Mit Bernhard Kramer hatte man sich für einen Architekten entschieden, der zur Jahrhundertwende erst am Beginn seiner Laufbahn stand. Im ostfriesischen Holte als Sohn eines Bauunternehmers geboren, hatte er sich nach dem Besuch der Bauschule in Buxtehude und der Technischen Hochschule in Berlin im Oktober 1896 in Bielefeld als selbständiger Architekt niedergelassen. In den folgenden mehr als 50 Berufsjahren lieferte er die Entwürfe zahlreicher Bauten in Bielefeld und Umgebung. Auf Grund des Salzufler Sparkassenbaus wurde er auch in der Badestadt zu einem vielgefragten Architekten. So entwarf er nicht nur mehrere

»Entwurf zu einem Sparkassengebäude für Salzuflen« **von Architekt Bernhard Kramer, 1902; abgebildet ist hier der Grundriß des Erdgeschosses.**

Bauten für die Badeverwaltung, wie z.B. das Kurtheater sowie Zweckbauten des Betriebshofes, sondern fungierte auch jahrelang als »Hausarchitekt« der Hoffmann's Stärkefabriken.[60]

Mitte Februar 1902 stand der Sparkassen-Neubau ein weiteres Mal auf der Tagesordnung der Stadtverordnetenversammlung, da zwischen dieser und dem Magistrat noch immer keine Einigkeit hergestellt worden war, wie die nicht von der Sparkasse genutzten Räumlichkeiten auf die städtischen Einrichtungen verteilt werden sollten. Ferner gab es weiterhin unterschiedliche Ansichten darüber, ob eine Etage für Wohnzwecke reserviert werden sollte oder nicht. So hielten es einige Stadtverordnete für »nicht angängig und wohl nirgend üblich, daß in einem oeffentlichen Gebäude eine Miethswohnung errichtet würde. Es wird ferner auf die vermehrte Feuersgefahr hingewiesen, die durch Miether [...] entständen.« Andere Stadtverordnete entgegneten schließlich, »daß es Platzvergeudung und Verschwendung des städt. Vermögens sein würde, wolle man den beiden Cassen [Spar- und Stadtkasse] überreich große Räume, die in 10 Jahren noch nicht ausgenutzt werden dürften, zuweisen.« Überhaupt, so

Nr. 11. Berlin, den 7. Februar 1903. XXXV. Jahrgang.

Baugewerks-Zeitung.

Organ des Innungsverbandes Deutscher Baugewerksmeister, der Baugewerksberufsgenossenschaften und des Deutschen Arbeitgeberbundes für das Baugewerbe.

Zeitschrift für praktisches Bauwesen.

Redaktion: SW., Kleinbeerenstr. No. 3.
Erfüllungsort: Berlin (auch für Zahlungen).
Fernsprech-Anschluß Amt VI. Nr. 3359.

Expedition: SW., Kleinbeerenstr. No. 3.
Firmen-Register No. 23221.
Fernsprech-Anschluß Amt VI. Nr. 3359.

Verantwortlicher Redakteur: **Bernhard Felisch**, Baumeister in Berlin.
In Vertretung Paul Schaefer.

Die **Baugewerks-Zeitung** erscheint **Mittwoch** und **Sonnabend**. Abonnements-Preis: direkt von **der Expedition** franko unter Kreuzband bezogen für Deutschland und Oesterreich-Ungarn 3 **Mark** 75 **Pf.**, durch die **Postanstalten** und den **Buchhandel** exkl. Botenlohn bezogen 3 **Mark** vierteljährlich. **Inserate**, die 3gespaltene Petitzeile 25 **Pf.**, nehmen entgegen: **die Expedition**, alle **Annoncen-Expeditionen** und **Buchhandlungen**. Die einzelne Nummer kostet 20 Pf. Probenummern gratis. **Die Baugewerks-Zeitung** steht unter **Nr. 915** im Postzeitungskatalog. **Abonnenten, welche zu Ende des Quartals die Zeitung nicht ausdrücklich abbestellen, erhalten das Blatt für ihre Rechnung weiter geliefert.**

Städtische Sparkasse für Salzuflen.

Architekt: Bernhard Kramer, Bielefeld.

Die Stadt Salzuflen hatte vor einigen Jahren zur Erlangung von Bauplänen zu einem städtischen Sparkassengebäude einen öffentlichen Wettbewerb ausgeschrieben. Trotz der großen Zahl der eingegangenen Entwürfe war keiner derselben für die Ausführung geeignet und wurde deshalb im Herbst 1901 ein neuer, engerer Wettbewerb veranstaltet. Nach Anhörung von technischen Sachverständigen ist der hier abgebildete Entwurf des Architekten Bernhard Kramer in Bielefeld von den städtischen Körperschaften für die Ausführung angenommen und der Architekt mit der weiteren Bearbeitung beauftragt worden. Programmgemäß sollte neben der Sparkasse auch die Stadtkasse und das Stadtbauamt, sowie eine Wohnung für einen Beamten in dem Gebäude untergebracht werden. Der Verfasser hatte zunächst einen Entwurf aufgestellt, der das ganze Erdgeschoß für die Zwecke der Sparkasse verwendete und Stadtkasse und Bauamt in das Obergeschoß verlegt. Der Rest des Obergeschosses war als Wohnung für einen Beamten projektirt. Die städtischen Körperschaften entschieden sich jedoch nach längeren Verhandlungen für eine Variante zu diesem Projekt, in welcher Sparkasse und Stadtkasse im Erdgeschoß und das Bauamt im Dachgeschoß vorgesehen war und das geräumige Obergeschoß eine große Familienwohnung enthielt. In dieser Form wurde das Projekt endgiltig bearbeitet und ist zur Zeit in der Ausführung begriffen. Die nachstehenden Abbildungen zeigen, in welcher Weise die Räume vertheilt sind. Das Gebäude ist massiv unter Verwendung von rothem Miltenberger Sandstein für die Architekturtheile unter deutsch gedecktem Schieferdach ausgeführt, und paßt sich in seinen Formen den alten Renaissancebauten der Stadt an. Die Ansichtsflächen des Keller- und Erdgeschosses sind in bearbeiteten Salzufler Sandbruchsteinen ausgeführt, während die Ansichtsflächen des Ober- und Dachgeschosses mit feinem Rauputz versehen werden. Das Innere wird dem Aeußeren entsprechend gediegen ausgeführt. Die Kassen- und Bureauräume erhalten eine Niederdruck-Dampfheizungsanlage, die von der Firma Arndt, Mildner & Evers, Hannover, ausgeführt wird, während das Obergeschoß Oefen erhält. Das Kassengewölbe wird nach den neuesten Erfahrungen von der Firma Karl Kaestner, Akt.-Ges., Leipzig, eingerichtet. Die Bauarbeiten werden fast sämmtlich von Salzufler Handwerkern ausgeführt, die Sandsteinlieferung ist durch die Firma Friedr. Pelzer-Bielefeld erfolgt.

Einrichtung von Gasinstallationen in Wohnhäusern.

Bei dem in der Neuzeit sich immer mehr geltend machenden Bedürfniß nach Licht, sowohl in geschlossenen Räumen wie auf den Straßen und Plätzen, haben sich die Bestrebungen der Gastechnik dahin gerichtet, mit dem alten Brennstoff größere Lichtwirkungen zu erzielen. Diese Bestrebungen sind von dem schönsten Erfolge begleitet worden, so daß in keinem modernen Wohnhause mehr die Gasbeleuchtung fehlt. Bei der allgemeinen Verbreitung der Gaseinrichtungen ist es daher für den Bauherrn von hohem Interesse, einiges über die Ausführung und Anlage der Gasinstallationen zu erfahren.

Die erste Frage, welche bei der Projektirung aufgeworfen werden wird, ist die Dimensionirung der Rohrweiten. Die Erdleitung vom Gashauptrohre auf der Straße bis in den Keller resp. bis zur Grundstücksgrenze wird zumeist von den Gaswerken kostenlos ausgeführt. Die lichte Rohrweite dieses Stückes wird gleich so bemessen, daß noch eine ganze Reihe von Flammen an die Installation angehangen werden kann, bevor die Zuleitung als zu eng anzusehen ist. Leider wird auf diesen Punkt bei der Ausführung der Innen-Installation eines Hauses zu wenig Rücksicht genommen. Und gerade die Erfahrung hat gezeigt, daß an neue Installationen sehr bald

Perspektivische Ansicht.

Das neue Gebäude der Salzufler Sparkasse als beispielhaftes Bauwerk auf der Titelseite der »Baugewerks-Zeitung« vom 7. Februar 1903.

stellte ein Stadtverordneter fest, sei der Bau viel zu groß projektiert. Schließlich wurde der Entschluß gefaßt, die Sparkasse und die Stadtkasse im Erdgeschoß unterzubringen, das Bauamt hingegen im Dachgeschoß zu installieren. Die dadurch frei werdende erste Etage sollte vermietet werden, allerdings nicht an Privatpersonen.[61] Diesen Beschlüssen versagte auch der Magistrat nicht seine Zustimmung.[62]

Und obwohl seit nunmehr fast drei Jahren ein Grundstück mitten im Herzen von Salzuflen für die Sparkasse bereitstand, wurde auch in den folgenden Monaten nicht mit dem Bau begonnen. Selbst nach einer Aufforderung der Stadtverordneten an den Magistrat, die Sache zu beschleunigen,[63] dauerte es noch bis Mitte Juni 1902, bis endlich mit den Erdarbeiten begonnen wurde.[64] Nachdem man davon Abstand genommen hatte, das eigene Stadtbauamt mit der Bauleitung zu betrauen, wurde diese ebenfalls Bernhard Kramer übertragen.[65] Da man nun glaubte, mit den Arbeiten zügig voranzukommen – es wurde eine gut einjährige Bauzeit einkalkuliert –, wurden bereits im September die bisherigen Sparkassenräume im Huneckeschen Haus zum 1. Oktober 1903 gekündigt.[66] Unmittelbar vor Beginn der Bauarbeiten lagen auch die Zahlen über die zu erwartenden Gesamtkosten vor. Danach sollten diese sich auf nunmehr 76.000 M belaufen, wobei aber die Kosten für eine Zentralheizung und eine Tresoreinrichtung mit einkalkuliert worden waren. Damit wurden die zunächst ins Auge gefaßten 60.000 M deutlich überschritten.[67]

Am 29. September 1902 konnte dann endlich das Richtfest gefeiert werden. »Zu dem Zwecke versammelten sich gegen 5 Uhr Nachmittags der Magistrat und Stadtverordnete sowie der Vorstand der Sparkasse vor dem festlich mit Flaggen sowie Laubwerk geschmückten Neubau. Vor demselben nahm Herr Bürgermeister Heldmann das Wort zu einer Ansprache welche mit einem Hoch auf die Stadt Salzuflen schloß und verlas dann die in den Schlußstein einzumauernde Urkunde.« Diese gab einen kurzen Überblick über die Entwicklung der Sparkasse, nannte die ersten Sparer und die Namen der Rendanten, wobei bezeichnenderweise der erste, Kaufmann Friedrich Wilhelm Luther Kotzenberg, unerwähnt blieb. Ferner wurden noch verschiedene Sparkassenstatute, die städtischen Voranschläge der letzten Jahre sowie die Pläne des Neubaus in den Schlußstein am Haupteingangsflur eingemauert. »Dann schlugen die Zimmerleute auf der Höhe des Dachstuhls die in früheren Jahren übliche Hille-Bille, Herr Zimmermeister Schmiedeskamp sprach das übliche Gedicht, worauf die Festteilnehmer, sowie sämtliche am Neubau beschäftigten Arbeiter sich zum Felsenkeller [heute etwa Am Herforder Tor 3] begaben, wo die Bewirtung stattfinden sollte. [...] Gegen 10 1/2 Uhr hatte die Feier ihr Ende erreicht.«[68]

Im März des folgenden Jahres war das Gebäude dann soweit fertiggestellt, daß mit dem Verputz der Giebel sowie des zweiten Geschosses begonnen wurde. Nun konnten auch die Bildhauerarbeiten am Sandstein des Erkers und des Hauptportals vorgenommen werden, ein Auftrag, der an den renommierten Detmolder Bildhauer und Modelleur Karl Meier vergeben worden war.[69] Am Montag, dem 7. September 1903, war es dann soweit: Das neue Gebäude konnte für den Publikumsverkehr freigegeben werden.[70] Nach über vier Jahre dauernden Planungen bezog die Städtische Sparkasse Salzuflen im 55. Geschäftsjahr endlich ein eigenes, repräsentatives Gebäude.

Im Neubau stand auch eine moderne Tresoranlage zur Verfügung, auf die in der Presse besonders aufmerksam gemacht wurde: »Die Stahlkammer ist nach den neuesten Erfahrungen mit allen Sicherheitsvorkehrungen ausgestattet worden. Die starken Umfassungswände sind in Eisenklinkern und Cement gemauert und auf der Innenseite mit dicken Platten aus gehär-

Vom Montag, den 7. September an befinden sich die Geschäftsräume der hiesigen Städt. Sparkasse

im neuen Gebäude.

Die Sparkassen-Verwaltung.

Anzeige zur Inbetriebnahme des neuen Sparkassengebäudes (»Allgemeiner Anzeiger« vom 5. September 1903).

Blick von der Steege in die Marktstraße, 1903. Links der Neubau der Sparkasse, rechts das 1898 fertiggestellte Geschäftshaus des Druckereibesitzers Heinrich Uekermann.

tetem Stahl gepanzert. – Die in der Stahlkammer befindlichen Schrankfächer enthalten besonders verschließbare Kästen und sind mit 2 Schlössern versehen, welche nur gemeinschaftlich durch den Fachinhaber und den betreffenden Tresorbeamten geöffnet werden können, sodaß die Sicherheit der Aufbewahrung die denkbar größte ist. – Die Fächer bieten daher für Wertpapiere, Dokumente, Familienpapiere, Gold- und Silbersachen, Schmuckgegenstände usw. einen absolut sicheren Aufbewahrungsort und ist deren Benutzung speziell für die Reisezeit besonders zu empfehlen.«[71]

Bereits ein halbes Jahr vor der Inbetriebnahme des neuen Sparkassengebäudes war auch eine Entscheidung über die Nutzung der ersten Etage gefallen. Diese sollte nach Fertigstellung zusammen mit einigen Boden- und Kellerräumen Bürgermeister Carl Heldman für die Dauer seiner Amtszeit unentgeltlich als Dienstwohnung zur Verfügung gestellt werden. Damit wollten sich die städtischen Kollegien dafür erkenntlich zeigen, daß dieser das lukrative Angebot, die Bürgermeisterstelle in seiner Heimatstadt Detmold zu übernehmen, ausgeschlagen hatte und lieber in Salzuflen bleiben wollte.[72] Auch in den folgenden Jahrzehnten diente die erste Etage stets als Dienstwohnung des hauptamtlichen Bürgermeisters – allerdings bei Zahlung einer im Anstellungsvertrag festgesetzten Miete.[73] Etwa parallel zum Bezug der Sparkassenräume bezogen auch die Stadtkasse und das Bauamt die ihnen zugedachten Gebäudeteile.[74] Letzteres war durch einen separaten Eingang von der Wenkenstraße aus erreichbar.

Umgestaltungen am Sparkassengebäude Am Markt 5 (1903 – 1965)

Nach der Inbetriebnahme bewährte sich die Teilung des neuen Gebäudes in Sparkasse, Stadtkasse, Bürgermeisterwohnung und Stadtbauamt.

Blick von der Wenkenstraße auf das Seitenportal des ehemaligen Sparkassengebäudes, 1998. Deutlich sind die von Architekt Kramer verwendeten Stilelemente der Neorenaissance zu erkennen.

Fenster über dem Seitenportal, verziert mit der lippischen Rose und dem Salzufler Stadtwappen, 1998.

Abgesehen von kleineren Modernisierungsmaßnahmen wurde in den nächsten Jahrzehnten die Raumverteilung beibehalten. Erst Anfang 1928 wurde ein bisher zur Bürgermeisterwohnung gehöriges Zimmer dem Bauamt zugeschlagen, das bisher nur unzureichende Möglichkeiten gehabt hatte, »wertvolle Instrumente, Akten und Zeichnungen in einem verfügbaren Raum unterzubringen.«[75] Im Jahre 1928 dachte man aber auch bereits über einen grundlegenden Umbau der Räumlichkeiten der Sparkasse nach. Nach ziemlich genau 25 Jahren zeigte sich, daß »die Raumverhältnisse in der Sparkasse für den heutigen Verkehr in keiner Weise mehr genügen, vielmehr durch einen Umbau durchgreifend zu ändern und zu verbessern sind.« Auf Grund dieser Mitteilung des Sparkassenvorstandes beschloß die Stadtverordnetenversammlung in ihrer Sitzung am 2. Mai 1929, das gesamte Erdgeschoß gemäß der Vorlagen des Stadtbauamtes grundlegend umzugestalten. Der Kostenaufwand wurde mit höchstens 30.000 RM geschätzt, die aus dem Fonds der Sparkasse entnommen werden sollten.[76]

Nachdem in den nächsten Monaten die Kostenvoranschläge für den Umbau und den Einbau einer modernen Warmwasser-Heizungsanlage für alle Etagen einer nochmaligen Prüfung seitens des Stadtbauamtes unterzogen worden waren,[77] konnte bereits im August 1929 mit den Baumaßnahmen begonnen werden. Dies nahm die Lokalzeitung zum Anlaß einer ausführlichen Berichterstattung, in der noch einmal auf die Notwendigkeit des Umbaus hingewiesen wurde: »Infolge des zunehmenden Verkehrs sind die zur Verfügung stehenden Diensträume der hiesigen städtischen Sparkasse zu klein geworden. Eine schnelle und reibungslose Abfertigung des Publikums ist besonders an starken Verkehrstagen nicht möglich. [...] Auch dürften die jetzigen Räume nicht mehr der Würde der größten lippischen kommunalen Sparkasse entsprechen.« Während der Bauarbeiten, die mehrere Monate in Anspruch nahmen, wurden die Geschäftsräume ab dem 26. August 1929 in die rechte Hälfte des gegenüberliegenden und gerade fertiggestellten sogenannten Postecks an der Steege (heute Steege 14) verlegt.[78]

Das Bad Salzufler »Posteck« (Ausriß aus dem Titel des »Badekuriers« vom 11. August 1929).

Mitte Februar 1930 konnten dann endlich die umgestalteten Räumlichkeiten bezogen werden. Durch einen kleinen Anbau auf der Hofseite sowie insbesondere durch die Entfernung mehrerer Innenwände zur Schaffung einer großzügigen Schalterhalle glaubte man die Nutzfläche so vergrößert zu haben, daß sie auf absehbare Zeit allen Ansprüchen genügen dürfte. Wiederum war es der »Lippische Allgemeine Anzeiger«, der seinen Lesern die »neue städtische Sparkasse« bis ins Detail beschrieb, eine Darstellung, die heute besonders wertvoll

ist, da kaum Fotos aus den Innenräumen überliefert sind: »Die Berücksichtigung der durch den Gebrauchszweck bestimmten sachlichen Form ist aber glücklicherweise nicht Veranlassung gewesen, bei Ausführung der Innenausstattung diese Sachlichkeit bis zur geschmacklosen

Anzeige über die kurzfristige Verlegung der Geschäftsräume der Städtischen Sparkasse ins Posteck (»Lippischer Allgemeiner Anzeiger« vom 23. August 1929).

Nüchternheit zu übertreiben. Schon beim Eintreten in das zu den Kassenräumen führende Treppenhaus, dessen Wände mit rot und gelb geflammtem Marmor getäfelt sind, empfindet man das. Der für das Publikum bestimmte Abfertigungsraum, der in seiner größten Ausdehnung 17 Meter lang und 12 Meter breit ist, wurde mit den modernen Linoleumfliesen belegt, die neben den bekannten Vorzügen der Schalldämpfung [...] auch noch durch die geschmackvolle Farbenzusammenstellung das Auge erfreuen. Eine hufeisenförmig angeordnete Schaltereinrichtung trennt das Publikum von den diensttuenden Beamten und ermöglicht eine gleichzeitige getrennte Abfertigung in den verschiedenen Geschäftsbereichen. Die starken Wandunterfangungen sind durch eine Kassetten-Stuckdecke, deren Anstrich, wie der der Wände, schlicht weiß-gelb gehalten ist, vollständig verdeckt. [...] Besonderer Wert ist auf die Ausgestaltung des gleich rechts vom Eingange belegenen Vorstandszimmers gelegt worden, das mit seinen paneelbekleideten Wänden und der geschmackvoll kassettierten Decke einen vornehmen aber doch äußerst anheimelnden Eindruck macht. Von hier aus gelangt man in den Dienstraum, wo sich die Schalter der Wechselabteilung, der Buchhalterei, der Annahme der Kasse, der Zinsen und der Auskunft der Reihe nach folgen. Eine Telefonzelle, die vom Arbeits- wie vom Abfertigungsraum aus zugänglich ist, sorgt für ungestörte Erledigung geschäftlicher Gespräche, und so fehlt es eigentlich an nichts mehr, was dazu dienen könnte, den Betrieb zu einem mustergültigen zu gestalten und jeden Leerlauf zu vermeiden.«[79] Wenngleich das Sparkassengebäude nun über moderne, im Stil der späten 1920er Jahren gestaltete Räume verfügte, für deren Ausgestaltung im übrigen der Salzufler Architekt Rudolf Günther (1880 – 1941) verantwortlich zeichnete,[80] blieb die gesamte Historismus-Fassade unverändert erhalten.

Im Zuge dieses Umbaus verließ auch die Stadtkasse das Gebäude in der damaligen Marktstraße, sie befand sich fortan im früheren Amtsgerichtsgebäude (heute Am Markt 25).[81] Möglicherweise bereits zu einem früheren Zeitpunkt war auch das Stadtbauamt in das 1926 fertiggestellte neue Verwaltungsgebäude an der Salzepromenade (heute Otto-Künne-Promenade 1) verlegt worden.

Zum 1. Januar 1931 wurde das Sparkassengebäude samt Grundstück auf das Vermögen der Sparkasse übertragen, wofür letztere der Stadt im Gegenzug 100.000 RM auf deren Schuldenkonto gutschrieb. Damit ging die Verwaltung der Liegenschaft auf die Sparkasse über, die nun auch für die Unterhaltung und Heizung des Gebäudes einschließlich der Wohnung des Bürgermeisters, der fortan Mieter der Sparkasse war, sowie für alle Steuern und Abgaben aufzukommen hatte. Als einzige Einrichtung der

Innenansicht der 1929/30 neugestalteten Geschäftsräume Am Markt 5, um 1935.

Stadtverwaltung verblieb im Dachgeschoß das Stadtarchiv. Wenngleich nun die Sparkasse weitgehend frei über ihr Gebäude verfügen konnte, bedurften größere bauliche Veränderungen oder gar der Verkauf weiterhin der Zustimmung der städtischen Kollegien.[82]

In den nächsten zwanzig Jahren erfuhr das Sparkassengebäude Am Markt 5 nur geringfügige bauliche Veränderungen, wie z.B. die Anlage von Splitterschutzmauern im September 1943. Über einen Luftschutzkeller verfügte das Gebäude, das wie die ganze Stadt den Zweiten Weltkrieg ohne Zerstörungen überstand, nicht.[83] Im Gegensatz zu manchem Privathaus wurde das Sparkassengebäude auch nicht durch die Besatzungstruppen beschlagnahmt. Neben den Geschäftsräumen befand sich weiterhin in der ersten Etage die Bürgermeisterwohnung, die der letzte hauptamtliche Bürgermeister Hans Breimann (1884 – 1952) auch nach seiner zum 1. September 1945 durch die Militärbehörden veranlaßten Amtsenthebung beibehielt.[84] Im Spätsommer 1948 wurde auch im Dachgeschoß eine Wohnung hergerichtet und durch Sparkassenleiter Karl Pieck (1895 – 1981) und seine Frau bezogen.[85]

Blick vom Posteck auf das Sparkassengebäude, um 1952.

Nachdem das Mietverhältnis mit dem ehemaligen Bürgermeister im Verlauf des Jahres 1952 gelöst worden war,[86] konnte die über 200 qm große Etage den Sparkassenräumen angegliedert werden. Unter Federführung des Bad Salzufler Architekten Reinhard Meierjohann (1909 – 1977) entstanden hier im Frühjahr des folgenden Jahres mehrere Büroräume, ein Sitzungszimmer sowie moderne sanitäre Anlagen, die sich bislang im Keller befunden hatten. Durch ein rechts vom Haupteingang neu eingezogenes Treppenhaus war die Etage nun auch vom Erdgeschoß aus erreichbar.[87] Damit war die bereits seit Jahren herrschende Raumnot deutlich gemildert worden; denn schon vor dem Krieg hatte das Erdgeschoß allein nicht mehr ausgereicht, so daß bereits im Geschäftsbericht für das Jahr 1938 festgehalten wurde: »Wir hoffen, daß im kommenden Jahre unter allen Umständen die Lösung für eine zweckmäßigere Gestaltung unserer Geschäftsräume unter Einbeziehung der Bürgermeisterwohnung gefunden wird. Die beschränkten Raumverhältnisse gestatten uns bisher weder einen vorbildlichen Kundendienst noch eine den Grundsätzen des Amtes ›Schönheit der Arbeit‹ gerecht werdende Verteilung der Arbeitsplätze unserer Gefolgschaftsmitglieder.«[88]

Nach dem Umbau wurde seitens der aufsichtführenden Detmolder Regierungsbehörde im Juni 1953 vermerkt: »Die Ausführung der Arbeiten kann als gediegen und ordnungsgemäß bezeichnet werden. Besonderer Aufwand ist nicht getrieben worden. Die geschaffenen

Blick von der Steege auf das Mitte der 1950er Jahre aufgestockte Sparkassengebäude, um 1956.

Arbeitsplätze scheinen auch bei etwaiger Personalsteigerung, soweit absehbar, ausreichend zu sein.«[89] Enthusiastisch bezeichnete die »Lippische Landes-Zeitung« in ihrer Berichterstattung das äußerlich unverändert gebliebene Gebäude als nunmehr »modernste Sparkasse in Ostwestfalen-Lippe«, deren Innenausstattung als »formschön, praktisch und dabei in keiner Weise üppig« beschrieben wurde. Angesichts des wachsenden bargeldlosen Geldverkehrs sah der Berichterstatter allerdings innerhalb der nächsten 15 Jahre schon den nächsten Um- oder Neubau voraus.[90]

Tatsächlich wurden bereits ein Jahr später Überlegungen angestellt, wie das Gebäude angesichts des ständig zunehmenden Geschäftsvolumens und des dadurch wachsenden Personalbestandes abermals erweitert werden könnte. So beauftragte der Sparkassenvorstand im November 1954 den Bad Salzufler Architekten Rolf Haase (Jahrgang 1919) Pläne für den Ausbau des Dachgeschosses zum Vollgeschoß auszuarbeiten. Nachdem diese Anfang 1955 fertiggestellt und im April durch den Bauausschuß der Stadt genehmigt worden waren, wurden ab Juli die Bauarbeiten in Angriff genommen. Um den Umbau möglichst rasch abzuschließen, arbeitete man nahezu rund um die Uhr, was zu heftigen Protesten der Anwohner, die sich um ihren Schlaf gebracht sahen, führte, so daß ab Mitte Juli die Arbeiten um 22.00 Uhr eingestellt wurden. Im Frühjahr 1956 konnten die neuen Räumlichkeiten bezogen werden, und man nahm an, daß nun endlich auf Jahre hin ausreichend Platz geschaffen worden sei.[91] Wie notwendig und sinnvoll der Ausbau des Dachgeschosses aus damaliger Sicht auch gewesen sein mag, um so bedauerlicher ist es rückwirkend aus denkmalpflegerischer Sicht, daß der von Bernhard Kramer geschaffene Historismus-Bau, dessen Wert man in den 1950er Jahre überhaupt nicht erkannte, durch die Baumaßnahme für immer zerstört worden ist.

Im neuen Domizil – das Gebäude Grabenstraße 5–7 (1965)

Schneller als erwartet wurde jedoch deutlich, daß der neu hinzugewonnene Raum im Dachgeschoß keineswegs für viele Jahre ausreichte. So wiesen die Prüfungsberichte des Westfälisch-Lippischen Sparkassen- und Giroverbandes bereits ab 1957 stets auf die beengten Raumverhältnisse hin. Infolge der weiteren Ausdehnung des Geschäftsvolumens war es nämlich zu einer stetigen Vergrößerung des Personalbestandes gekommen: Dieser war zwischen Ende 1954 von 36, über 45 im Oktober 1957 auf 59 Bedienstete im Juli 1961 angewachsen. Weil außer der Direktorenwohnung im Dachgeschoß nun keine weiteren Raumreserven mehr zur Verfügung standen, wurden 1959 erste Überlegungen angestellt, ein geeignetes Baugrundstück für einen Neubau zu erwerben. Da die Verwirklichung allerdings einige Zeit in Anspruch nehmen würde, schlug der Sparkassen- und Giroverband die Einrichtung einer Zweigstelle vor, wodurch die Hauptstelle entlastet werden könnte.[92]

Im Mai des folgenden Jahres konnte die Städtische Sparkasse ein 1.350 qm großes Areal an der Grabenstraße für einen Neubau erwerben. Das Kernstück bildete dabei ein der katholischen Kirchengemeinde gehörendes Grundstück mit der 1894 errichteten Bonifatiuskirche, die seit der Weihe der neuen Kirche an der oberen Grabenstraße im März 1959 nicht mehr genutzt wurde.[93] Die letzte Hürde beseitigte dann der Stadtrat, indem das Grundstück aus dem »öffentlichen Grün« herausgenommen wurde, wofür die Otto-Künne-Promenade auf Kosten der Sparkasse verlängert werden sollte. Und obwohl noch gar keine Pläne für das neue Gebäude vorlagen, lobte die Presse bereits die demnächst in ausreichender Anzahl zur Verfügung stehenden Parkplätze als besonderen Vorzug: »Die Kunden der Sparkasse werden also künftig direkt vor dem Bankgebäude vorfahren und ihre Wertsachen unmittelbar in Sicherheit bringen können. Das ist für manche Besucher von nicht zu unterschätzender Bedeutung.«[94]

Nachdem im Juni 1960 ein weiteres rund 1.000 qm großes Gelände zusammen mit dem Haus Grabenstraße 3 von der Sparkasse erworben werden konnte, standen nun knapp 2.500 qm für das Neubauprojekt zur Verfügung.[95] Der noch im gleichen Jahr erfolgte Abbruch des ehemaligen Gotteshauses gestaltete sich dann zur Sensation für die Einwohnerschaft: »Mit Spannung erwartete gestern die Bevölkerung der Badestadt das Umlegen des Turmes der alten katholischen Kirche an der Salze in der Grabenstraße. Hunderte von Schaulustigen hatten sich eingefunden, und die Polizei mußte umfangreiche Absperrungen durchführen. [...] In halber Höhe des Aufbaues wurde ein Ring von den Schieferplatten freigemacht, um den man dann das Stahlseil legte, mit dessen Hilfe ein schwerer Schaufelbagger den Turm herunterzureißen versuchte. Aber zweimal widerstand er. Das Drahtseil erwies sich als schwächer und riß. Nur der Wetterhahn kam herunter. Erst beim dritten Anziehen kam der gesamte Turmaufbau ins Schaukeln und brach dann beim Umstürzen gegen 12.40 Uhr in zwei Teilen in sich zusammen.«[96]

Bereits am 11. April 1961 tagte ein aus Fachleuten und Laien zusammengesetztes Preisgericht, das über die für den Neubau eingereichten Entwürfe zu entscheiden hatte. In neunstündiger Sitzung hatte das Gremium über drei vorliegende Arbeiten zu entscheiden gehabt, nachdem man den Wettbewerb auf nur fünf Architekten beschränkt hatte, von denen allerdings zwei wegen Zeitmangels von vornherein absagen mußten. Schließlich wurden zwei zweite Preise vergeben, und zwar an das Bad Salzufler Architekturbüro Reinhardt und Sander und den Schötmaraner Architekten Heinrich Loos (1912–1992). Den Preisträgern wurde

Abbruch der katholischen Kirche an der Grabenstraße im Oktober 1960.

jedoch empfohlen, ihre Entwürfe zu überprüfen, da sie nach Ansicht der Kommission noch keine endgültige Lösung darstellten. Die Salzufler Bürgerschaft konnte sich wenige Tage später von allen im Rathaus ausgestellten Arbeiten in Form von Entwürfen und Modellen selbst ein Bild machen. Im Rahmen der Pressekonferenz zur Verkündung des Urteils des Preisgerichts hatte auch eine Besichtigung des bisherigen Sparkassengebäudes stattgefunden, um mit Hilfe der Presse nochmals auf die katastrophale Raumnot aufmerksam zu machen. Rund 60 Personen mußten nunmehr auf engstem Raum zusammenarbeiten, worunter – so die Presse – nicht nur die Arbeit, sondern auch das Betriebsklima auf Dauer leiden müsse.[97] Eine vorübergehende Linderung der Raumsituation trat jedoch im Herbst 1961 ein, als Sparkassendirektor Karl Pieck nach seiner Pensionierung die Wohnung im Dachgeschoß räumte,[98] die sofort zu Büroräumen umgewandelt wurde.

Nachdem sich der Loossche Entwurf als der geeignetere herauskristallisiert und die Bad Salzufler Ratsversammlung den vorliegenden Plänen Ende Oktober 1961 ebenfalls zugestimmt hatte,[99] gelangten weitere Einzelheiten über den projektierten Neubau an die Öffentlichkeit: »Die Kassenhalle wird zweigeschossig, das Bürohaus fünfgeschossig. [...] Das Bauvolumen beträgt 1.400 cbm, die Gesamtnutzfläche ist 3.500 qm groß. [...] Die Kassenhalle und das Bürohaus werden in der Stahlbeton-Skelettbauweise erstellt, mit Ausnahme der Dachkonstruktion, die in möglichst leichter Stahlkonstruktion errichtet werden soll. Die Belichtung der großen Kassenhalle erfolgt durch Oberlicht (Lichtkuppeln). Für die Arbeitsräume des Bürohauses sind große Fenster vorgesehen. Von den Büroräumen werden die drei Obergeschosse für andere Zwecke vermietet werden können. [...] Die Gesamtkosten werden mit etwa 2,1 Millionen DM veranschlagt, die durch Rücklagen gedeckt

sind. Die Bauzeit wird voraussichtlich zwei Jahre in Anspruch nehmen.«[100]

Im Frühjahr 1962 konnte nach umfangreichen Bodenuntersuchungen endlich der erste Spatenstich zum Ausbau der Fundamente getan werden. Zunächst mußte allerdings der Grundwasserspiegel um vier Meter abgesenkt werden, wozu 16 Brunnen und mehrere Pumpen erforderlich waren, die acht Monate lang Tag und Nacht das anfallende Wasser abpumpten. Mit dem Bau der für den gesamten Gebäudekomplex notwendigen Betonwanne, die nach ihrer Fertigstellung einem Wasserdruck von 5.000 Tonnen standhalten mußte, konnte dann im September begonnen werden. Dadurch konnte die Grundsteinlegung erst am 8. Mai 1963 erfolgen. Dazu wurden in einem Betonblock neben einer Urkunde, welche die Gründe für den Neubau noch einmal zusammenfaßte, ein Satz Bauzeichnungen, verschiedene Dokumente, wie z.B. eine DM-Eröffnungsbilanz per 21. Juni 1948, einige Tageszeitungen sowie seinerzeit gültige Münzen und Banknoten bis zu 100 DM eingemauert.[101] Da während des Sommers die Arbeiten zügig voranschritten, konnte bereits Ende September 1963 – fünf Wochen früher als geplant – das Richtfest gefeiert werden, an das sich ein Richtschmaus im Hotel »Luisenhof« an der Herforder Straße anschloß.[102]

Neubau des Sparkassengebäudes in der Grabenstraße, 1962/65.

Grundsteinlegung für das neue Sparkassengebäude am 8. Mai 1963: Gründungsurkunde, Baupläne, Tageszeitungen und weitere Dokumente werden in einer Kartusche verstaut, die anschließend einbetoniert wird.

Festakt zur Einweihung des Sparkassengebäudes am 21. Juni 1965.

Das neue Hauptgebäude der Städtischen Sparkasse, aufgenommen im Juni 1965, unmittelbar vor der Inbetriebnahme.

Dennoch sollte es noch bis zum Juni 1965 dauern, bis das neue Gebäude in Betrieb genommen werden konnte. Bevor die Türen jedoch für den allgemeinen Geschäftsbetrieb am Dienstag, dem 22. Juni, geöffnet wurden, fand am Vortag eine Einweihungsfeier mit zahlreichen Ehrengästen aus Verwaltung, Politik und Wirtschaft in der »großen hochmodernen Kassenhalle« statt. Die Redner wechselten sich ab in ihren Lobeshymnen über den Neubau, erinnerten aber auch an die bescheidenen Anfänge der Städtischen Sparkasse. Insbesondere Bürgermeister Wilhelm Bünemann (1890 – 1974) schilderte in einer humorvollen Rede »eigene Erlebnisse« mit dem Salzufler Geldinstitut aus der Zeit vor dem Ersten Weltkrieg. Anschließend konnte der Bürgermeister einen Scheck in Höhe von 10.000 DM in Empfang nehmen, den die Städtische Sparkasse dem »Alten-Fonds« der Stadt gestiftet hatte. Anläßlich der Übergabe der neuen Geschäftsräume erschien auch eine kleine von dem damaligen Sparkassenangestellten Theodor Ammermann (Jahrgang 1934) zusammengestellte Festschrift, die nicht nur die Entwicklung der Kasse nachzeichnete, sondern auch den Neubau vorstellte. Am 26. und 27. Juni 1965 hatten schließlich alle »Interessenten Gele-

Zweigstelle am Elkenbreder Weg, Juni 1966.

genheit zu einer ungestörten Besichtigung der Räume und ihrer Einrichtungen«.[103]

Im alten Sparkassengebäude Am Markt 5 verblieb zunächst »eine Zweigkasse für die Kunden, denen die Stelle bequemer erreichbar scheint [...].«[104] Die Existenz dieser Nebenstelle war allerdings nur von kurzer Dauer, denn bereits Ende Dezember 1965 ging das Gebäude wieder in den Besitz der Stadt Bad Salzuflen über und wurde einer neuen Nutzung zugeführt. Für einige Jahre sollte es nun unter anderem der Stadtbücherei und dem Standesamt als Bleibe dienen.[105]

Trotz des Neubaus wurde im September 1965 eine Zweigstelle in der Beetstraße 32 eingerichtet, welche die östlich des Kurparks wohnende Kundschaft versorgen sollte. Ein knappes Jahr später – Anfang Juni 1966 – wurde die Zweigstelle Elkenbreder Weg 2 eröffnet, die den Bad Salzufler Westen bedienen sollte.[106] Ende 1972 wurden schließlich ganz neue Wege beschritten, indem die Städtische Sparkasse eine Niederlassung in der Lemgoer Straße 39 (Gaststätte »König«) im Ortsteil Ehrsen-Breden, errichtete.[107] Damit war das Bad Salzufler Geldinstitut erstmals außerhalb ihres »klassischen« Einzugsgebietes vor Ort präsent, denn – abgesehen von einer kurzlebigen Nebenrendantur zu Beginn des Jahrhunderts in Langenholzhausen (heute Gemeinde Kalletal)[108] – hatte sie im Gegensatz zu anderen Kassen ja nie intensiv versucht, im Bad Salzufler Umland Fuß zu fassen. Unter dem Motto »Wir sind in Ihrer Nähe« erfolgte seit Anfang der 1980er Jahre eine konsequente Erweiterung des Zweigstellennetzes außerhalb des alten Bad Salzufler Stadtkerns. In rascher Folge wurden die Filialen an der Beetstraße und am Elkenbreder Weg verlegt bzw. grundlegend neugestaltet (Juni 1980 bzw. November 1983), neue Zweigstellen kamen in Wüsten (Salzufler Straße 1) im April 1984 sowie in Schötmar (Krumme Weide 30) im Februar 1985 hinzu.[109]

Die Zweigstellen entlasteten natürlich auch die Hauptstelle in der Grabenstraße, in der bis in die 1980er Jahre hinein noch Büroräume, unter anderem an eine Rechtsanwaltskanzlei, vermietet werden konnten. Nach und nach wurde aber auch diese Raumreserve aufgezehrt und dem Sparkassenbetrieb zugeschlagen. Zuletzt wurde Anfang der 1990er Jahre sogar die Hausmeisterwohnung zugunsten weiterer Büroräume aufgegeben. Durch den Ankauf angrenzender Grundstücke wurde zudem vor einigen Jahren der Parkplatzbereich wesentlich vergrößert.[110]

Bereits im Jahre 1980 hatte die Kassenhalle eine grundlegende Umgestaltung und Modernisierung erlebt. Diese hing mit dem Anschluß der Städtischen Sparkasse an das »On-line-System« der Buchungszentrale in Münster zusammen, wodurch die Kunden fortan alle Kassengeschäfte an ein- und demselben Schalter abwickeln konnten. Über das Ergebnis der in wenigen Tagen vollzogenen Neugestaltung schrieb die »Lippische Landes-Zeitung« euphorisch: »Das strenge Rechteck ist verschwunden, die sterile Atmosphäre des Rundum-Tresens dem mehr persönlichen Air gewichen. [...] Und vor allem ist die steinerne Kälte, die ›Bankpaläste‹ früher auszeichnete, einer ›wohnlicheren‹ Einrichtung gewichen: Die Tische der Bedienungsgruppen sind lederbezogen, bequeme Sitzgelegenheiten stehen für Gespräche bereit, die Kassen wurden in einem ›Schnell-Service-Block‹ zusammengefaßt. Und die ganze Halle wurde mit Teppichboden ausgelegt.«[111] Das immerhin erst 15 Jahre alte Gebäude hatte den »Charme« der 1960er Jahre abgestreift!

Sparkassen-Service auf einen Blick

Giro-Service	Überweisungen Dauerauftrag Einzugsaufträge Dispositionskredit eurocheque
Spar-Service	Sparkonten prämienbegünstigtes Sparen vermögenswirksames Sparen Spardaueraufträge Plus-Sparen Zuwachssparen
Geldanlage-Service	Anlageberatung Wertpapier An- und Verkauf Sparkassenbriefe Sparkassen-Obligationen Sparkassen-Zertificate Investment
Kredit-Service	Kredit für Anschaffungen Dispositionskredit Baudarlehen (Hypotheken) Investitionskredite sonstige Finanzierungen
Sonstiger Service	Reise-Service Schließfächer Tag- und Nachttresor Auslandsgeschäfte Umzugs-Service Gold- und Silbermünzen Bausparverträge Versicherungen

Wir bieten Ihnen jeden Service eines modernen Kreditinstitutes

Teilansicht der alten Schalterhalle △
▽ Die neue Kassenbox mit 6 Kassenplätz

Faltblatt zur Inbetriebnahme der neugestalteten Geschäftsräume, 1980.

Schlußbemerkungen

Betrachtet man die Entwicklung der Städtischen Sparkasse, so wird allein anhand ihrer jeweiligen Hauptstelle augenfällig, welch enormen Aufschwung das Geldinstitut in den letzten 150 Jahren genommen hat. Wenn man bedenkt, daß die ersten Sparkassengeschäfte in den Privatwohnungen der Vorstandsmitglieder getätigt wurden, so bedeutete der Umzug ins Rathaus und gar die Umsiedlung in eigene angemietete Geschäftsräume eine bedeutende Aufwertung. Als eine der ersten städtischen Sparkassen in Lippe konnte schließlich kurz nach der Jahrhundertwende ein das Stadtbild bestimmender Neubau bezogen werden, dessen Größe und gediegene Ausstattung das Selbstverständnis des weiter auf Erfolgskurs segelnden Geldinstituts am besten zum Ausdruck brachte. Mit dem 1965 eingeweihten Neubau an der Grabenstraße verließ die Städtische Sparkasse erstmals das eigentliche Stadtzentrum; über 100 Jahre lang hatte sie sich stets in der Nähe des Rathauses und des Marktplatzes befunden.

Das in Planung befindliche neue Sparkassengebäude, das dem Unternehmen im neuen Jahrtausend zur Verfügung stehen soll, wird in allernächster Nähe zum bisherigen auf dem Parkplatz der ehemaligen Hoffmann's Stärkefabriken entstehen. Der Architektenwettbewerb ist bereits abgeschlossen und brachte einen Entwurf hervor, den der gegenwärtige Vorstandsvorsitzende Heinz-Theo Drücker als »sachlichen und funktionalen Zweckbau« sowie »solide und zeitgemäß« bezeichnete.[112] Damit wird die Städtische Sparkasse Bad Salzuflen abermals ein Gebäude erhalten, das einerseits einen herausragenden städtebaulichen Akzent setzt und die Bedeutung des Instituts jedermann vor Augen führt, bei dem andererseits aber keinerlei überflüssige Prachtentfaltung getrieben wird.

Vierter Tag im Eigenheim-Prozeß:

Vertrauensbruch – wie

Geschäfte mit peinlichem und galantem Einschlag — Ein Sparkassendirektor, d…
Die Vernehmung des Stadtbaurats Dr. Buhr aus Bad …

Am vierten Verhandlungstag im Detmolder Eigenheim-
Prozeß wurde die Beweisaufnahme mit der Vernehmung
einer großen Anzahl von Zeugen fortgesetzt.

Ausgangspunkt der sehr eingehenden Ueberlegungen
war wieder einmal die Persönlichkeit des angeklagten Spar-
kassendirektors Meier, dessen Schlüsselstellung in diesem
Verfahren immer stärker in Erscheinung tritt. Der bis-
herige Verlauf der Verhandlung hat klar ergeben, daß
gerade dieser Angeklagte nach zwei Seiten hin vollkommen
unzuverlässig war: einmal im Hinblick auf seine Teil-
nahme an den kriminellen Machenschaften der Deutschen
Eigenheimbau-Gesellschaft und zum anderen in der unge-
rechtfertigten Abwehr jedes kritischen Angriffs
auf die DEG. Nichts dokumentiert dieses doppelte Spiel
eindeutiger als ein Schreiben, das Meier am 6. Mai
1936, also mehr als neun Monate vor dem endgültigen
Zusammenbruch, an die G. m. b. H. richtete:

„Nach den mir hier vorliegenden Unterlagen sind Ihnen
bis heute insgesamt 51 950 RM. als Gebühren zugeflossen.
Ob und wie weit diese tatsächlich in dem Rahmen
eines Ueberschusses liegen, läßt sich augenblicklich nicht fest-
stellen. Ich befürchte jedoch, daß in sehr vielen Fällen die
abgehobenen Beträge die Gebühren bei weitem
überschreiten. Trotz der eingegangenen 51 950 RM.
war es Ihnen aber nicht möglich, Ihre bestehenden
Verpflichtungen zu erfüllen. Gestern sind erst
8500 RM. Bimswechsel (Wechsel zur Bezahlung von
Bimsmaterial für die Siedlungsbauten. Die Schriftleitung.)
durch die Sparkasse bezahlt, ohne daß dafür ein Gegen-
wert vorhanden ist.

Das bedenklichste Ihrer Geschäftsführung liegt aller-
dings darin, daß Sie

**monatlich 3000 bis 4000 RM. an Gehältern, Spe-
sen usw. verbuchen. Ich möchte Ihnen deshalb emp-
fehlen, mal darüber nachzudenken, wann Ihre un-
ausbleibliche Pleite dadurch kommen wird.**

Daß ich dem Aufsichtsrat von dem wahren Stand der
Dinge Mitteilung machen muß, ist ja wohl selbst-
verständlich."

Unterzeichnet war dieser, hier im Auszug wiederge-
gebene Brief mit „Meier, Vorsitzender des Aufsichts-
rates der Deutschen Eigenheimbau-Gesellschaft m. b. H.".
Die deutliche Sprache verrät unzweifelhaft, daß der Ange-
klagte Meier die Situation klar überschaute — daß er aber
auch verbrecherisch genug handelte, den „wahren Stand der
Dinge" so zu verschleiern, daß nicht allein der Aufsichts-
rat, sondern auch andere Persönlichkeiten, die den inneren
Geschäftsbetrieb der DEG. zwar nicht kannten, aber doch
Interesse für die Deutsche Eigenheimbau-Gesellschaft be-
saßen, in der schwersten Weise getäuscht wurden.

Sterne fallen vom Himmel

Erlebnis am dunklen Abend

Sterne, die sich nicht richtig am Himmelsgewölbe
festhalten, verlieren das Gleichgewicht und fallen her-
unter. Das weiß man schon als kleines Kind.

Es gibt Menschen, denen dieses gewaltige Sternen-
meer über uns schwere Probleme aufgibt. Für andere
wieder ist die Sache wesentlich einfacher. Sie haben
die Bedeutung der Sternschnuppen längst erkannt.
Wie zum Beispiel die beiden jungen Leutchen, die ge-

SA. fährt nach Berlin

Gestern abend haben 27 SA.-Männer aus Detmold
die Fahrt zur Teilnahme an den großen Reichswett-
kämpfen der SA. in Berlin angetreten. Wir werden
über die sportliche Großveranstaltung in der Reichs-
hauptstadt laufend berichten.

Aus dem Obst- und Gartenbauverein. Der Obst-
und Gartenbauverein hat zu seiner Monatsversamm-
lung am Sonntag, dem 15. August, Heidenoldendorf
auserſehen. Treffpunkt 15.30 Uhr: Marktplatz, Heiden-
… Die Detmolder Obst- und Gemüsebauinteres-

»Ein grober Vertrauensbruch«

Die Städtische Sparkasse Bad Salzuflen und der Skandal um die Deutsche Eigenheimbau-Gesellschaft im Jahre 1937

Franz Meyer

Am 10. April 1937 überraschte der »Lippische Allgemeine Anzeiger« seine Leser mit einer Nachricht, die wohl so manchen Salzufler Bürger in ungläubiges Staunen, viele Kunden der Städtischen Sparkasse aber auch in helle Aufregung versetzt haben dürfte. Unter dem Titel »Ein grober Vertrauensbruch« veröffentlichte das Lokalblatt eine offizielle Stellungnahme der Staatsanwaltschaft in Detmold über den plötzlichen Bankrott der in Bad Salzuflen ansässigen Deutschen Eigenheimbau-Gesellschaft (DEG). In der von Oberstaatsanwalt Dr. Tornau unterzeichneten Meldung hieß es unter anderem: »Die Deutsche Eigenheimbau-Gesellschaft m.b.H. [...] hat ihre Zahlungen eingestellt. Nach vorläufiger Prüfung ist eine Schuldenlast von etwa 180.000 RM vorhanden. Geschäftsführer dieser Gesellschaft waren: Der Kaufmann Klasberg in Bad Salzuflen und der Prof. Sievert aus Wernigerode. Zweck der Gesellschaft war die Förderung der Siedlungstätigkeit, wobei die Gesellschaft bezüglich des Kapitals eine rein treuhänderische Aufgabe erfüllen wollte. Diese Aufgabe hat sie aber nicht erfüllt, im Gegenteil sind von den Geschäftsführern und anderen beteiligten Personen die [...] Bestimmungen gröblich verletzt worden. Dadurch ist die Schädigung einer erheblichen Anzahl Baulustiger und Handwerker eingetreten. – Die Hauptschuldigen in dieser Angelegenheit sind von dem Unterzeichneten vorläufig festgenommen und ist gegen sie Haftbefehl erwirkt worden. Im hiesigen [Detmolder] Gerichtsgefängnis sitzen bereits ein: Der Geschäftsführer Klasberg und der Sparkassendirektor Meier von der Städt. Sparkasse Bad Salzuflen. Der Geschäftsführer Prof. Sievert befindet sich z.Zt. im Krankenhaus in Wernigerode. Die Sicherstellung seiner Person ist bereits veranlaßt. [...] Inwieweit sich weitere Personen strafbar gemacht haben, ist noch nicht zu übersehen. Bei dem gemeinschädlichen Verhalten der Beteiligten ist es eine Selbstverständlichkeit, daß mit größter Schärfe und Beschleunigung durchgegriffen wird. Schon jetzt kann gesagt werden, daß die Hauptbeteiligten sich der schweren Untreue, des schweren Betruges und anderer strafbarer Handlungen schuldig gemacht haben.«[1]

Die in den folgenden Tagen und Wochen von der Staatsanwaltschaft in Detmold durchgeführten Ermittlungen förderten weiteres belastendes Material gegen Klasberg, Sievert, Meier und fünf weitere Personen (zwei Architekten, einen Kaufmann, einen Buchhalter und einen Holzhändler) zu Tage. Es kam schließlich zur Anklage und zu einem Prozeß vor dem Landgericht in Detmold, wo am 19. August 1937 gegen jeden der acht Angeklagten eine Haftstrafe von einer Dauer zwischen zwei Monaten und viereinhalb Jahren verhängt wurde. Sparkassendirektor Paul Meier, von August 1935 bis Oktober 1936 Aufsichtsratsvorsitzender der DEG, wurde »wegen fortgesetzter Untreue in einem besonders schweren Fall, [...] wegen Betruges und wegen verschiedener anderer Vergehen handelsrechtlicher Natur zu einer Gesamtstrafe von 4 Jahren 6 Monaten Zuchthaus und zu einer Geldstrafe von 11.100 RM« verurteilt. Außerdem wurden ihm für die Dauer von fünf Jahren die bürgerlichen Ehrenrechte aberkannt.[2]

Der finanzielle Zusammenbruch der DEG und die Verstrickung von Sparkassendirektor Paul Meier in diesen Skandal sorgten dafür, daß zumindest vorübergehend das Vertrauen der Kundschaft in die Städtische Sparkasse Bad Salzuflen erschüttert wurde. Dies mag der entscheidende Grund dafür gewesen sein, daß in der Folgezeit die leidige Angelegenheit von den Verantwortlichen der Städtischen Sparkasse praktisch totgeschwiegen wurde. So findet man in allen Schriften, die nach dem Zweiten Weltkrieg anläßlich von Jubiläen (1949 und 1974) oder aus Anlaß der Einweihung der neuen Hauptstelle in der Grabenstraße (1965) herausgegeben wurden, zwar jeweils einen mehr oder minder ausführlichen Abriß der historischen Entwicklung der Sparkasse. Einen Hinweis auf das fraglos dunkelste Kapitel in der Geschichte des Hauses sucht man allerdings vergeblich.[3]

Im folgenden sollen zunächst die Entstehung, die weitreichenden Pläne und die Aktivitäten der DEG in der Stadt Bad Salzuflen beleuchtet werden. Letzteres geschieht vor dem Hintergrund einer skizzenhaften Gesamtbetrachtung der baulichen Entwicklung in der Stadt in den Jahren zwischen 1919 und 1939. Anschließend werden die kriminellen Geschäftsgebaren und der Niedergang der Baugesellschaft dokumentiert. Im letzten Abschnitt dieses Beitrages wird dann noch dem persönlichen Schicksal von Sparkassendirektor Paul Meier nachgegangen.

Zur Entstehung der DEG

Die Wurzeln der Anfang April 1937 in Konkurs gegangenen Deutschen Eigenheimbau-Gesellschaft m.b.H. reichen zurück bis in die Endphase der Weimarer Republik und sind auf das Engste mit der Person des 1879 in Magdeburg geborenen Prof. Franz Sievert verbunden. Sievert, von Haus aus Lehrer (von 1905 bis 1928 war er an einem Gymnasium in Zeitz tätig), hatte bereits vor dem Ersten Weltkrieg den »Bauverein Zeitz« gegründet, der sich vornehmlich »mit dem Bau von Mietshäusern« befaßte.[4] Unter Sieverts Leitung erstellte der Bauverein in den zwanziger Jahren nicht weniger als 800 Wohneinheiten.[5] Sievert selbst avancierte in dieser Zeit zu einem der namhaftesten und einflußreichsten Funktionäre im Bereich der Baugenossenschaftsbewegung. »So wurde er stellvertretender Vorsitzender des Verbandes der Baugenossenschaften Deutschlands, Aufsichtsratsmitglied der Mitteldeutschen Heimstätte und Gründer der Reichsheim-Aktiengesellschaft.«[6]

Als der Bauverein Zeitz im Laufe des Jahres 1928 wegen der von »vielen Genossen« vorgenommenen Kündigung von Geschäftsanteilen in eine finanzielle Schieflage geraten war, übernahm Sievert »zur Abdeckung der Schulden [...] eine Bürgschaft in Höhe von 30.000 RM.«[7] Sein Einsatz blieb jedoch ohne Wirkung, da dem Bauverein wegen der 1929 einsetzenden Weltwirtschaftskrise und dem daraus resultierenden konjunkturellen Einbruch auf dem Bausektor eine finanzielle Gesundung verwehrt blieb. Er trat deshalb aus dem Verein aus und siedelte nach Wernigerode über. Sieverts Ehrgeiz, durch ein Engagement im Siedlungsbau zu Vermögen und Ansehen zu gelangen, blieb jedoch ungebrochen. Als sich erste Anzeichen eines konjunkturellen Aufschwungs abzeichneten, gründete er am 1. September 1932 »gemeinsam mit einer Anzahl von Siedlungsvereinen« den »Deutschen Eigenheimbau-Verband e.V. Wernigerode« (DEV). Sievert selbst wurde Direktor des Vereins, der laut Satzung den Zweck verfolgte, auf der Grundlage des am 10. Mai 1920 verabschiedeten Reichsheimstättengesetzes[8] »den Wohnungsbau, insonderheit für Einfamilienhäuser und Eigenheime, durch sachgemäße Beratung, Unterstützung und Beaufsichtigung der ihm angeschlossenen örtlichen Vereine zu fördern und alle erforderlichen Maßnahmen zur Beschaffung des Baukapitals zu unterstützen.«[9] In diesem Zusammenhang war es auch Aufgabe des Vereins, »die erforderlichen Maßnahmen zur Beschaffung geeigneten Siedlungsgeländes [...] zu treffen.«[10]

Bereits Ende 1932 wurde der zunächst »vor allem in Süddeutschland und in Hessen«[11] operierende DEV auch in Bad Salzuflen aktiv. Am Westrand der Stadt, zwischen Gröchteweg und Roonstraße, konnten für Siedlungszwecke »30.000 qm Land in günstiger Lage«[12] erworben werden. Ab Sommer 1933 entstanden hier die ersten Eigenheime (vgl. hierzu die Ausführungen S. 124f.).

Der vergleichsweise geringe Zeitabstand zwischen dem Erwerb des Siedlungsgeländes und dem Beginn der Bebauung könnte den Eindruck erwecken, daß der DEV seine Ziele mit größter Effektivät verfolgte. Das Gegenteil war jedoch der Fall: Von Anfang an wurden die Arbeit und eine gedeihliche Fortentwicklung des Verbandes durch gravierende Mängel in der Geschäftsführung und das Fehlen ausreichender finanzieller Mittel stark behindert. Sievert mußte z.B. seinen für Bad Salzuflen zuständigen Mitarbeiter, einen Architekten namens Schmidt, »austauschen«, weil dieser sich in den Verhandlungen mit den Behörden als unzuverlässig erwiesen hatte.[13] Zudem hatte Schmidt bei Aktivitäten in Süddeutschland eine Schuldenlast von 25.000 RM hinterlassen, für die der Verband aufkommen mußte.[14] Ab Anfang 1933 kümmerte sich Sievert von Wernigerode aus selbst um die Abwicklung der Geschäfte der DEV in Bad Salzuflen. Seine Bemühungen, auch außerhalb der Badestadt Siedlungsprojekte zur Ausführung zu bringen, waren jedoch wegen der schlechten Finanzlage des Verbandes zum

Anzeige des Deutschen Eigenheimbau-Verbandes im »Wohnungsanzeiger 1933« des Bad Salzufler Vereins der Fremdeninhaber.

Scheitern verurteilt. So konnte unter anderem ein mit der Stadt Schötmar im April 1934 geschlossener Vertrag über die Errichtung einer 24 Wohnhäuser umfassenden Heimstätten-Siedlung an der »Storksbreder Straße« (heute Storksbrede) nicht eingehalten werden.[15]

Mit dem Ziel, die Arbeit des Verbandes in Bad Salzuflen (und darüber hinaus in ganz Lippe) erfolgreicher gestalten zu können, richtete Sievert schließlich im Frühjahr 1934 in der Badestadt eine Geschäftsstelle ein.[16] Zu deren Leiter bestellte er den aus Beckum gebürtigen Kaufmann Aloys Klasberg (Jahrgang 1897), der in der Woldemarstraße 11 ein Büro eröffnete.[17] Ausschlaggebend für die Berufung Klasbergs war für Sievert offensichtlich der Umstand, daß dieser mit dem Direktor der Städtischen Sparkasse Bad Salzuflen, Paul Meier, »sehr vertraut und befreundet war«.[18]

Anzeige im »Lippischen Allgemeinen Anzeiger« vom 1. Juni 1935.

Die sich schon bald für die Städtische Sparkasse als verhängnisvoll erweisende Verbindung zwischen Sievert, Klasberg und Meier trug bereits im Oktober 1934 erste Früchte: Mit tatkräftiger Unterstützung des Sparkassendirektors Meier gelang es Sievert, zur Finanzierung weiterer Bauvorhaben von der »Volksfürsorge Lebensversicherungs-Aktiengesellschaft« in Hamburg die Zusage über die Gewährung eines Darlehens in Höhe von 1,5 Millionen RM zu erlangen.[19] Das Geld sollte auf Vorschlag Meiers als sogenanntes Globaldarlehen der Lippischen Landesbank in Detmold überwiesen werden, »die es dann über die lippischen Sparkassen an die Baulustigen des Eigenheimbauverbandes weiterleiten sollte.«[20] Zur Auszahlung des Darlehens kam es aber zunächst nicht, da unter anderem vom Reichsheimstättenamt der NSDAP Zweifel an der Kreditwürdigkeit des DEV erhoben wurden. Offen wurde gemutmaßt, den Verband drückten Schulden in Höhe von 40 bis 60.000 RM.[21] Die zur Klärung des Sachverhalts zwischen dem Büro des Gauleiters des Gaues Westfalen-Nord und dem DEV geführten Verhandlungen zogen sich über mehrere Monate hin und konnten erst im Mai 1935 erfolgreich abgeschlossen werden. Es war schließlich Sparkassendirektor Paul Meier, der den Vertreter der Gauleitung, den stellvertretenden Gauwirtschaftsberater Mittag, von der angeblich soliden finanziellen Lage des Verbandes überzeugen konnte. Obwohl Meier – wie sich später herausstellte – im Frühjahr 1935 bereits darüber informiert war, daß der DEV »mindestens 15.000,– RM Handwerkerschulden« hatte, gab er gegenüber Mittag an, es seien lediglich 7 bis 8.000 RM Schulden vorhanden, »denen genügend Außenstände gegenüber ständen«.[22]

Mit dieser Auskunft des Sparkassendirektors konnten die Bedenken der Gauleitung gegen die Auszahlung des Darlehens bereits weitgehend ausgeräumt werden. Der Sache förderlich war aber vor allem, daß Sievert und Klasberg zwi-

schenzeitlich den Rechtscharakter ihrer Unternehmung geändert hatten. Am 23. Februar 1935 war auf ihre Initiative hin die »Deutsche Eigenheimbau-Gesellschaft« (DEG) mit Sitz in Bad Salzuflen ins Leben gerufen worden.[23] Zum Stammkapital der Gesellschaft in Höhe von 50.000 RM steuerten Sievert und Klasberg Stammeinlagen über 19.000 bzw. 26.000 RM bei. Die restliche Einlage über 5.000 RM leistete zunächst der DEV. Bereits im Juli 1935 übernahm aber Sievert diesen Anteil, da der Eigenheimbau-Verband seine Beteiligung an der DEG aufgab. Damit waren Klasberg und Sievert die alleinigen Gesellschafter; beide fungierten zudem gleichzeitig als Geschäftsführer der Gesellschaft.[24] In den Aufsichtsrat der DEG wurden der Leiter des Gauheimstättenamtes, Hans Gerling, die Rechtsanwälte Hugo Vollbracht (Petershagen) und Leopold Petri (Bad Salzuflen) sowie die Sparkassendirektoren Theodor Kaufmann (Detmold) und Paul Meier berufen; letzterer übernahm in diesem Gremium den Vorsitz.[25]

Seitens der Gauleitung betrachtete man die Gründung der DEG als eine »Sicherungsmaßnahme«, die dazu beitragen sollte, daß bei der Kreditvergabe »nach menschlichem Ermessen nichts passieren konnte.«[26] Sämtliche Bauten, die künftig unter Verwendung des Darlehens der Volksfürsorge erstellt werden sollten, mußten ausschließlich über diese neue Gesellschaft abgewickelt werden. Hierbei sollte ihre Tätigkeit eine »rein treuhänderische« sein. Zum Katalog der bei den Kreditverhandlungen vereinbarten »Sicherungsmaßnahmen« zählten ferner: ein Verbot der Übernahme von bestehenden finanziellen Verpflichtungen des Deutschen Eigenheimbau-Verbandes sowie die Vereinnahmung des Verdienstes der Gesellschaft (im Durchschnitt zwischen 8 und 10 % der Bausumme) erst nach Fertigstellung eines Bauvorhabens.[27]

Mit der Vereinbarung dieser Sicherungsmaßnahmen, die sich schon bald als wenig effektiv erweisen sollten, war der Weg zur Freigabe des Darlehens geebnet. Das Geld wurde schließlich von der Volksfürsorge in drei Raten zwischen Juli 1935 und Juli 1936 an die Lippische Landesbank ausgezahlt. Von dort wurden bis zum Bankrott der DEG im April 1937 »etwa 1 Million Reichsmark«[28] an die Städtische Sparkasse Bad Salzuflen weitergeleitet, die das Geld in Form von Hypotheken den von Klasberg und Sievert geworbenen Siedlern zur Verfügung stellte.

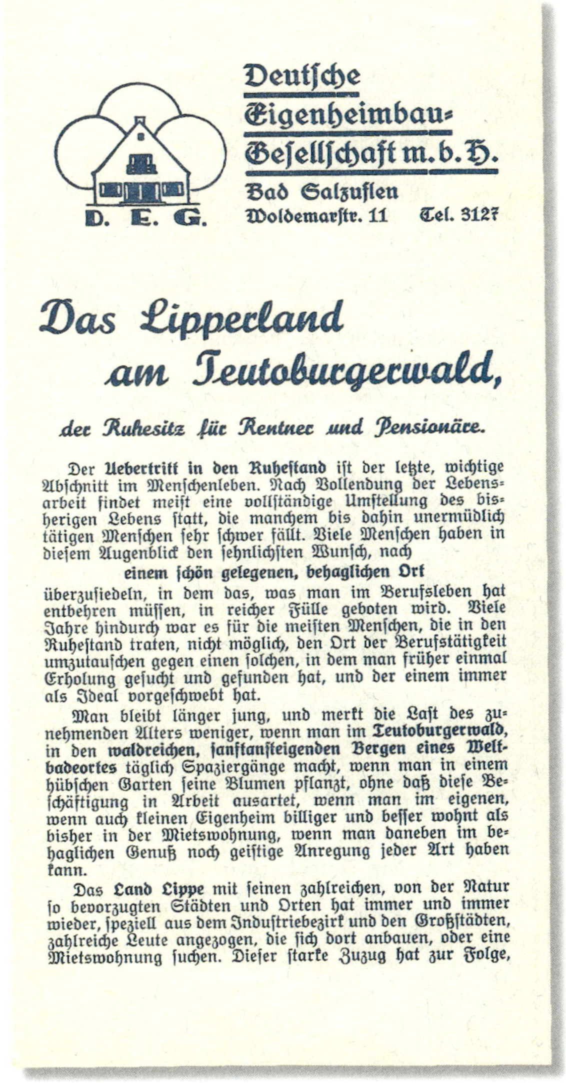

Deutsche Eigenheimbau-Gesellschaft m. b. H.
Bad Salzuflen
Woldemarstr. 11 Tel. 3127
D. E. G.

Das Lipperland am Teutoburgerwald,

der Ruhesitz für Rentner und Pensionäre.

Der **Uebertritt in den Ruhestand** ist der letzte, wichtige Abschnitt im Menschenleben. Nach Vollendung der Lebensarbeit findet meist eine vollständige Umstellung des bisherigen Lebens statt, die manchem bis dahin unermüdlich tätigen Menschen sehr schwer fällt. Viele Menschen haben in diesem Augenblick den sehnlichsten Wunsch, nach

einem schön gelegenen, behaglichen Ort

überzusiedeln, in dem das, was man im Berufsleben hat entbehren müssen, in reicher Fülle geboten wird. Viele Jahre hindurch war es für die meisten Menschen, die in den Ruhestand traten, nicht möglich, den Ort der Berufstätigkeit umzutauschen gegen einen solchen, in dem man früher einmal Erholung gesucht und gefunden hat, und der einem immer als Ideal vorgeschwebt hat.

Man bleibt länger jung, und merkt die Last des zunehmenden Alters weniger, wenn man im **Teutoburgerwald**, in den **waldreichen, sanftansteigenden Bergen eines Weltbadeortes** täglich Spaziergänge macht, wenn man in einem hübschen Garten seine Blumen pflanzt, ohne daß diese Beschäftigung in Arbeit ausartet, wenn man im eigenen, wenn auch kleinen Eigenheim billiger und besser wohnt als bisher in der Mietswohnung, wenn man daneben im behaglichen Genuß noch geistige Anregung jeder Art haben kann.

Das **Land Lippe** mit seinen zahlreichen, von der Natur so bevorzugten Städten und Orten hat immer und immer wieder, speziell aus dem Industriebezirk und den Großstädten, zahlreiche Leute angezogen, die sich dort anbauen, oder eine Mietswohnung suchen. Dieser starke Zuzug hat zur Folge,

Prospekt der Deutschen Eigenheimbau-Gesellschaft (Sommer 1935).

Die Siedlungsprojekte der DEG

Nach erfolgreichem Abschluß des Kreditgeschäfts startete die DEG sogleich eine Werbekampagne, um sich als Partner potentieller Bauherren ins Gespräch zu bringen. Durch Zeitungsinserate und auf Prospekten, die ab Sommer 1935 nicht nur in Lippe und den Nachbarregionen, sondern auch in den Industriezentren und Großstädten des Reiches zur Verteilung gelangten, präsentierte die Gesellschaft mehrere Bauvorhaben, deren Vorbereitung angeblich bereits soweit gediehen sei, daß, so die vollmundige Ankündigung der DEG-Verantwortlichen, sogleich »mit der Bautätigkeit begonnen werden kann.«[29] Im einzelnen wurden genannt: Bad Salzuflen (Errichtung einer Gartenstadt am Obernberg), Detmold (Gartenstadt auf dem Papenberg), Hiddesen (Eigenheimsiedlung), Lemgo (Eigenheimsiedlungen an der Slavertrift und am Laubkerbach), Bösingfeld, Barntrup und Blomberg (jeweils eine Eigenheimsiedlung), Herford (Eigenheimsiedlung) und Bielefeld (Gartenstadt an der Wolfskuhle).[30]

Von der DEG errichtete Wohnhäuser in Herford an der Memelstraße (Aufnahme von 1998).

Der Schwerpunkt der Aktivitäten der DEG sollte also in Lippe liegen, das dann auch in einer Werbeschrift wärmstens als »Ruhesitz für Rentner und Pensionäre« empfohlen wurde. Hier ein Auszug: »Der Übertritt in den Ruhestand ist der letzte, wichtige Abschnitt im Menschenleben. [...] Viele Menschen haben in diesem Augenblick den sehnlichsten Wunsch, nach einem schön gelegenen, behaglichen Ort überzusiedeln, in dem das, was man im Berufsleben hat entbehren müssen, in reicher Fülle vorhanden ist. [...] Man bleibt jung und merkt die Last des zunehmenden Alters weniger, wenn man im Teutoburger Wald, in den waldreichen, sanftansteigenden Bergen eines Weltbadeortes [gemeint ist Bad Salzuflen; d. Verf.] täglich Spaziergänge macht, wenn man in einem hübschen Garten seine Blumen pflanzt, [...] wenn man im eigenen, wenn auch kleinen Eigenheim billiger und besser wohnt als bisher in der Mietswohnung.«[31]

Weil die DEG aber aufgrund der im folgenden noch näher zu erläuternden kriminellen Geschäftsgebahren der Herren Klasberg, Sievert und Meier in weniger als zwei Jahren in die Pleite getrieben wurde, konnten von den in den Werbeprospekten angekündigten größeren Siedlungsvorhaben lediglich die Eigenheimsiedlung in Herford (an der Memelstraße, im Norden der Stadt) und die in Bad Salzuflen bereits 1933 vom Deutschen Eigenheimbau-Verband begonnene »Gartenstadt am Obernberg« realisiert werden. Darüber hinaus kam es noch zur Errichtung einzelner Wohnhäuser in verschiedenen Orten des Landkreises Herford (unter anderem in Schweicheln). Insgesamt dürften unter der Regie der Baugesellschaft etwa 115 Eigenheime entstanden sein.[32]

Bad Salzuflens DEG-Siedlung: die »Gartenstadt am Obernberg«

Wer vom Gröchteweg in Richtung Roonstraße die Schiller-, Heine- und Volkhausenstraße passiert, wird sich wohl kaum der Tatsache bewußt sein, daß er soeben die zwischen 1933 und 1937 entstandene »Gartenstadt am Obernberg« durchquert hat. Vielen älteren Salzuflern wird

»Gartenstadt am Obernberg« in Bad Salzuflen (Auszug aus einem Stadtplan von 1938). Die Bauten der DEG sind farblich hervorgehoben.

dieses Wohngebiet allenfalls noch unter der ehemals im Volksmund üblichen Bezeichnung »Fliegersiedlung« geläufig sein. Denn ursprünglich trugen die drei Straßen, die gemeinsam die Form eines Dreiecks beschreiben, die Namen von deutschen Jagdfliegern aus dem Ersten Weltkrieg. Die Schillerstraße hieß Immelmannstraße (nach Max Immelmann), die Heinestraße Boelckestraße (nach Otto Boelcke) und die Volkhausenstraße Richthofenstraße (nach Manfred Freiherr von Richthofen). Die heutigen Straßenbezeichnungen sind das Ergebnis eines Ratsbeschlusses vom 26. Februar 1947. Seinerzeit mußten auf Weisung der Militärregierung alle Straßen im Stadtgebiet, deren Namen darauf abzielten, Kriegsereignisse zu verherrlichen oder militärische Traditionen »lebendig zu erhalten«, umbenannt werden.[33]

Die »Gartenstadt am Obernberg« war fraglos das ehrgeizigste Siedlungsvorhaben der DEG. Wie einem von Geschäftsführer Sievert im Sommer 1935 verfaßten Projektbericht zu entnehmen ist, sollte die Siedlung im Endausbau nicht weniger als 129 Wohnhäuser umfassen und das gesamte Areal zwischen Gröchteweg und Roonstraße einnehmen.[34] Geplant waren Häuser verschiedenster Größe und Bauformen. Kleinere Einfamilienhäuser sollten sich abwechseln mit zweigeschossigen Bauten, die entweder als Ein- oder Zweifamilienhäuser konzipiert waren.[35] Das gestalterische Grundmuster der Siedlung wurde durch das bereits genannte, an den Gröchteweg angebundene Dreieck aus Immelmann-, Boelcke- und Richthofenstraße bestimmt. Hierherum sollte sich in östlicher und südlicher Richtung ein Netz von parallel oder rechtwinklig zueinander verlaufenden Straßen gruppieren (vgl. hierzu den nebenstehenden Übersichtsplan). Der Gartenstadtcharakter der von jedem Durchgangsverkehr unberührten Wohnanlage sollte durch »promenadenmäßig« angelegte Baumreihen und großzügig bepflanzte Vorgärten herausgestellt werden.[36]

Bis zum betrügerischen Konkurs der DEG im April 1937 konnte etwa ein Viertel der projektierten Gartenstadt fertiggestellt werden. Gebaut wurden insgesamt 33 Häuser[37], und zwar 10 in der Boelcke-, 15 in der Immelmann- und 8 in der Richthofenstraße (zur Lage der Bauten vgl. den Auszug aus dem Stadtplan). Fast zwei Drittel der Bauherren zählten zu den von Sievert und Klasberg besonders umworbenen Ruheständlern. Stark vertreten waren in dieser Gruppe mit insgesamt 15 Personen die pensionierten Beamten (Pfarrer, Lehrer u.a.), die überwiegend aus Städten des Ruhrgebietes oder aus dem Bergischen Land zugezogen waren. Das eine Drittel der noch berufstätigen Bauherren stammte überwiegend aus Bad Salzuflen oder aus Städten der näheren Umgebung (Detmold, Schötmar und Herford).[38]

Mit der Ausführung der Bauten betraute die DEG den Bad Salzufler Architekten August Billerbeck (1903 – 1936). Von seiner Hand stammen die Entwürfe für insgesamt 24 Wohnhäuser.[39] Als Billerbeck am 30. Mai 1936 plötzlich verstarb, übernahm der im Herbst 1935 von Bösingfeld

Bauten der DEG in der »Gartenstadt am Obernberg«; oben: Schillerstraße (ehemals Immelmannstraße) 10 und 8, jeweils entworfen von Architekt Alfred Maiborn; unten: Volkhausenstraße (ehemals Richthofenstraße) 17 (Entwurf: Architekt August Billerbeck) und 19 (Architekt Alfred Maiborn), Aufnahmen von 1998.

zugezogene Alfred Maiborn (Jahrgang 1907) den Entwurf und die Betreuung der DEG-Bauten; insgesamt neun Häuser tragen seine architektonische Handschrift.[40] Die von Billerbeck und Maiborn entworfenen Eigenheime weisen trotz ihrer individuellen Gestaltung eine deutliche Übereinstimmung in der Formensprache auf, so daß es nicht verwunderlich ist, daß dem aufmerksamen Betrachter auch heute noch, trotz mancher Um- und Anbauten, die von der Denkmalpflege bisher nur wenig beachtete architektonische Geschlossenheit der vor 60 Jahren errichteten »Gartenstadt am Obernberg« ins Auge fällt (vgl. hierzu die obenstehenden Abbildungen).

Zum wirtschaftlichen Stellenwert der DEG-Aktivitäten in Bad Salzuflen

Um sich den Traum vom Eigenheim am Obernberg erfüllen zu können, mußte ein Bauherr zwischen 8.000 und 18.000 RM aufbringen. Hierbei entfielen auf den Erwerb des zwischen 600 und 800 qm großen (bereits erschlossenen) Baugrundstücks, das je nach Lage zu einem Quadratmeterpreis von 4,50 bzw. 5,00 RM angeboten wurde,[41] zwischen 3.000 und 4.000 RM. Die »reinen« Baukosten bewegten sich je nach Größe und Ausstattung des Eigenheims zwischen 5.000 und 15.000 RM; der durchschnittliche Baupreis der 33 Wohnhäuser in der DEG-Siedlung lag bei etwa 12.000 RM.[42]

Will man den wirtschaftlichen Stellenwert des Engagements der DEG richtig einordnen, ist es erforderlich, die Entstehung der »Gartenstadt am Obernberg« im Kontext der allgemeinen Entwicklung im Bereich des Wohnungsbaus in Bad Salzuflen zu betrachten. – Ein Blick auf die nachstehende Tabelle macht deutlich, daß in Bad Salzuflen zwischen 1919 und 1939 ein bemerkenswerter Bauboom zu verzeichnen war. Innerhalb dieser beiden Jahrzehnte konnte der Bestand an Wohnhäusern um 700, von 964 auf 1.664, erhöht werden; dies entsprach einem Zuwachs von 72,6 %. Damit konnte der im gleichen Zeitraum zu beobachtende Bevölkerungsanstieg um 32 % (von 8.716 auf 11.502 Bewohner[43]) mehr als kompensiert werden.

Hervorgerufen wurde diese Entwicklung vor allem durch den rasanten Aufschwung des Bades, der bereits kurz vor der Jahrhundertwende eingesetzt hatte und der, kriegs- und inflationsbedingt, lediglich für wenige Jahre unterbrochen worden war.[44] In den zwanziger und dreißiger Jahren erfuhren zahlreiche Straßen, die bereits vor dem Ersten Weltkrieg angelegten worden waren, durch die Errichtung neuer Wohnhäuser bauliche Verdichtungen, z.B. die Ahorn- und die Roonstraße sowie die Kirchstraße

Ausbau der Richthofenstraße, der heutigen Volkhausenstraße, 1937.

Rohbauten in der »Stadtrandsiedlung« auf der Elkenbrede, 1938; ehemals Skagerrak-, heute Lortzingstraße.

(heute Martin-Luther-Straße). Zugleich entstanden an der Peripherie Bad Salzuflens mehrere neue Wohnstraßen und Stadtteile. Zu nennen sind hier besonders (in Klammern jeweils die Anzahl der Wohnhäuser): für die zwanziger Jahre die Friedrich-Ebert-Straße (19), die Freiligrathstraße (14) und die Siedlung auf der Asenberger Heide (35); für die »Friedensjahre« der Hitler-Diktatur – neben der DEG-Siedlung (33) – die Talstraße (22), die Ulmenstraße (15), die Villenanlage »Auf der Breden« (25) sowie die »Stadtrandsiedlung« auf der Elkenbrede (50). Ein Teil dieser Siedlung, unter anderem die gesamte Skagerrakstraße (heute Lortzingstraße), war von der Nationalsozialistischen Kriegsopferversorgung (NSKOV) als sogenannte Frontkämpfersiedlung konzipiert worden.[45]

Die »Gartenstadt am Obernberg« zählte demnach zu den drei größten Neubausiedlungen, die zwischen den beiden Weltkriegen in der Badestadt realisiert wurden. Bezogen auf die Entstehungszeit der Siedlung, die Jahre 1933 bis 1937, stellten die 33 Bauten in der Richthofen-, Immelmann- und Boelckestraße immerhin knapp 9 % der insgesamt in Bad Salzuflen entstandenen Wohnhäuser.

Entwicklung der Bautätigkeit in Bad Salzuflen 1919 – 1939[46]

	Zahl der neu erbauten Wohnhäuser	*Zahl der dadurch neu geschaffenen Wohnungen*	*Gesamtzahl der Wohnhäuser*
1919 – 1932	**328**	**602**	**964 (Ende 1918)**
1923	7	14	
1926	21	38	
1928	96	160	
1929	60	140	
1930	27	50	
1931	16	38	
1932	23	38	1.292
1933 – 1939	**372 (33)**	**625**	
1933	51 (5)	66	
1934	50 (8)	83	
1935	50 (8)	77	
1936	81 (8)	147	
1937	61 (4)	106	
1938	45	81	
1939	34	65	1.664

(in Klammern: Bauten des DEV bzw. der DEG)
DEV = Deutscher Eigenheimbau-Verband e.V. Wernigerode (1933 – 1935);
DEG = Deutsche Eigenheimbau-Gesellschaft m.b.H. (1935 – 1937).

Damals wie heute war der Bausektor ein Konjunkturbarometer der Wirtschaft. Nimmt man die Zahl der neu erbauten Wohnhäuser als Indikator, dann erlebte Bad Salzuflen offenbar 1931 und 1932 (mit lediglich 16 bzw. 23 Neubauten) den Höhepunkt der Weltwirtschaftskrise. Als 1933, im Jahr der »Machtergreifung« der Nationalsozialisten, mit der Errichtung der ersten Häuser in der »Fliegersiedlung« am Obernberg begonnen wurde, hatte die Badestadt die Talsohle der Rezession bereits durchschritten. Die insgesamt 51 Neubauten dieses Jahres waren ein Indiz für den Beginn eines wirtschaftlichen Aufschwungs, der sich in den folgenden Jahren fortsetzte und schließlich im Olympiajahr 1936 (81 Neubauten) seinen Höhepunkt erreichte. Forciert und begünstigt wurde diese Entwicklung durch eine massive öffentliche Förderung der privaten Bautätigkeit, der in Bad Salzuflen knapp 80 % aller Baumaßnahmen zuzurechnen waren.[47] Wie von der Lokalpresse wiederholt herausgestellt wurde, hatte auch die Städtische Sparkasse »in hervorragendem Maße« den »Aufbau in Bad Salzuflen« unterstützt.[48] So waren z.B. 1936 von der Sparkasse Hypothekendarlehen in einem Gesamtumfang von 1,2 Millionen RM vergeben worden.[49]

Die prosperierende Entwicklung des Wohnungsbaus, aber auch die vom Reich mit großem Aufwand geförderten zahlreichen Arbeitsbeschaffungsmaßnahmen (vorwiegend »Notstandsarbeiten« im Straßen- und Kanalbau) sowie die im Juni 1935 verfügte sechsmonatige Arbeitsdienstpflicht für Mädchen und Jungen sorgten dafür, daß sich in der Badestadt die Zahl der »Wohlfahrtserwerbslosen« zwischen Januar 1933 und Dezember 1935 von 386 auf 95 verringern konnte.[50] Drei Jahre später konnte gar, dem allgemeinen Trend im Reich entsprechend, ein gänzlicher Abbau der Arbeitslosigkeit vermeldet werden.[51]

Obwohl in den betreffenden Jahren der Aufwärtstrend des Bades anhielt – von 1936 bis 1939 erhöhte sich die Zahl der Kurgäste von 21.379 auf 27.024[52] – setzte in Bad Salzuflen ab 1937, dem Jahr des Bankrotts der DEG, ein kontinuierlicher Rückgang der Bautätigkeit ein (vgl. die Angaben in der Tabelle). Diese auf den ersten Blick widersprüchliche Entwicklung war vor allem darauf zurückzuführen, daß die Städtische Sparkasse aufgrund der staatlicherseits zur Finanzierung der Aufrüstung verfügten »Beschränkungen im Hypothekengeschäft« nicht mehr dazu in der Lage war, auch nur annähernd die »Nachfrage nach Hypothekenkapital« zu befriedigen.[53] So gesehen kann die 1937 auf dem Wohnungsbausektor der Salzestadt einsetzende Krise als eine lokale Reaktion auf die alle (finanziellen) Kräfte bündelnde Kriegsvorbereitungspolitik des nationalsozialistischen Staates gewertet werden.

Über die kriminellen Geschäftsgebahren der DEG

Liest man aufmerksam in den von der DEG ab Sommer 1935 in Umlauf gebrachten Werbeschriften,[54] so erscheint im nachhinein durchaus nachvollziehbar, warum sich innerhalb von knapp zwei Jahren mehr als einhundert Bauherren auf eine Zusammenarbeit mit der Gesellschaft einlassen konnten. Mit einer argumentativ und rhetorisch ausgefeilten Selbstdarstellung gelang es der DEG, sich in ihren Prospekten als kompetenter und vertrauenswürdiger Geschäftspartner darzustellen. So wurde z.B. zur Betonung der Seriösität des Unternehmens stets mit Nachdruck herausgestellt, die Gesellschaft genieße »bei den Behörden« und Dienststellen der NSDAP »größtes Vertrauen.«[55] Um dies zu untermauern, führte man an, daß sowohl die Direktoren der städtischen Sparkassen in Bad Salzuflen und Detmold als auch »der Leiter des Gauheimstättenamtes in Münster«, letzterer »im Auftrag des Gauleiters und Reichsstatthalters,

Herrn Dr. [Alfred] Meyer«, zu den Mitgliedern des Aufsichtsrates zählen würden.[56] Nicht vergessen wurde natürlich auch, darauf hinzuweisen, daß die Lippische Landesbank als staatliche Kreditanstalt in die Geldbeschaffung für die von der DEG betreuten Bauprojekte eingeschaltet war.

Geradezu idealtypisch wurde schließlich der für die Gesellschaft vorgesehene Geschäftsgang dargestellt. In einer der Werbeschriften heißt es: »Entsprechend ihrer treuhänderischen Tätigkeit schließt die Gesellschaft mit Bauinteressenten Verträge ab, in denen sie dem Bauherrn gegenüber die Fertigstellung des gewünschten Hauses zu einem Festpreise übernimmt und die Finanzierung des Bauvorhabens bis zum letzten Pfennig sicherstellt. Daher weiß jeder Bauinteressent vor Baubeginn genau die Höhe des Kaufpreises und die Höhe der sich ergebenden Belastung. – Bis zum Vertragsabschluß wird jeder Bauinteressent kostenlos und unverbindlich beraten. Die Häuser werden den Wünschen und Möglichkeiten des Interessenten entsprechend entworfen. Durch eine Massenberechnung und Ausschreibung wird der genaueste und billigste Preis festgestellt. Die Gesellschaft übernimmt dann die volle Garantie für die Güte der Ausführung und Materialien. – Bei Vertragsabschluß zahlt der Bauinteressent sein Eigenkapital bei der zuständigen Sparkasse auf einem besonderen Konto ein. Auf dasselbe Konto überführt die Sparkasse die bewilligte Hypothek, so daß bei Baubeginn die gesamten Kosten zu 100 % sichergestellt sind. Ueber dieses Konto kann die Gesellschaft nur unter Gegenzeichnung des zuständigen Sparkassendirektors verfügen, der darüber zu wachen hat, daß diese Gelder nur für den betreffenden Bau Verwendung finden können. Die Gesellschaft bietet daher ihren Vertragspartnern die denkbar größte Sicherheit.«[57]

Daß diese Sicherheitsgarantie gegenüber den Bauherren letztlich nicht einmal das Papier wert war, auf das sie gedruckt wurde, lag vor allem daran, daß die Geschäftsführer der DEG, Prof. Franz Sievert und Kaufmann Aloys Klasberg, wie auch der Vorsitzende des Aufsichtsrates, Sparkassendirektor Paul Meier, von Anfang an ein in jeder Hinsicht kriminelles Geschäftsgebaren an den Tag legten. Die Herren hielten sich weder an den hier beschriebenen »vorgesehenen Geschäftsgang« noch an die bei den Kreditverhandlungen mit der Gauleitung vereinbarten »Sicherungsmaßnahmen«, die ja – wie an anderer Stelle bereits ausgeführt – unter anderem das strikte Verbot einer Übernahme von finanziellen Verpflichtungen des DEV durch die DEG beinhalteten.

Wie sich bei der Untersuchung der Umstände, die Anfang April 1937 zum Bankrott der Baugesellschaft führten, herausstellte, hatte Sievert »nach seiner eigenen Angabe« bereits vor der im Februar 1935 erfolgten Gründung der DEG den verhängnisvollen Entschluß gefaßt, »aus den Mitteln der DEG die alten Schulden des Eigenheimbauverbandes ohne Rücksicht auf ihre Höhe zu bezahlen.«[58] Die »unheilvolle Entwicklung«, die fast zwangsläufig zum finanziellen Ruin der DEG führen mußte, begann am 1. April 1935, als Sievert und Klasberg »mit Wissen und Willen« des Sparkassendirektors Meier die gerade erst zwei Tage zuvor bei der Städtischen Sparkasse Bad Salzuflen eingezahlte erste Hälfte des Stammkapitals der Gesellschaft in Höhe von 25.000 RM »bis auf einen Restbetrag von RM 500,– für Zahlungen von Schuldverpflichtungen [...] des alten Verbandes« zweckentfremdeten.[59] In den folgenden zwanzig Monaten, bis Ende 1936, sollten sich die von der DEG übernommenen Schulden des maroden DEV schließlich auf insgesamt 70.000 bis 80.000 RM summieren.[60] Dies hatte zur Folge, daß die Baugesellschaft von Beginn an mit enormen »Geldschwierigkeiten« zu kämpfen hatte und daß selbst bei günstiger Geschäftsentwicklung kaum damit gerechnet werden konnte, »soviel zu verdienen, daß aus den erzielten Bilanzgewinnen die übernommenen Schulden des Verbandes hätten bestritten werden können und daß zur kassenmäßigen Begleichung der übernommenen Schulden von vornherein vorgesehen werden mußte, für ihre vorläufige Bezahlung die treuhänderisch zu verwaltenden Baugelder der Siedler in Anspruch zu nehmen.«[61]

Wie den Prozeß- und Ermittlungsakten zu entnehmen ist, läßt sich der erste Fall einer Veruntreuung von Siedlergeldern auf den 9. Oktober 1935 datieren.[62] Um eine Summe von 12.000 RM zur Tilgung von Handwerkerschulden des DEV aufzubringen, wurden an diesem Tag auf Veranlassung von Sievert und Klasberg 16 »Siedlerkonten«, die bei der Städtischen Sparkasse Bad Salzuflen eingerichtet worden waren, »angegriffen«. Von jedem Konto wurden 300 RM (zusammen 4.800 RM) für angebliche Honorarforderungen des die DEG-Bauten in Herford betreuenden Architekten Karl Thies sowie je 450 RM (zusammen 7.200 RM) für noch nicht erfolgte Holzlieferungen des Holzhändlers August Wehmeier aus Lieme abgebucht, anschließend auf das Konto der DEG überwiesen und von dort sogleich auf das Konto der DEV weitergeleitet.[63] Jede Buchungsanweisung war von Sparkassendirektor Paul Meier persönlich unterzeichnet worden.[64]

Bemerkenswert war, daß die Belastung der 16 Siedlerkonten zunächst ohne Wissen von Thies und Wehmeier erfolgte. Beide wurden erst mehrere Tage später informiert, und das auch nur deshalb, weil Sievert, Klasberg und Meier die »treuwidrige Abhebung« der Baugelder nachträglich zu verschleiern suchten. Zu diesem Zweck ließen sie sich von Thies und Wehmeier Quittungen über den Empfang von 4.800 bzw. 7.200 RM aushändigen. Buchungstechnisch wurde die Angelegenheit dann nachträglich so fingiert, daß es aussah, als hätten Thies und Wehmeier diese Gelder der DEG als Darlehen zur Verfügung gestellt.[65]

Zur Abdeckung der von den 16 Konten widerrechtlich abgehobenen Geldbeträge und zwecks Fortführung der Tilgung der Verbandsschulden wurden in den folgenden eineinhalb Jahren nach einem ähnlichen Muster an zahlreichen weiteren Siedlerkonten Manipulationen vorgenommen: Sievert und Klasberg zogen jeweils mit Genehmigung von Sparkassendirektor Meier von dem Konto eines Bauherrn »Gebühren« in Höhe von 500 bis 1.000 RM ein. Diese Abbuchungen erfolgten in den meisten Fällen »gleich nach der Eintragung der Hypotheken, also zu einem Zeitpunkt, in welchem noch gar nicht feststand, [...] ob überhaupt ein Gewinn bei dem betreffenden Bauvorhaben erzielt wurde. In vielen Fällen wurden die Gebührenabhebungen auch schon vorgenommen, ohne daß überhaupt mit dem Bau begonnen war. [...] Sodann gab sich [...] Thies dazu her, dadurch Geld zu beschaffen, daß er sein Honorar oder Teile davon zur Auszahlung von den einzelnen Konten anwies. Auch diese Anweisungen erfolgten regelmäßig schon dann, wenn die Bauten sich noch im Anfangsstadium befanden.«[66] Die Gesamtsumme der von Thies auf diese Weise vereinnahmten Architektenhonorare belief sich auf »etwa 13.000 RM«, wovon er etwas mehr als die Hälfte (6.740 RM) der DEG als Darlehen wieder zur Verfügung stellte.[67]

Der unberechtigte Einzug von Gebühren und Architektenhonoraren reichte allerdings allein nicht aus, um auf Dauer den immensen Geldbedarf der DEG zu decken. Deshalb veranlaßten Sievert und Klasberg den Architekten Thies, in Abstimmung mit dem Holzhändler Wehmeier weitere fingierte Holzlieferungen zu bescheinigen. Im ganzen konnten 29 Fälle ermittelt werden, in denen Siedlerkonten durch nicht erbrachte Bauholzsendungen mit durchschnittlich 400 RM belastet wurden.[68] Auch dieses Geld, zusammen etwas mehr als 11.000 RM, wurde der DEG anschließend wieder als Darlehen zur Verfügung gestellt.

Bis zum Bankrott der DEG wurden schließ-

Vertrauens

lich nicht weniger als 120 Siedlerkonten durch widerrechtliche Abbuchungen geschädigt. Bei einem Durchschnittsfehlbetrag von 1.330 RM je Konto summierten sich die von Sievert, Klasberg, Meier und Konsorten veruntreuten Siedlergelder auf rund 160.000 RM.[69]

Erst zu Beginn des Jahres 1937, als die Mittel aus dem Millionen-Kredit der Volksfürsorge längst aufgebraucht waren und die DEG infolgedessen nicht mehr in der Lage war, ihren Zahlungsverpflichtungen nachzukommen, wurde ihre hoffnungslose wirtschaftliche Situation nach außen hin sichtbar. Ab Ende Februar war der Gerichtsvollzieher »ständiger Gast« in den Geschäftsräumen der DEG, ohne allerdings etwas Pfändbares zu finden. Der völlige Zusammenbruch der Baugesellschaft war zu diesem Zeitpunkt nicht mehr abzuwenden: Am 5. April mußte die DEG ihre Zahlungen einstellen, und zwölf Tage später, am 17. April 1937, wurde vor dem Amtsgericht Bad Salzuflen das Konkursverfahren eröffnet.«[70]

Hier stellt sich zwangsläufig die Frage, warum die kriminellen Geschäftsgebahren von Sievert, Klasberg, Meier und Konsorten den Bauherren, den Aufsichtsbehörden (unter anderem der Revisionsstelle des Westfälischen Sparkassen- und Giroverbandes) und auch der zuständigen Dienststelle der NSDAP (Gauleitung in Münster) solange unbemerkt bleiben konnten. Ein Blick in die Prozeßakten verdeutlicht, daß hierfür eine Reihe von Faktoren ausschlaggebend waren, die sich in ihrer negativen Wirkung gegenseitig ergänzten:

- Die Bauherren wurden von der DEG grundsätzlich nicht über den Stand ihrer Konten informiert. Alle Kontobewegungen erfolgten praktisch ohne Mitwirkung der Kontoinhaber.[71]
- Aufgrund einer offenbar von Anfang an bewußt unterlassenen ordnungsmäßigen Buchführung gelang es Klasberg und Sievert, die wahre Vermögenslage der DEG zu verschleiern.
- Der Aufsichtsrat der Gesellschaft nahm seine vom Gesetzgeber vorgeschriebene Kontrollfunktion faktisch nicht wahr. So wurden z.B. die Jahresabschlüsse und auch das Rechnungswesen der DEG insgesamt keinerlei Prüfungen unterzogen.
- Von entscheidender Bedeutung war letztlich aber die »tragende Rolle« von Sparkassendirektor Meier. Ohne dessen Mitwirkung wäre es z.B. nicht möglich gewesen, die mißbräuchliche Verwendung des Stammkapitals der Gesellschaft durch eine »Frisierung« der Eröffnungsbilanz gegenüber dem Aufsichtsrat und den Behörden zu kaschieren. Darüber hinaus mißbrauchte er »das mit seiner Stellung verbundene Vertrauen« dadurch, daß er noch im Herbst 1936, als ihm längst klar sein mußte, daß die DEG unweigerlich auf ihren Bankrott zusteuerte, »wider besseres Wissen sowohl den übrigen Mitgliedern des Aufsichtsrates als auch außenstehenden Personen [...] gute Auskünfte über die Gesellschaft«[72] gab.

Vor diesem Hintergrund ist es nicht verwunderlich, daß Sparkassendirektor Meier in besonderem Maße für den finanziellen Ruin der DEG verantwortlich gemacht wurde. So resümierte der an anderer Stelle bereits genannte NSDAP-Funktionär Mittag in einer der Detmolder Staatsanwalt am 13. April 1937 vorgelegten Stellungnahme: »Unglaublich fahrlässig erscheint das Verhalten des Aufsichtsratsvorsitzenden und Sparkassendirektors Meyer [sic!]. Ihn trifft meines Erachtens die Hauptschuld an dem Zusammenbruch der Gesellschaft. Hätte er in seiner Funktion als Leiter der Sparkasse und als Vorsitzender des Aufsichtsrates die Dinge so wahrgenommen, wie es von ihm erwartet werden musste, so hätten derartige Verfehlungen nicht eintreten dürfen. Meyer ist es gewesen, der stets allen gegenüber, sowohl uns [gemeint ist hier die Leitung des Gaues Westfalen-Nord in Münster; d. Verf.] als auch den Handwerkern,

Lippische Staatszeitung

Die ersten Zeugen im Eigenheim-Prozeß:

Im D-Zug auf der Jagd nach Gel

Die ganze G. m. b. H. war vom Reisefieber befallen — Merkwürdige Konten in der Buchfüh

Die Auskünfte des Sparkassendirektors Meier und ihre verhängnisvollen Auswirkungen

Der dritte Verhandlungstag im Prozeß um den

9. Jahrgang

Lippische Staatszeitung

Vierter Tag im Eigenheim-Prozeß:

Vertrauensbruch – wie noch nie!

Geschäfte mit peinlichem und galantem Einschlag — Ein Sparkassendirektor, der mit Personenwaagen handelt

Die Vernehmung des Stadtbaurats Dr. Buhr aus Bad Salzuflen

Gestern sind erst

Das bewies mit besonderer Eindringlichkeit die Ver- … der Stadt Bad Salz-

Lippische Staatszeitung

Die Sachverständigen haben das Wort:

So wurden die kleinen Leute geschädigt.

Abschluß der Beweisaufnahme im Detmolder Eigenheimbau-Prozeß — Sparkassendirektor Meier ist für seine Straftaten voll verantwortlich — Am Montag beginnen die Plaidoyers mit der Anklagerede

Der Detmolder Eigenheimbau-Prozeß neigt sich seinem Ende zu. Nachdem am Donnerstag auf zahlreiche Zeugen verzichtet worden war, gelang es am Freitag, dem fünften

rats a. D. Luft aus Mainz, dessen Name in den ersten Tagen des Prozesses wiederholt genannt wurde. Bei der Gründung der Deutschen Eigenheimbau-Gesellschaft m. b.

sich stets in sehr bescheidenem Rahmen bewegt. (Ohne fel sind dem Zeugen die Spesenrechnungen der DEG so genau bekannt wie den übrigen Prozeßbeteiligt

Berichterstattung über den DEG-Prozeß: Schlagzeilen aus der »Lippischen Staatszeitung« vom 12., 13. und 14. August 1937.

gute, ja, sogar beste Auskünfte über den Stand der Gesellschaft erteilt hat.«[73]

Im Gegensatz zu Sievert, Klasberg, Thies und Wehmeier, die im »Eigenheimbau-Prozeß« vor dem Detmolder Landgericht (vom 9. bis 19. August 1937) in allen Anklagepunkten ihre Schuld eingestanden, leugnete Meier »bis zuletzt« seine Taten.[74] Die Beweislast war allerdings so erdrückend, daß er auch ohne ein Geständnis überführt werden konnte. Hinsichtlich der Motive, die den Sparkassendirektor seinerzeit bewogen haben könnten, sich an den kriminellen Geschäftsgebahren der DEG zu beteiligen, kam das Gericht zudem durchaus plausibel erscheinenden Schluß: »Der Beweggrund des Angeklagten, bei den unrechtmäßigen Abhebungen von den Siedlerkonten mitzuwirken, bestand [...] anfangs darin, auf diese Weise eine Abdeckung derjenigen Schulden zu erreichen, die der Verband noch bei der Sparkasse hatte. Später dann war er im eigenen Interesse bestrebt, die aus diesem Grunde be-

Vertrauens

gangenen Verfehlungen durch weitere unrechtmäßige Abhebungen von Baugeldern zu decken.«[75]

Wie in der Einleitung zu diesem Beitrag bereits erwähnt, verurteilte man Meier zu einer empfindlichen Geldbuße (11.100 RM) und zu einer Zuchthausstrafe von viereinhalb Jahren. Insgesamt mußte er aber fast fünf Jahre hinter Gittern verbringen, da das Gericht sein beharrliches Leugnen einer Mitverantwortung am Konkurs der DEG mit einer Nichtanrechnung der Untersuchungshaft »belohnte«. – Sievert und Klasberg, die windigen Geschäftsführer der DEG, wurden zu einer Gesamtstrafe von jeweils viereinhalb Jahren Zuchthaus und einer Geldbuße von 10.000 RM verurteilt. Holzhändler Wehmeier mußte für zweieinhalb Jahre ins Zuchthaus, Architekt Thies hingegen kam mit einer Gefängnisstrafe von sechs Monaten und zwei Wochen davon.[76]

Werdegang und Schicksal von Sparkassendirektor Paul Meier

Bevor im folgenden dem weiteren Schicksal des so tief gefallenen Sparkassendirektors nachgegangen wird, soll hier zunächst ein Blick auf seine Biographie geworfen werden: Paul Meier stammte aus kleinsten Verhältnissen. Er wurde am 27. September 1879 in Salzuflen als einziges Kind des dort ansässigen Zigarrensortierers Ernst Meier und dessen Ehefrau Wilhelmine (geb. Gronemann) geboren.[77] Schon früh verlor er die Eltern; seine Mutter verstarb 1880, sein Vater 1885. Kindheit und Jugendjahre verbrachte er im elterlichen Haus in der Hochstraße 4, wo er von seiner Stiefmutter Deborah Meier (geb. Knie), die sein Vater kurz nach dem Tod der ersten Frau geehelicht hatte, erzogen wurde.

Nach dem Besuch der Volksschule in seiner Heimatstadt absolvierte er von 1893 bis 1896 bei Hoffmann's Stärkefabriken eine kaufmännische Lehre. Nach bestandener Gesellenprüfung arbeitete er zunächst noch zwei weitere Jahre als Gehilfe in dem seinerzeit mit Abstand größten Industriebetrieb des Fürstentums Lippe. Seine Ausbildung und seine ersten beruflichen Erfahrungen waren offensichtlich ein gutes Fundament für sein weiteres Fortkommen. Denn am 1. Oktober 1898 konnte Meier, im Alter von gerade 19 Jahren, als »Assistents-Buchhalter« zur Städtischen Sparkasse Salzuflen wechseln. Dank seiner Lernfähigkeit und seines enormen Ehrgeizes durchlief er hier innerhalb von 26 Jahren die gesamte Karriereleiter (Buchhalter, Kontrolleur, Rendant) und konnte schließlich am 1. Juli 1924 als Nachfolger von Carl Barkhausen zum Direktor der Städtischen Sparkasse aufsteigen.

Damit zählte Meier, der 1909 die aus Istorf (heute Ortsteil der Stadt Lemgo) stammende Landwirtstochter Mathilde Hagemeier (1880 – 1967) geheiratet hatte,[78] seit Mitte der zwanziger Jahre zu den wichtigsten Repräsentanten des öffentlichen Lebens in der Badestadt. Aufgrund seiner politischen Anpassungsfähigkeit konnte er offenbar ohne Schwierigkeiten den Übergang von der Weimarer Republik zur Hitlerdiktatur vollziehen. Meier, seit 1928 auch Vorsitzender des neugebildeten lippischen Sparkassenverbandes, wurde Mitglied der NSDAP und behielt, im Gegensatz zu seinen Kollegen Winkler und Schellin in Detmold bzw. Blomberg,[79] seinen gut dotierten Direktorenposten. Zuletzt erhielt er ein monatliches Gehalt von 600 RM.[80]

Zu seinem 35jährigen Dienstjubiläum (am 1. Oktober 1933) erfuhr Meier durch den Bad Salzufler »Lippischen Allgemeinen Anzeiger« für die bisher geleistete Arbeit gewissermaßen eine öffentliche Belobigung. Ihm wurde für die »einwandfreie und zuverlässige Leitung« der Städtischen Sparkasse ein glänzendes Zeugnis ausgestellt. Hier ein Auszug aus dem Zeitungsartikel: »Selbst in den Jahren schwerster wirtschaftlicher Krisen verstand es Herr Sparkassendirektor Paul Meier durch [...] gewissenhafte Geschäftsführung das Ansehen der Kasse bei allen irgendwie interessierten Kreisen so zu wahren und zu festigen, daß unsere Stadt heute mit berechtigtem Stolz auf ihre Sparkasse blicken kann. Da Herr Paul Meier [...] mit dem heutigen Tag sein 35jähriges Dienstjubiläum begehen [kann], seien ihm auch an dieser Stelle die besten Glückwünsche und die aufrichtigste Anerkennung für alles das ausgesprochen, was er in einer langen Reihe wahrlich nicht leichter Jahre an aufopfernder und gemeinnütziger Arbeit geleistet hat. Möge seine unermüdliche und mustergültige Schaffenskraft ihm noch recht lange erhalten bleiben, daß er zu Nutz und Heil seiner dankbaren Mitbürger noch viele Jahre seines verantwortungsvollen Amtes walten kann!«[81]

Der Sparkassendirektor kam dem hier ausgesprochenen Wunsch in den folgenden Jahren bekanntlich in keiner Weise nach. Im Gegenteil: Durch seine hier ausführlich dargelegten kriminellen Geschäftsgebaren bescherte Meier der Städtischen Sparkasse einen finanziellen Schaden von 158.955, 26 RM. Dies war exakt die Summe, die die Sparkasse in den Jahren 1938 und 1939 zur »Abwicklung der DEG-Angelegenheit«, vor allem zur Begleichung noch offener Handwerkerrechnungen, aufbringen mußte.[82] Nicht weniger gravierend war auch der durch den Skandal hervorgerufene Vertrauensverlust unter den Kunden des Instituts. So ließ besonders die Entwicklung der Spareinlagen zu wünschen übrig; im Krisenjahr 1937 sank die Summe der Einzahlungen auf 3,36 Millionen RM (gegenüber 3,83 Millionen RM im Jahre 1936).[83] Erst zwei Jahre später, im Geschäftsjahr 1939, als die Summe der Einzahlungen einen Wert von knapp über 4 Millionen RM erreichte, hatte die Städtische Sparkasse offenbar das Vertrauen der Kundschaft wieder zurückgewonnen.[84]

Sparkassendirektor Paul Meier, 1937 (Foto aus seiner Zuchthaus-Personalakte).

Die hier skizzierte, auch aus heutiger Sicht fraglos bemerkenswerte Karriere Meiers endete mit dessen Verhaftung am 7. April 1937. Am frühen Abend dieses Tages wurde der Sparkassendirektor »durch die Polizei aus Bad Salzuflen« nach Detmold verbracht, wo er »gegen 19.45 Uhr« in das dortige Gerichtsgefängnis eingeliefert und »vorläufig zur Untersuchungshaft genommen« wurde.[85] Wie dem Aufnahmeprotokoll zu entnehmen ist, trug der als »klein und untersetzt« beschriebene Meier (er maß lediglich 1,56 m) bei seiner Inhaftierung einen dunkel gestreiften Anzug, einen schwarzen Mantel, einen dunklen Hut und schwarze Schnürstiefel. Die »Wertsachen« und »anderen Sachen«, die dem Sparkassendirektor in der Strafanstalt abgenommen wurden, bestanden aus einer »Taschenuhr mit Kette«, einer »Geldbörse mit 10,70 RM« sowie einem Führerschein der Klasse III.[86]

Da Meier gegen den am 19. August 1937 vom Detmolder Landgericht verkündeten Schuldspruch (viereinhalb Jahre Zuchthaus und 11.100 RM Geldstrafe) Revision eingelegt hatte, blieb er zunächst über den Prozeß hinaus weiter in Untersuchungshaft. Die Bemühungen um eine Wiederaufnahme des Verfahrens blieben jedoch erfolglos, so daß das Urteil des Landgerichts schließlich am 17. März 1938 Rechtskraft erlangte.[87] Am folgenden Tag wurde der frühere

Sparkassendirektor von Detmold nach Hameln transportiert und in das dortige Zuchthaus am Münsterwall 2 eingewiesen.[88]

Meier, der seine Zelle zunächst mit Klasberg, einem der früheren Geschäftsführer der DEG, teilen mußte, war laut Aufnahmebefund »zur Außenarbeit nicht geeignet«. Er wurde ausschließlich im »Innendienst« eingesetzt und mußte sich vorwiegend als Tütenkleber für die Höxteraner Firma Serong betätigen. Wie den in seiner Personalakte enthaltenen »Tagesbeobachtungen« der Zuchthausaufseher zu entnehmen ist, konnte sich Meier mit seinem neuen Betätigungsfeld nur schwer anfreunden. So notierte ein Aufseher im April 1938: »Meier gibt sich Mühe bei der Arbeit und zeigt den guten Willen, doch wird er m[eines] E[rachtens] das volle Tagessoll nicht erreichen.« Auch zweieinhalb Jahre später, im Oktober 1940, hatte sich an dieser Situation kaum etwas geändert; ein »Hilfsaufseher« namens Dörries vermerkte: »Der Gefangene 419/37 Meier [wurde] im Jahre [19]39 auf 3/4 Pensum gesetzt, 1940 jedoch auf 2/3 Pensum, die er so eben in seiner gemütlichen Arbeitsweise gut fertig bekommt. Eine besondere Leistung liegt nicht vor.«

Unter den im Zuchthaus einsitzenden Straftätern nahm Meier allein schon aufgrund seiner beruflichen Herkunft und seines fortgeschrittenen Alters (am 27. September 1939 vollendete er bereits sein 60. Lebensjahr) eine Außenseiterstellung ein. Es war daher nicht verwunderlich, daß er sich zurückzog und kaum Kontakte zu Mitgefangenen pflegte. Mehrfach findet sich in seiner Personalakte der Hinweis: »Meier bleibt für sich und läßt sich nicht mit anderen Gefangenen ein.« Unter diesen Umständen dürfte es der frühere Sparkassendirektor als besonders schmerzlich empfunden haben, daß sich neben allen früheren Freunden und Bekannten auch seine weiterhin in Bad Salzuflen ansässige Familie mehr und mehr von ihm abwandte. In der Besucherkartei des Zuchthauses sind lediglich fünf Besuche seiner Ehefrau registriert. Die Kontakte zu den übrigen Mitgliedern der Familie beschränkten sich auf wenige Briefwechsel.

Meier legte als Gefangener offenbar ein vorbildliches Verhalten an den Tag. So bescheinigten ihm seine Aufseher wiederholt eine »anstaltsgemäße Führung« oder sahen sich, wie z.B. im Juni 1940, zu dem Lob veranlaßt: »Arbeitstisch und Anzug sind in Ordnung. Sein Spind ist sauber und der Inhalt nach Vorschrift geordnet.« Seine gute Führung trug entscheidend dazu bei, daß die Staatsanwaltschaft in Detmold die letzten sechs Monate seiner Zuchthausstrafe »unter Bewilligung einer Bewährungsfrist von fünf Jahren« bis zum 1. Juli 1947 aussetzte.[89] Seine Entlassung aus dem Hamelner Zuchthaus erfolgte schließlich am 18. März 1942.

Einen von der Anstaltsleitung ausgehändigten Fahrschein 3. Klasse für eine Bahnfahrt zurück nach Bad Salzuflen ließ Meier ungenutzt. Stattdessen bestieg er einen Zug in Richtung Hannover, wo er auf Vermittlung seines Schwiegersohnes am 1. April 1942 eine bescheidene Stellung in der Buchhaltung der Firma »Voß-Papier« antreten konnte.[90]

Meier lebte allein und zurückgezogen in einer kleinen Mietwohnung in der Nähe des Hannoveraner Hauptbahnhofs, zuletzt in der Kohlrauschstraße 14. Dort ist er am 25. März 1945 im Alter von 65 Jahren verstorben. Die genaue Todesursache ist unbekannt. Möglicherweise wurde er Opfer eines an diesem Tage erfolgten Bombenabwurfs der alliierten Luftstreitkräfte.[91]

Das Zuchthaus in Hameln (*Luftbild um 1970*). *Hier verbüßte Paul Meier zwischen März 1938 und März 1942 die gegen ihn verhängte Haftstrafe.*

Wer den Pfennig nicht eh
ist des Talers nicht wert

»Alles im Sinne von König Kunde«

Von der Sparkassenwerbung zum heutigen Marketing – Die öffentliche Darstellung der Städtischen Sparkasse Bad Salzuflen im Rahmen der allgemeinen Sparkassenwerbung

Christoph Laue

Als lokal zunächst auf die Stadt Salzuflen begrenztes Institut und damit der Mehrzahl der möglichen Kunden quasi persönlich bekannt, benötigte die Städtische Sparkasse zunächst keine Werbung außer der »Mund zu Mund Propaganda«. Auch die unzulängliche Führung durch Kotzenberg in den ersten Jahren des Bestehens sprach sich auf diese Weise herum und führte zu den mangelhaften Anlagen. Als dann die alteingesessenen und renommierten Salzufler Familien Krecke und Hunecke die Geschicke in die Hand nahmen und die Satzung modernisierten, begann der Aufschwung des Instituts.

Die wohl erste werbemäßig einzuordnende öffentliche Äußerung der Städtischen Sparkasse war die Drucklegung des Statuts von 1859 und die offizielle Bekanntmachung der Genehmigung der Statuten im Fürstlich Lippischen Regierungs- und Anzeige-Blatt.[1] Diese Entwicklung entsprach der allgemeinen Tendenz.[2] Die Sparkassen wurden als nützliche Institute definiert und konnten deshalb noch auf Eigenwerbung verzichten. So bezeichnete der »Brockhaus« von 1854 die Sparkassen »ohne Zweifel [als eine der] Wohlthätigsten Erfindungen neuerer Zeit«. Anfänglich reichten daher Veröffentlichungen der Betriebsübersichten, Geschäftsergebnisse und Jahresabschlüsse; am wichtigsten waren aber die persönliche Verbreitung und die Aufklärung über das Institut, meist als »Nachhilfeunterricht über Öffnungszeiten, Zinssatz und Rückzahlungsmodalitäten.« [...] »Dabei bezogen sich alle diese Aktivitäten fast nur auf die Passivseite, während die Ansprache von Debitoren unterblieb.«[3]

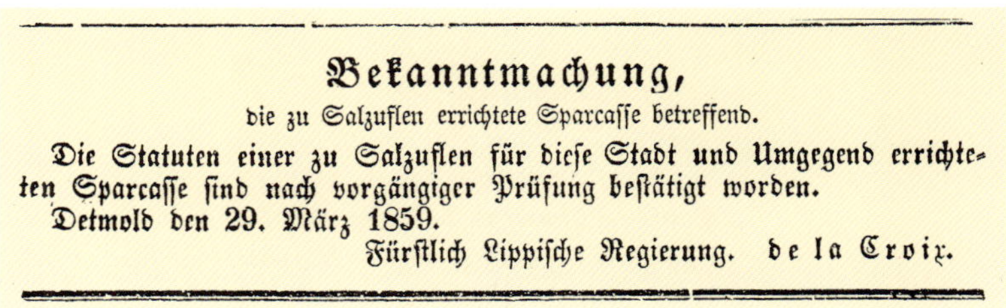
Bekanntmachung,
die zu Salzuflen errichtete Sparcasse betreffend.

Die Statuten einer zu Salzuflen für diese Stadt und Umgegend errichteten Sparcasse sind nach vorgängiger Prüfung bestätigt worden.
Detmold den 29. März 1859.
Fürstlich Lippische Regierung. de la Croix.

Meldung über die Bestätigung der Statuten der Sparkasse Salzuflen (»Fürstlich Lippisches Regierungs- und Anzeige-Blatt« vom 2. April 1859).

Eine wichtige Methode war dabei auch für die Salzufler Sparkasse die Verteilung von Satzungen an bereits gewonnene und mögliche Kunden in der Stadt.[4] Dazu kam bald der öffentliche Abdruck der Geschäftsergebnisse und -berichte. So findet sich der erste für die Salzufler Sparkasse im Jahre 1870. Solche Berichte verbanden sich durchaus mit ersten Formen der eher indirekten Werbung, vor allem für die Sicherheit des Institutes, wie 1876 im Fürstlich Lippischen Regierungs- und Anzeige-Blatt die »Nachricht über den Stand der, unter Garantie des Magistrats stehenden Sparkasse zu Salzuflen am 31. Decbr. 1875.«[5]

Der Hinweis auf die magistratliche Garantie blieb über lange Jahre ein Hauptaspekt der beginnenden Werbung der Städtischen Sparkasse. Beispiele dafür sind Anzeigen im »Lippischen Dorfkalender« (1894) – mit persönlicher Garantieerklärung durch den Rendanten Hugo Hunecke –, im »Herforder Kreisblatt« (1898) – also auch über die lippischen Grenzen hinaus – und im Adreßbuch des Landes (1901), wo jeweils mit dem Einlagekapital von 14 Millionen, 3 3/4 % Zinsen und völliger Sicherheit durch die Stadt Salzuflen »mit ihrem gesammten Vermögen und ihrer Steuerkraft« geworben wird.[6] Die erfolgreiche Werbung im außerlippischen Bereich, vor allem im preußischen Ausland, wird ausdrücklich durch die Revisoren der lippischen Regierung gelobt.[7]

Nachricht

über den Stand der, unter Garantie des Magistrats stehenden Sparkasse zu Salzuflen am 31. Decbr. 1875.

Einnahme.

	Mark	Pf.
1, Casse-Bestand am 1. Januar 1875	1567	33
2, Rückständige Zinsen von 1874	528	40
3, Zinsen pro 31. December 1875	13,675	67
4, Zurückgezahlte Capitalien und Zinsen	119,078	61
5, 929 Einlagen pro 1875	198,087	72
6, Ausgefertigte Bücher und Schuld-Dokumente	54	55
7, Außergewöhnliche Anleihe	1350	—
Mark	334,342	28

Ausgabe.

	Mark	Pf.
1, Ausgeliehene Capitalien	177,820	—
2, Zurückgezahlte Einlagen mit Zinsen	138,594	83
3, Bezahlte Zinsen pro 31. Decbr. 1875	4856	81
4, Gehalte und Büreau-Kosten	1574	85
5, Außergewöhnliche Ausgabe	0	0
Mark	322,846	49

Abschluß.

Einnahme . . . . Mark 334,342. 28 Pf.
Ausgabe . . . . „ 322,846. 49 „
ist Casse-Bestand Mark 11,495. 79 Pf.
Einnahme . . . . Mark 334,342. 28 Pf.
Ausgabe . . . . „ 322,846. 49 „
ist ein Umschlag von Mark 657,188. 77 Pf.

Bilanz der Sparkasse Salzuflen 1875 (»Fürstlich Lippisches Regierungs- und Anzeige-Blatt« vom 14. Oktober 1876).

Städtische

Sparkasse Salzuflen

Einlagekapital über 14 Mill. Mark verzinst Einlagen mit

3 3/4 0/0.

Für völlige Sicherheit haftet die Kasse mit ihren ausstehenden Forderungen, welche größtentheils in pupillarisch sicheren Hypotheken bestehen, ihrem Reservefonds und außerdem die Stadt Salzuflen mit ihrem gesammten Vermögen und ihrer Steuerkraft.

Fernsprechanschluß Nr. 7.

Inserat der Städtischen Sparkasse Salzuflen im »Adressbuch für das Fürstenthum Lippe« (1901).

Trotz allem: Die »Annoncen der Sparkassen glichen eher Bekanntmachungen als Werbeanzeigen; es waren nüchterne staatliche Verlautbarungen.«[8] Auf überregionaler Ebene erörterten die Sparkassen allerdings schon 1882 auf dem Ersten Deutschen Sparkassentag Werbe- und Sparmethoden wie das Schulsparen, Jugendsparen, Pfennigsparen und Sparmarken.[9] Erst Mitte der 1880er Jahre sind aber erste Werbeaktionen wie Flugblätter und Wettbewerbe zu finden und erst um die Jahrhundertwende reklamehafte Inserate in der Zeitung. Die Sparkassen handelten sich wegen ihres öffentlich-rechtlichen Charakters dafür schnell Kritik von den Regierungen ein, bis hin zu staatlicher Knebelung und Werbeverboten.

Werbeimpulse erhielten die Sparkassen auch durch die Sozialgesetzgebung und damit deutlicher werdenden unterschiedlichen Lebensphasen – auch die Älteren werden als eigene Gruppe schon erkannt. Trotz allem setzten die Sparkassen »zur Vertrauensbildung zuallererst und ausdrücklich auf das persönliche Gespräch. Mit Worten und Taten überzeugen.«[10] Diese persönliche Ebene spielt auch beim ersten Jubiläum der Städtischen Sparkasse Salzuflen nach fünfzig Jahren eine große Rolle.[11]

Auch die benutzten Räumlichkeiten bekamen immer mehr Bedeutung für die Außendarstellung. So bestätigte die Städtische Sparkasse die engere Verbindung zum Magistrat von 1883 bis 1891 räumlich mit der Verlegung der Diensträume aus dem Huneckeschen Hause ins Rathaus. Auch die allgemeine Tendenz dieser Jahre ging in diese Richtung. Banken und Sparkassen erreichten Aufmerksamkeit durch eigene Bauten und Schriftzüge an den Gebäuden.[12] Nach der Jahrhundertwende entstand in Salzuflen ein erster spezieller Sparkassenneubau. Im Jahre 1900 berichtete die Presse über den von der Stadt ausgelobten Architekten-Wettbewerb und seine Entscheidung. Den ersten Preis erhielt der Entwurf mit dem Kennwort »An der Salze«, während der zweite Preis auf das – eigentlich einer Sparkassen besser zu Gesicht stehende – Kennwort »Sparsam« entfiel.[13]

Bereits 1902 wurde das Richtfest gefeiert. Vor dem Neubau – geschmückt mit Flaggen, Laubwerk und Tannengrün – hielt Bürgermeister Karl Heldman eine Ansprache und gab den Inhalt der Grundsteinlegungs-Urkunde wieder.[14] In ihr zeigte sich – etwas über 50 Jahre nach der Gründung – bereits der Bezug auf Traditionen und Sicherheiten stärker als eine vorwärtsgewandte Strategie. Eine andere Richtung der allgemeinen Werbestrategie war die am 1. Januar 1902 erfolgte Aufnahme der Städtischen Sparkasse Salzuflen in den Rheinisch-Westfälischen Sparkassenverband, der bald auch zentrale Werbemaßnahmen organisierte.[15]

Gebäude der Städtischen Sparkasse Am Markt 5 in Bad Salzuflen, um 1925.

Noch vor dem Ersten Weltkrieg erfolgte eine Trendwende in der Sparkassenwerbung: »Eine neue Generation von Sparkassenleitern ließ sich mitreißen von der Neugestaltung der Lebenswelt, zu der auch die Werbung ihren Teil beitrug.«[16] Werbung wurde zur Kunst und als Mittel der psychologischen Beeinflussung erkannt. Mit der Werbung durch klare, prägnante, einfache Plakate begann die »Plakatomie der wilhelminischen Zeit«. Dieser Aufbruch verstärkte sich durch die Entwicklung der Sparkassen zu modernen Geldinstituten. Sie erhielten 1908 die passive Scheckfähigkeit und bildeten Girozentralen (1914 Giroverband, 1916 Deutscher Zentralgiroverband, 1918 Deutsche Girozentrale). Die Werbung war Teil dieses umfassenden Rationalisierungsprozesses, der auch in der Wirtschaft um sich griff.

Trotzdem blieb auch die alte Position der besonderen Betonung des persönlichen Herangehens erhalten: »Eine Mehrheit im Deutschen Sparkassenverband bejahte zwar die Werbung, doch – so meinte sie – dürfe diese nicht aufdringlich erscheinen und müsse informieren. Die wirksamste Form der Werbung besteht weiterhin aus einem breiten Angebot an Spargelegenheit, einer Verlängerung der Geschäftszeiten, einer Intensivierung von Zweigstellengründungen und der Einführung der täglichen Verzinsung.«[17] Zur Stärkung des Sparwillens dienten 1912 die erste Kundenzeitschrift des Sparkassenverbandes und neue Elemente der Förderung des Kleinsparwesens wie Heimsparbüchsen oder Sparautomaten. Auch die Städtische Sparkasse Salzuflen verteilte ab Ende 1910, Anfang 1911 sogenannte Haussparkassen (Spardosen) und berichtete in den Jahresrechnungen über ihren Erfolg: So wurden 1912 nicht weniger als 366 Haussparkassen ausgegeben, wovon 312 mit 4.871 M geleert wurden. Die weitere Entwicklung: 1913 Ausgabe von 450 Sparbüchsen, davon 342 mit 4.915 M geleert und 1914 Ausgabe von 532 Sparbüchsen, wovon 323 mit 5.124 M »zur Leerung kamen.«[18]

Ein echter werbemäßiger Durchbruch gelang allerdings erst mit dem Beginn des Ersten Weltkriegs, als der Staat im Interesse der Kriegsfinanzierung selber warb und die Kriegsanleihen über die Sparkassen eingetrieben wurden. Ziel war nun die »Erhaltung des Sparsinns und der Sparfähigkeit des Volkes in Waffen«[19] mit neuen Sparformen. Wie überall finden sich auch bei der Städtischen Sparkasse Bad Salzuflen Zeichnungsscheine und Aufforderungen für Kriegsanleihen.[20]

Nach dem Weltkrieg – und besonders nach der Inflation – begann die wirklich professionelle Werbung mit der Gemeinschaftswerbung für den Giro- und Scheckverkehr. 1920 forderte die Verbandsleitung zu mehr Werbetätigkeit auf. Trotzdem zeigten sich große Probleme. In einem Reklamefachbuch wurde kritisiert: »Wir müssen geradezu bedauern, daß für manche guten Dinge zu wenig Reklame betrieben wird, beispielsweise [...] seitens unserer Sparkassen.«[21] Die Inflation brachte aber erstmals einen gewaltigen Einbruch in die Geschäfts- und Werbetätigkeit, was sich auch in Bad Salzuflen zeigte. So wurde im September 1923 durch eine gemeinsame Anzeige der Osnabrücker Bank (»Zweiganstalt Salzuflen«), der Städtischen Sparkasse Bad Salzuflen und der Gewerbebank der inflationsbedingte Arbeitsaufwand der Banken deutlich: »Die eintretende Arbeitsüberhäufung zwingt uns, bis auf weiteres unsere Kassen und Büros jeden Dienstag geschlossen zu halten.«[22] Das auch in Bad Salzuflen benutzte Notgeld (vgl. Seite 32/33) diente trotz oft aufwendiger Gestaltung eher nicht als Werbeträger.

Aufgabe der Werbung nach 1923 war es zunächst, neues Vertrauen in die Währung zu schaffen. Auf Reichsebene entstand die Forderung nach einer einheitlichen Sparkassenorganisation. Am 15. März 1924 wurde der »Deutsche Sparkassen- und Giroverband« gegründet, womit nun die organisierte Sparkassenwerbung einsetzte. Ein erstes Werbemotto war: »Arbeitsamkeit und Sparsamkeit«.[23]

Auch eine der ersten Werbemaßnahmen der Städtischen Sparkasse Bad Salzuflen nach dem Ende der Inflation bezog sich auf die Darstellung der Geldwertstabilität. Im Frühjahr 1924 vermeldete eine Anzeige unter Hinweis auf die »Kassenstunden« und den Fernsprechanschluß des Instituts die »Annahme wertgesicherter Spareinlagen auf Dollargrundlage zu den günstigsten Zinssätzen«. Diese Wertsicherung bestätigte auch der gleichzeitig erscheinende Artikel: »Wie wir hören, findet diese neue Einrichtung allgemeine Zufriedenheit und Zustimmung und ist schon jetzt eine bedeutende Zunahme der Spareinlagen zu beobachten.«[24]

Der erste »Sparkassentag« am 24. August 1924 in Stuttgart brachte richtungsweisende Gedanken für die Werbung: »Die Sparkassenwerbung sollte nunmehr einheitlich und zentral für die Gesamtheit aller Sparkassen konzipiert werden. Die dafür erforderlichen Instrumente wurden hier geschaffen: Der ›Zentrale Werbeausschuß‹, der den ›Sparkassen-Werbedienst‹ publizierte, die ›Deutsche Sparkassenzeitung‹ und eine ›Zentrale Werbestelle‹ bei dem ›Deutschen Sparkassen- und Giroverband‹ (DSGV).«

Das Sprichwort »Wer den Pfennig nicht ehrt, ist des Talers nicht wert« sollte für die Verstärkung des Spargedankens benutzt und das Sparen als Mittel zum Wohlstand verkauft werden. Die Werbung konzentrierte sich damit stärker auf den kleinen Mann. Werbeschwerpunkte lagen auf materiellen Anreizen. Erstmals entstanden verschiedene Zielsetzungen für bestimmte Gruppen: Für die Arbeiter stand die Eigentumsbildung, für die Angestellten die Versorgung der Kinder, für die Handwerker und Landwirte die Bildung von Rücklagen im Mittelpunkt. Auch für die Überzeugung der Unternehmer und der Hausfrauen wurde Werbeaufwand getrieben. Immer mehr bediente sich die Werbe- und Medienplanung des DSGV zeit-

Hinweis auf die »Annahme wertgesicherter Spareinlagen auf Dollargrundlage« (»Lippischer Allgemeiner Anzeiger« vom 7. Juni 1924).

»Wer den Pfennig nicht ehrt ...« (Werbeplakat aus der zweiten Hälfte der zwanziger Jahre).

gemäßer Techniken. Der zentrale Werbeausschuß entwickelte ein Verbandszeichen – den »Hermeskopf« – als Werbekonstante; der Spruch »Hier sparst Du sicher [...]« wurde zentral verbreitet; in den Kinos begann die Diawerbung; 1924 entstand der Spar-Werbefilm »Der Pfennig muß es bringen« und in der Folge weitere Werbe- und Lehrfilme.[25]

Besonders wichtig für weitere Reklameschritte war der 1. Internationale Sparkassenkongreß in Mailand am 31. Oktober 1924. Hier wurde der jährliche »Weltspartag« beschlossen, der 1925 erstmals durchgeführt wurde. Für diese Tage entstand auch in Deutschland ein bis dahin undenkbarer, beispielloser Werbeplan. Die Sparkassen erklärten den Weltspartag zum Symbol für den privaten und nationalen Wiederaufbau. Vermittelt werden sollten vor allem der Nutzen des Sparens für die Allgemeinheit und das Sparen für das öffentliche Wohl mit Slogans wie »Erst sparen, dann kaufen [...]«, im Sinne der sozialen Verantwortung. Erstmals gab es reichsweit eine einheitliche Plakatwerbung. In den 1920er Jahren entstanden auch die zentralen Kundenzeitschriften, zunächst unter dem Titel »Wirtschaftswarte«, die bereits 1926 als »Sparkassenrundschau« eine Auflage von fünf Millionen Exemplaren erreichte. Die Folgezeitschrift »Der Deutsche Sparer« verteilten die Sparkassen kostenlos; ab 1930 gab es den illustrierten »Sparkassenboten«.[26]

Nach diesem massiven Werbeaufschwung beschlossen die Sparkassen am 15. Mai 1928 zur Abgrenzung gegen unlauteren Wettbewerb eine Wettbewerbsvereinbarung und die Gründung einer Schlichtungsstelle für Streitigkeiten gegen die Herabsetzung anderer Institute. Die Reglementierung der Werbemethoden rief aber auch wieder die Gegner auf den Plan, die immer noch äußerten, daß Werbung mit Seriosität nicht vereinbar sei, einen unnötigen Unruheherd darstelle und die Kosten die Einleger schädigen würden. Die neue Art der Werbung blieb aber zunächst von dieser Diskussion unbeeinflußt.[27]

Einige Anzeigen der Städtischen Sparkasse Bad Salzuflen verdeutlichen die Entwicklung der Zusammenarbeit und der neuen Werberichtung. So erschien 1929 eine gemeinsame Anzeige aller lippischen Sparkassen mit dem Text: »Vom Sparen wollen! [...] Durch rastloses sparsames Schaffen [...] legte Friedrich Krupp die Grundlagen für seine Weltwerke. Durch Sparsamkeit wirst auch Du ein Krupp! Pfennig auf Pfennig gespart, türmt sich zum silbernen Berg!«[28]

Gemeinschaftsanzeige aller lippischen Sparkassen (»Lippischer Allgemeiner Anzeiger« vom 15. Juni 1929).

Auch für die Anlageform Sparbuch betrieben die Sparkassen 1929 gemeinsam Werbung: »Das Sparbuch macht jedes Ziel erreichbar! Drum spar'! Leg' Dir noch heute ein Sparkassenbuch bei Deiner zuständigen Sparkasse an!« Das Bildmotiv dazu zeigte ein Ehepaar vor einem Eigenheim. Über dem Heim geht ein Sparbuch im Strahlenkranz wie die Sonne auf.[29] Die neue

Zeit und die größere Dienstleistungsorientierung verdeutlichte auch 1930 der Bericht über »Die neue städtische Sparkasse in Bad Salzuflen«.[30]

Die Rolle des neuen Weltspartages zeigte sich in einer Niederschrift der Tagung der lippischen Sparkassen-Vereinigung unter dem Tagesordnungspunkt »Spartag 1930«. Die Vertreter beschlossen eine gemeinsame Annonce aller lippischen öffentlichen Sparkassen.[31] In den Zeiten der Krise spielte 1931 die öffentliche Verantwortung dann wieder eine größere Rolle: »Ein Mahnwort an alle« verwies auf die schlechten Zeiten, das Geld müsse »heraus aus dem Kasten« lautete die Aufforderung: »Darum bringe alles verfügbare Geld zur Städtischen Sparkasse Bad Salzuflen.«[32] Entsprechend hieß auch die Parole der lippischen Sparkassen zum Weltspartag am 29. Oktober 1932: »Bringe Dein Geld zur Sparkasse, es ist Dein und des Volkes Nutzen.«[33] Als Einsatz für bestimmte Sparformen und die gruppenbezogene Werbung lassen sich die Ausgabe von Geschenksparbüchern – 1931 werden in der Jahresrechnung Kosten für Geschenksparbücher in Höhe von 363 M angegeben – und die Anzeige »Das beste Geschenk zu Weihnachten, ein Sparbuch« beurteilen.[34]

Inserat der Städtischen Sparkasse Bad Salzuflen (»Lippischer Allgemeiner Anzeiger« vom 28. Oktober 1931).

Auch auf Reichsebene erlitt die Werbung infolge erneuter Inflation und Wirtschaftskrise 1931 Rückschläge. So stand die Werbung unter der Prämisse »Gegen jede Inflation! Für die Interessen der Sparer!« Andere Werbeslogans der frühen 1930er Jahre waren: »Erspartes Geld verleiht einem das Gefühl der Sicherheit und Kraft« oder »Sparen heißt, nicht Not leiden«, »Wer spart, bleibt vor Not bewahrt.«[35] In einer Akte der Städtischen Sparkasse Bad Salzuflen findet sich ein nicht genau datierter Artikel aus dem Jahre 1933 mit dem Titel »Ein unendlich wertvolles Element«, in dem die Sparkassen als Sachwalter des Vertrauen der Menschheit beschrieben werden.[36]

Nach der »Machtergreifung« der NSDAP bestanden zunächst Tendenzen, die Sparwerbung zu verbieten, was aber die Spitzenverbände der Sparkassen verhinderten. Sie konnten sich innerhalb der »Reichsgruppe IV, Banken« als »Wirtschaftsgruppe Sparkassen« behaupten; der staatliche Einfluß nahm aber stark zu. 1934 beendete das »Reichsgesetz über das Kreditwesen« die Selbständigkeit der Banken und Sparkassen. Trotzdem reflektierte die Werbung der folgenden Jahre die Zeitumstände der Aufwärtspropaganda und Unterstellung unter Volksgemeinschaftsideologie und Führertum.[37]

Auch der 1933 verfaßte Artikel zum 85jährigen Jubiläum der Städtischen Sparkasse Bad Salzuflen offenbarte diese Tendenzen.[38] Noch deutlicher zeigte sich die neue Zeit in der Beteiligung der Sparkasse am Salzufler »Tag des Handwerks«. Am 15. Oktober 1933 zog ihr vierspänniger Schmuckwagen, tannengrün geschmückt und mit einer Riesen-Spardose mit Aufschrift »Städtische Sparkasse Bad Salzuflen«, durch die Stadt. Kinder mit stilisierten Münzen standen auf dem Wagen und der Spruch an der Seite lautete »Mach es, wie's das Bienlein tut. Was Du sparst, das ist Dein Gut!«

»Die Sparpropaganda unterstützte darüber hinaus ein Fernziel der nationalsozialistischen

Regierung: die Entproletarisierung der Arbeiterschaft durch eine möglichst breite Besitzstreuung. Familienförderung und Arbeitsbeschaffung waren die Bausteine der nationalen Kapitalbildung.« Die Wirtschaft sollte unterstützt werden. Eine erste Maßnahme war die Umwidmung des verdächtigen internationalen Weltspartages zum »Nationalen Spartag«. Dessen Parole lautete 1933: »Spargeld schafft Arbeit und Brot – Geldhamstern ist Sabotage am nationalen Aufbau.«[39]

Anzeige zum »Nationalen Spartag« (»Lippischer Allgemeiner Anzeiger« vom 30. Oktober 1933).

Auch die Anzeige der Städtischen Sparkasse Bad Salzuflen zum Spartag am 30. Oktober zeigte diese Tendenzen: »Zeigt am Nationalen Spartag, daß Ihr alle den Willen habt zu dem werdenden, freien Deutschland! Kein Deutscher ohne Sparbuch, Sparen hat einst Deutschland groß gemacht, denk daran und spare auch Du bei der Städt. Sparkasse Bad Salzuflen.« Das entsprechende Motiv zeigte eine Deutschlandkarte mit Spardosen.[40]

Motivwagen der Städtischen Sparkasse Bad Salzuflen am »Tag des Handwerks«, 15. Oktober 1933.

Neue Zwecksparformen erlebten einen Boom. So gab es das NS-Reisesparen der Organisation KDF (Kraft durch Freude), das Eiserne Sparen, das HJ-Sparen, das Gefolgschaftssparen und das Vereins- und Wehrmachtssparen. Der Deutsche Spartag wurde bald zu einer Sparwoche ausgebaut. In der immer wichtiger werdenden Plakatwerbung erschienen nun zahlreiche nationale und pathetische Elemente wie »Spargeld schafft Arbeit«, Volksgemeinschaftsideologien und erste Militarisierungstendenzen. Die Frauen wurden als Werbeziel der Sparkassen entdeckt: »Das Sparen der Frau ist Dienst am Volk«. Vor allem die junge Frau vor und kurz nach der Eheschließung vertrat diese Frauenideologie, während der Mann als Beschützer, Ernährer und Oberhaupt der Familie angesprochen wurde. Immer mehr zeigten die Werbeträger auch die nationale Symbolik, den Reichsadler, oder Symbole aus Industrie und Landwirtschaft.

Die Sparkassenorganisation trug dem 1935 durch die Neuorganisation des Deutschen Spar-

Werbeplakat zum »Nationalen Spartag« am 29. Oktober 1937.

Werbeplakat zur »Deutschen Sparwoche« im Oktober 1942.

Taschenkalender der Städtischen Sparkasse Bad Salzuflen für 1939 mit dem »Hermeskopf«.

kassenverlags und verstärkten zentralen Werbemittelumsatz Rechnung.[41] 1937 gab es erstmals einen zentralen Werbeplan zum Spartag. »Ende der dreißiger Jahre existierte eine wohldurchdachte Werbeorgansiation mit Werbeausschuß, einer zentralen Werbestelle und einem Verlag, der die Anregungen und Ideen zur Sparkassenwerbung in Werbemittel transportierte und an die Mitgliedsinstitute weitergab.«[42] Ab 1938 löste das neue »Sparkassen-S«, entworfen von Luis Gaigg, den »Hermeskopf« ab, der aber bis 1945 auch weiterhin eingesetzt wurde.

Zum Deutschen Spartag am 28. Oktober 1938 zeigte eine gemeinsame Anzeige der Städtischen Sparkasse Bad Salzuflen mit der Lippischen Landesspar- und Leihekasse die Angabe »38 Millionen Sparkassenbücher« mit dem stilisierten Motiv von Menschen in verschiedenen regionalen Trachten mit Sparbuch in der Hand die nun erweiterte zentrale Form der Werbung.[43] Auf Fotos aus der NS-Zeit sind die zentralen Plakate im Hauptschalterraum der Salzufler Sparkasse – unter anderem mit dem Motto »Legt Stein auf Stein, es wird einmal ein Haus daraus!« und einem Bauern mit Kind – ebenso zu erkennen wie das obligatorische Portrait von Adolf Hitler. 1939 verteilte die Städtische Sparkasse Bad Salzuflen Taschenkalender mit dem DSGV-Zeichen »Hermeskopf«.

Im Zweiten Weltkrieg standen die Kriegsbedürfnisse im Vordergrund, die Werbung verfolgte die gleiche Linie wie die Kriegspropaganda. »Das deutsche Volk spart für den Sieg; es vertraut seine verfügbaren Gelder, seine überschüssige Kaufkraft den deutschen Sparkassen an.«[44] 1943 stellten die Sparkassen bis auf das Spargeschäft die Werbetätigkeit ein. Insgesamt entwickelte sich in der NS-Zeit das freiwillige Sparen zum Zwangsprozeß und zog mit der politischen Propaganda gleich.

Das Jahr 1945 war wieder eine Stunde Null der Sparkassen; trotzdem wurden bald wieder Reklamemöglichkeiten wie das Kino, Zeitungen

Schalterraum der Städtischen Sparkasse im Gebäude Am Markt 5, Mitte der dreißiger Jahre.

Werbeplakat von 1948.

und Zeitschriften genutzt. Die Werbung mit Plakaten dagegen war stark behindert durch die herrschende Papierknappheit.[45] Die Jahre zwischen 1945 und 1948 waren Jahre der Neuorientierung und der Bewältigung der Kriegsfolgen. Erst die Währungsreform brachte wieder Vertrauen in das Geld und erlaubte einen Wirtschaftsaufschwung, der bis 1954 wieder die Vollbeschäftigung bewirken konnte. Langsam bildeten sich erneut Spitzenverbände der Sparkassen: 1948 gründete sich eine »Arbeitsgemeinschaft der deutschen Sparkassen und Giroverbände« und im Oktober 1953 der »Deutsche Sparkassen- und Giroverband e.V.« Bereits 1948 fand aber die erste Sitzung des zentralen Werbeausschusses statt; 1949 gründete sich der »Deutsche Sparkassenverlag (DSV)« neu, und 1950 entstand der erste zentrale Werbeplan, alles Hinweise auf die Bedeutung der Werbung in schlechter Zeit. Die 1949 gegründete Zeitschrift »Sparkassen-Rundschau« wurde 1953 abgelöst durch »Die freie Stunde«. Insgesamt war es keine leichte Aufgabe, die Bürger für das Sparen zu gewinnen, was sich besonders deutlich in dem Slogan: »... und es muß doch sein! – Das Sparen« widerspiegelte. In den Mittelpunkt der Werbung geriet das Konsumsparen für künftige Käufe – nicht wie früher das Vorsorgesparen.[46]

Salzufler Fotos aus den 1950er Jahren zeigen die Verwendung der zentralen Werbemittel zum Weltspartag, so 1958 das Plakat mit der Weltkugel und dem »Sparkassen-S«. Der Aufforderung des Transparents über dem geschmückten Portal der Sparkasse »Am Weltspartag zu Deiner Sparkasse« folgten Ende der fünfziger Jahre bereits wieder zahlreiche Kinder. Ähnliche Werbemethoden zeigen auch Fotos aus dem Jahre 1962, wo zum Weltspartag zur Betonung der neuen Internationalität fremdsprachige Plakate im Kassenraum hingen. 1964 wurde ein Transparent über die Straße Am Markt gespannt, das mit zahlreichen Nationalfahnen auf den Weltspartag hinwies.

Geschmücktes Portal des Sparkassengebäudes Am Markt 5 zum »Weltspartag 1958«.

Uhrensäule an der Kurverwaltung am Schliepsteiner Tor, Mitte der sechziger Jahre.

Ein anderes, rein lokales Werbemittel der Städtischen Sparkasse Bad Salzuflen stellte die Mitte der 1960er Jahre an der Kurverwaltung aufgestellte Uhrensäule mit dem seit 1963 bundesweit benutzten Spruch »Wenn's um Geld geht...«, einer Zeichnung der neuerbauten Hauptstelle und dem Angebot »Ihr fachkundiger und zuverlässiger Partner in allen Geldangelegenheiten« dar.

Der 1963 entwickelte Slogan »Wenn's um Geld geht, Sparkasse« sollte ein komplettes Serviceangebot verdeutlichen. Die instituts- und gruppenorientierte gemeinsame Sparkassenwerbung in Presse, Funk und Fernsehen wurde intensiviert. Wegen der Verschärfung des Wettbewerbs mit den Banken durch die Aufhebung des Zinsabkommens 1967 wurde die Institutsprofilierung durch Hinweise auf Besonderheiten der Sparkassen wichtiger. Es entstand eine Spezialisierung auf einige wenige Leitmotive, die »Sympathielinie« der Werbung stellte den Menschen in den Mittelpunkt. Die ab 1968 auch ersten Einflüssen der amerikanischen Pop-Art unterliegenden Plakate stellten das Sparen als Sinnbild einer positiven Lebensauffassung dar und sollten Optimismus erzeugen.[47]

Folge dieser notwendigen Eigenprofilierung war sicher auch die Einrichtung eines speziellen »Aufgabenbereichs Werbung« bei der Salzufler Sparkasse Ende der sechziger Jahre, der sich seit Anfang der siebziger Jahre zu einer eigenständigen Werbeabteilung weiterentwickelte. Die Verantwortung für diesen Bereich lag zunächst bei Günther Elsner.

Fotos vom Weltspartag 1969 in Bad Salzuflen verdeutlichen bereits die neuen Intentionen der lokalen Werbetätigkeit. So gab es ein Schülerpreisausschreiben mit einem Fahrrad als Hauptgewinn. Ein spezieller Kinderschalter, geschmückt mit den Idolen Micky-Maus, Donald, Bambi und dem Slogan »Sparen hilft Wünsche zu erfüllen«, befand sich in der Sparkasse. Auch andere heute geläufige Aktionen wie Filmvorführungen und Luftballonwettbewerbe fanden statt. Umlaufende Werbetransparente im Sparkassengebäude mit Aufschriften wie »Weltspartag 1969«, »Richtig sparen – Vermögen bilden« und »Wenn's um Geld geht« sollten die Besucher auf den großen Tag einstimmen. Eines der zentralen Plakate befand sich im mit internationalen Fähnchen dekorierten Schaufenster der Zweigstelle: Die Weltkugel aus Sicht der Apollo-Kapsel, im Jahr der erfolgreichen Mondlandung. Ähnlich sah die Dekoration 1970 aus – die Fotos zeigen die zentralen Plakate und eine Fahne am und vor dem Hauptgebäude.[48]

Ganz vom Stil der Zeit geprägt war der 1970 verteilte Prospekt der Städtischen Sparkasse mit dem Titel »Spargiro – Das Konto für Sie« mit dem zentralen sechseckigen Spargiro-Symbol und der Abbildung von Geld und Gutschrift-

»Weltspartag 1969«: Hauptgebäude an der Grabenstraße mit Werbetafel; dichtes Gedränge am Kinderschalter; Gruppenbild mit den Gewinnern des Schülerpreisausschreibens.

Werbeprospekt für das Spargiro von 1970.

formular. In dieser Zeit nahm die Akzeptanz des bargeldlosen Zahlungsverkehrs gerade für die Gehaltskonten stark zu. Der Text suggerierte »Volles Vertrauen zum Spargiro«, was durch die Fotos verschiedener Berufsgruppen – darunter auch einer beschürzten Hausfrau –, jeweils mit erhobenem Finger, noch unterstützt wurde.[49] Das Girokonto wurde mit gleichem Ziel mit dem Begriff »Drehscheibe des Geldes« beworben.

Die Jahre 1969 bis 1985 waren auf der zentralen Werbeebene von der Anpassung an die Markterfordernisse gekennzeichnet. Die Werbung entwickelte sich zum Marketing auf vielen Ebenen. Äußeres Zeichen der Neuorientie-

Schaufenster der »Zweigstelle Beetstraße« mit zeittypischen Werbeplakaten, 1974.

rung war das 1972 von dem Designer Otl Aicher entwickelte neue Erscheinungsbild. Besondere Kennzeichen waren die bis heute verwendete rote Farbe und ein neues »Sparkassen-S«, das heute [1998] von 97 % der Bevölkerung erkannt wird. Der Werbeträger Plakat behielt seine Bedeutung und wurde vor allem in den Sparkassengebäuden selbst und auf Großflächen eingesetzt, während aufgrund der Veränderungen in der Medienlandschaft die zentrale Fernsehwerbung der Sparkassen zunahm.

In den Jahren 1973 bis 1977 setzte die Sparkassenorganisation auch auf Trickfilme. Ebenso auf die Zielgruppe Kinder ausgerichtet war und ist bis heute die ab 1974 eingesetzte Comic-Reihe »KNAX«. Insgesamt ist eine Professionalisierung erkennbar. Neue Werbestrategien und -mittel wurden nicht mehr nur im »Deutschen Sparkassen Verlag« selbst, sondern auch durch Kreative aus der Werbeszene entwickelt.[50] Fotos aus der 1974 eingeweihten Bad Salzufler Zweigstelle an der Beetstraße zeigen die seinerzeitige Werbelinie der Plakate mit weißem Kopf, die über mehrere Jahre das Bild bestimmten: »Sparen wie im Schlaf«. Der alte Slogan »Wenn's um Geld geht«, hier mit der Ergänzung »gehen die meisten Deutschen zur Sparkasse«, blieb erhalten. Die Tendenz, den Kunden noch mehr in den Mittelpunkt der Außendarstellung zu rücken, wurde auch durch die 1977 erfolgte »Umbenennung« der Mitarbeiter in »Geldberater« deutlich.

Im lokalen Bereich nahm in diesem Zeitraum der sozial-, sport- und kulturfördernde Charakter der Sparkasse bei den Gewinnausschüttungen bereits einen regelmäßigen Raum in den Sitzungen der Entscheidungsorgane der Sparkasse ein. Sie berieten alljährlich über die Verteilung von Spenden – meist aber noch ohne die direkte Verbindung mit dem Marketing.[51] Die lokale Werbetätigkeit der Sparkasse zu stärken, lag aber auch sehr im Interesse der ebenfalls vom Gewinn profitierenden Kommune. So beantragte der Stadtdirektor im Juni 1978 für die nächste Sitzung des Verwaltungsrates einen Tagesordnungspunkt »Werbung mit lokalem Bezug« und gab im Februar 1979 die Anregung eines Leserbriefschreibers zur Erinnerung an den Salzufler Heimatdichter Corl Biegemann nach dort weiter.[52]

In den 1980er Jahren konnten die Sparkassen ihren Service mit Einsatz der EDV weiter verbessern, was eine große Rolle in den Anzeigen spielte. In vielen Bereichen war die Werbung der Sparkassen außerordentlich erfolgreich und konnte auch über lange Zeiträume beibehalten werden. So blieb das 1981 entwickelte sogenannte Kreis-Layout bei Anzeigen, Plakaten und im Fernsehen mit dem Einsatz von runden Farbbildern für sechs Jahre bestimmend, während andere Kampagnen nur drei Jahre andauerten. Alle Komponenten der Werbung – auch die Fernseh-Spots – bekamen eine einheitliche Werbelinie. Seit 1981 galt ein PR-Konzept mit reinen Textanzeigen in Tageszeitungen und Zeitschriften.[53]

Werbemäßig genutzt wurde in Bad Salzuflen vor allem die »zeitgemäße« Neugestaltung der Hauptstelle im Jahre 1980, zu der ein mehrfarbiges Infoblatt erschien. Das alte spartenbezogene Kundenbedienungssystem wurde nun in ein marktorientiertes umgebaut. Aus den Schaltern wurden »Service Center mit Geldberatern« und speziellen Angeboten. Auch die Lokalzeitungen hoben die »kundenbezogene« Schalterhalle hervor, die statt der »steinernen Kälte« eine freundliche, wohnliche Atmosphäre mit Sitzgelegenheiten bot. Das neue System, so kommentierten die Gazetten, sei »im Sinne von König Kunde«. Die übliche Anzeigenseite mit den am Umbau beteiligten Firmen, Bildern und Angeboten berief sich zudem auf die neue Datenverarbeitungstechnik und die künftige, individuellere Beratung und endete mit der Aufforderung: »Kommen sie doch mal vorbei, zu einem unverbindlichen Gespräch mit Ihrem Geldberater.«

Auch die Pressemitteilung der Sparkasse selbst hob das marktorientierte Beratungssystem hervor. All diese Entwicklungen waren auch in anderen Sparkassen zu sehen. So orientierte sich das neue »Salzufler Modell« stark an der 1978 neuerbauten Kreissparkasse Herford-Bünde im Nachbarort.[54] Im Vergleich zu anderen dehnte die Städtische Sparkasse Bad Salzuflen ihr Zweigstellensystem aber nur wenig aus. Im Jahr des Umbaus entstand anstelle der alten lediglich eine neue Zweigstelle in der Beetstraße.[55] Die Räume der Hauptstelle wurden nunmehr auch für Ausstellungszwecke genutzt. So fand dort im März 1982 eine Ikonen-Ausstellung statt.[56]

Trotz dieser Aktivitäten forderte eine 1983 in Auftrag gegebene Untersuchung zur Marktlage insbesondere eine Intensivierung in Beratung und Verkauf, aber auch eine verstärkte Standort- und Geschäftsstellenpolitik (also weitere Zweigstellen) und verbesserte Werbung und Öffentlichkeitsarbeit. Der daraufhin vergrößerte Vorstand[57] nahm diese Anregungen auf und baute vor allem seit 1988 die neu dazugekommenen Zweigstellen kundenfreundlich aus. Erst nach Abschluß dieser Investitionen – 1998 mit der Zweigstelle Wüsten – begann rechtzeitig zum 150jährigen Jubiläum der Neubau der Hauptstelle an der Rudolph-Brandes-Allee.

Werbeplakat mit »Kreis-Layout« von 1985.

Wohl auch eine Folge der Marktanalyse von 1983 war die 1986 vorgenommene Einrichtung einer speziellen Marketingabteilung, die seit 1996 zugleich auch für die Personalentwicklung der 246 Beschäftigten (Stand: 1. Februar 1999) – der Bestand wuchs in den letzten zehn Jahren unter Einrechnung der durch die Zusammenlegung von 1988 neu dazugekommenen Mitarbeiterinnen und Mitarbeiter von etwa 140 auf diese Zahl an – zuständig ist. Aufgaben der Marketingabteilung sind neben der Öffentlichkeitsarbeit und Werbekoordination die Marktforschung – mit der Konkurrenz- und Pressebeobachtung und der Aufstellung von Analysedaten – sowie die Distribution. Verbindende Elemente zwischen Marketing- und Personalentwicklungsbereich sind unter anderem Verkaufs- und Verhaltenstrainingsmaßnahmen. Neue Wege geht die Sparkasse mit dem Angebot an die Mitarbeiter, sich in der Freizeit weiterzubilden. Im sogenannten Sparkassenfreizeitforum werden Themen der Persönlichkeitsentwicklung (z.B. Rhetorik, Repräsentationstraining) genauso angesprochen wie die fachliche Fortbildung (z.B. PC-Kurse). Durch das gezielte Angebot von Fortbildungsmaßnahmen in Form von Fern- oder Präsenzstudien wird dem sich ändernden Wettbewerb Rechnung getragen.

In der zentralen Werbung wurde ab 1987 das sogenannte »Lebensphasenmodell« zur Leitlinie. Die Adressaten sollten auf ihre spezifischen Lebenssituationen angesprochen und der besondere Service-Charakter der Sparkassen betont werden. Die 1990er Jahre – als Jahrzehnt der Kommunikation bezeichnet – brachten dann eine stärkere Konzentration auf wenige Themen, die beworben wurden; so gab es zentral lediglich drei Schwerpunkte und sechs Spezialthemen. Professionelle Spots gestaltete unter anderem die bekannte Hamburger Werbeagentur Jung von Matt. Die Banken und Sparkassen zählen heute als Folge des verschärften Wettbewerbs in der Bankenlandschaft zu den größten Werbetreibenden.

Die zentrale Sparkassenorganisation legte neben der konzentrierten Werbung nun wieder mehr Wert auf die Individualberatung und maßgeschneiderte Marketingkonzepte für einzelne Sparkassen zu besonderen Aktionen, Neuigkeiten und Umzügen. Vor Ort kam vor allem das Sponsorentum für soziale Anliegen und sportliche oder kulturelle Ereignisse dazu, dem 1995 folgerichtig die neue geschäftspolitische Ausrichtung unter dem Slogan »Standort: Hier« mit besonderen Hinweisen auf Dienstleistungen und die Gemeinnützigkeit vor Ort folgte.[58] Diese »Standort-Pflege« ist heute auch ein geschäftspolitisches Schwerpunktziel der Sparkasse Bad Salzuflen.

Bei der Plakat- und Druckschriftenwerbung beteiligt sich die Sparkasse Bad Salzuflen weitgehend an den vom Deutschen und Westfälisch-Lippischen Sparkassenverband angebotenen zentralen Werbemaßnahmen. Ergänzend entwickelt die Marketingabteilung zu den zentralen Aktivitäten wie dem Weltspartag seit langem besondere Aktionen, unter anderem mit zielgerichteten Einladungen und speziellen Kinderprogrammen. Zur Deckungsgleichheit in den lokalen Medien und zur Kostenminimierung sprechen sich die fünf lippischen Sparkassen (neben Bad Salzuflen sind dies die Sparkassen Barntrup, Blomberg, Detmold und Lemgo) und deren Partner in der Sparkassenfinanzgruppe zu besonderen Aktionen (z.B. der jährlichen »Immobilia«) in der Anzeigen- und Spotgestaltung ab.

Seit 1986 stellt die Marketingabteilung einen jährlichen Arbeitsplan auf. Nach diesem Plan werden nach spezifisch örtlichen Gegebenheiten und auf der Grundlage der geschäftspolitischen Ziele Umsetzungspläne entwickelt. Die technische Umsetzung von Werbemitteln erfolgt durch Werbeagenturen und Druckereien. Der wesentlichste Teil der Arbeit liegt im soge-

nannten operativen Bereich, z.B. der Öffentlichkeitsarbeit. Eigene Veranstaltungen initiierte die Sparkasse 1998 unter anderem zum Salzsiederfest und zum Thema »Einführung des EURO« (mit den Europaparlamentariern Mechtild Rothe und Elmar Brok). Das umfangreiche Zeitungsausschnitt- und Fotoarchiv vermittelt weitere zahlreiche Beispiele dieser Arbeit. – Besondere Schwerpunkte des Marketings finden sich in den Bereichen Soziales, Umwelt, Kultur und Sport. Immer wichtiger werden umfassende Marketingkonzepte. So entwickelte die Marketingabteilung ein Programm »Standort: Hier« zur zielgerichteten Umsetzung wirtschaftlicher, sozialer und kultureller Aufgaben vor Ort.

Bei den zum Marketing und zur Außendarstellung gehörenden Spendenausschüttungen und im Sponsoring stehen gemeinnützige und soziale Aufgaben im Vordergrund. Einige Beispiele für solches Eingreifen sind die Spende von 120 Fahrrädern für den Grundschulunterricht, die Bereitstellung der Kapitalgrundlage für das Umweltzentrum »Heerser Mühle« und den KAS e.V. (Verein für Kultur, Arbeitslosen- und Sozialarbeit) für seine Arbeit mit sozial Schwachen. Für Kindergärten gab die Städtische Sparkasse Einzelspenden als Dotationskapital; aber auch ein Seniorenführer und ein Stadtführer für Jugendliche und Kinder wurden voll finanziert.

In Bereich der Kultur beteiligt sich die Städtische Sparkasse Bad Salzuflen an der örtlichen Unterstützung der Nordwestdeutschen Philharmonie und unterstützt die Volkshochschule, die Musikschule und örtliche Künstlervereinigungen wie das »Fachwerk« und »Dat Huisken«. Seit dem Stadtjubiläum 1988 gibt die Sparkasse alljährlich Wandkalender mit Motiven lippischer Künstler heraus. Der Verbesserung des Stadtbildes diente die Stiftung von Marktbrunnen in Bad Salzuflen und Schötmar.

Traditionell bedeutend ist der Bereich der Sportförderung. Schon seit über 30 Jahren ist die Städtische Sparkasse Bad Salzuflen Sponsor

Redzep Memisevic, Maler und Kunsterzieher aus Bad Salzuflen, mit einem seiner Werke beim Aufbau einer Ausstellung in der Filialdirektion Schötmar, 1996.

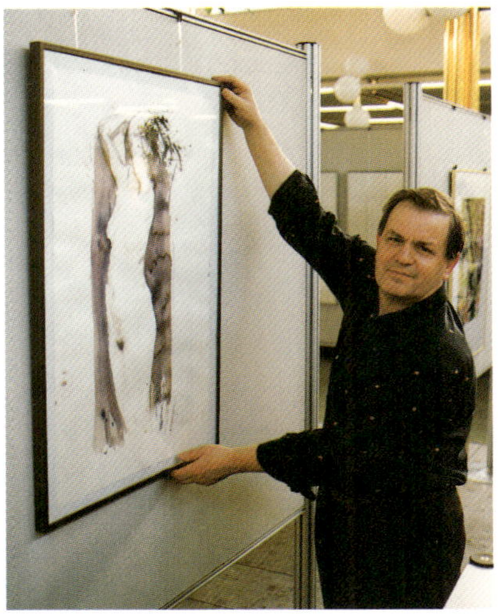

von Fußballturnieren im Jugendbereich. Eine besonders erfolgreiche Veranstaltung ist das seit 22 Jahren zusammen mit dem Stadtsportverband durchgeführte »Spielfest« mit jeweils über 2.000 Teilnehmern im Schloßpark Schötmar. Die Sparkasse ist Hauptsponsor der überregional bedeutenden Veranstaltung »Dressur Spezial« und trägt damit wesentlich zu einer neuen Imageprofilierung des Salzufler Staatsbades bei.

In den letzten Jahren engagierte sich die Städtische Sparkasse im wirtschaftlichen Bereich besonders in der Unterstützung von Existenzgründungen, in der Beschäftigungsförderung und der Berufsorientierung. Durch die Städtische Sparkasse wurde auch die »Pestel-Studie zum Wohnungsmarkt in Bad Salzuflen« in Auftrag gegeben. Diese Wohnraumanalyse begründete die Notwendigkeit vermehrten Wohnungsbaus und führte in den politischen Gremien der Stadt zu entsprechenden Beschlüssen. Zielgruppen der Veranstaltungsreihe »Who is who« und Bewerbungstrainings-Aktionen sind hauptsächlich die örtlichen Schulen.

Beim »Spielfest« im Schötmaraner Schloßpark, 1997.

Daneben gibt es an vielen Stellen »verstecktes Sponsoring« ohne direkten Werbenutzen für die Sparkasse. Tatsache ist, daß viele öffentliche Aktivitäten ohne Unterstützung durch die Sparkasse nicht mehr durchführbar sind. Die Rolle der Sparkasse Bad Salzuflen als Standortpartner ist bekannt. Der Anteil des Marketingetats am Geschäftsvolumen ist zwar in den letzten zehn Jahren gewachsen, bewegt sich aber trotz all dieser Aktivitäten vergleichsweise immer noch auf einem relativ niedrigen Niveau. Denn unter anderem entstehen viele Kosten allein schon aus der anteiligen Beteiligung der Sparkasse Bad Salzuflen an der Fernseh- und Radiowerbung durch die Zentralorganisation.

»Wenn es dem Standort gut geht, geht es auch der Sparkasse gut!« Das ist heute und für die nähere Zukunft die Grundidee der Geschäftspolitik des »Modernen Universalkreditinstituts« Sparkasse Bad Salzuflen. Im Jubiläums-

jahr wird entsprechend der »Agenda 21« eine Stiftung zur Förderung der Jugendpflege und -hilfe, des Umwelt- und Naturschutzes und der innovativen Technologien gegründet. Die Sparkasse verdeutlicht ihren Standortanspruch aber auch durch Umbenennung von »Städtische Sparkasse Bad Salzuflen« in »Sparkasse Bad Salzuflen« ab 1. Januar 1999, womit sie im übrigen zu ihrer ursprünglichen Namensbezeichnung zurückkehrt.

Isabell Werth mit ihrem Siegerpferd »Gigolo« beim »Dressur Spezial« 1998 im Stadion Flachsheide in Bad Salzuflen.

Siegerehrung mit Dr. Rolf Gerlach, Präsident des Westfälisch-Lippischen Sparkassen- und Giroverbandes (Bildmitte), und dem Vorstandsvorsitzenden der Sparkasse Bad Salzuflen, Heinz-Theo Drücker.

»Segensreiche Wirksamkeit« Werbung mit der eigenen Geschichte anläßlich von Jubiläen und besonderen Ereignissen

Jubliäen und auch die Einweihung von neuen Gebäuden sind für Firmen und Institutionen immer gute Gelegenheiten, mit dem Hinweis auf Geschichte und Traditionen für die eigenen unternehmerischen Ziele zu werben. Die Ausgestaltung der Feierlichkeiten und der Außendarstellung geben zugleich aber auch einen Einblick in den jeweiligen Zeitgeist und vermitteln ein Bild der Auseinandersetzung mit der eigenen Geschichte.

Die erste feststellbare Jubiläumsfeier der Städtischen Sparkasse Salzuflen fand 1899 zum 50jährigen statt. In der Kaiserzeit würdigte die Stadt vor allem die Rolle der Honoratioren. So bekam der noch lebende Mitbegründer der Sparkasse, Friedrich Wilhelm Krecke, als Jubiläumsgeschenk eine Hausuhr, und am Grab des früheren Rendanten Hugo Hunecke wurde ein Kranz niedergelegt. Am Jubiläumstag – man hatte aus nicht nachvollziehbaren Gründen den 2. Juni des Jahres gewählt – fand abends um sieben Uhr im Ratshaussaal ein Festessen statt. Alle Beamten der Sparkasse waren von der Stadt zur Feier geladen worden; Ehrengast war Ratsherr Witte, der 1883 als Mitglied der Stadtverordnetenversammlung die Erhebung des Instituts zur Städtischen Sparkasse mitentschieden hatte. Die gesamten Kosten der Feier wurden von der Stadt getragen, was der Sparkassenvorstand wohlwollend registrierte.[59]

Die nächste Möglichkeit zur Auseinandersetzung mit der eigenen Geschichte bot das Richtfest des ersten eigenen Sparkassen-Gebäudes im Jahre 1902. Am 30. September war der Neubau – geschmückt mit Flaggen, Laubwerk und Tannengrün – Schauplatz einer traditionsschweren Ansprache von Salzuflens Bürgermeister Karl Heldman. Er gab im wesentlichen den Inhalt der Grundsteinlegungsurkunde wieder, verwies auf das Gründungsdatum 1. April(!) 1849, die erste Einlage von 20 Talern durch Friedrich Frigge und das älteste erhaltene Sparkassenbuch, das 1854 auf das Kind der an der Loose wohnenden Anna Paul ausgestellt worden war. Voller Nationalstolz erklärte Heldman, daß das Institut seinen größten Aufschwung nach dem Krieg von 1870/71 genommen habe. In diesem Zusammenhang stellte er auch die Garantie der Stadt heraus, die 1883 zur »Städtischen« Sparkasse mit Unterbringung im Rathaus geführt habe. In den Grundstein wurden neben der Urkunde und dem Sparbuch von 1854 noch je ein Exemplar der Satzungen von 1859, 1870, 1883, 1898 und die Pläne des Neubaues eingelassen.[60]

Trotz schwerer Zeit beging die Sparkasse am 29. September 1923 das 75jährige Jubiläum, nunmehr mit Bezug auf das – falsche – Gründungsdatum im Jahre 1848, das erstmals in der Präambel zur Satzung von 1859 erschienen war. In einem von der Sparkasse im »Lippischen Allgemeinen Anzeiger« (LAA) veröffentlichten Zeitungsartikel wurde dem Volksverein die Ehre zugeschrieben, das Institut, »welches bis zum heutigen Tag in segensreicher Wirksamkeit gestanden hat«, gegründet zu haben. Es folgte die Darlegung einer Erfolgsgeschichte unter Einschluß des Zitats aus der Präambel von 1859, der personellen und räumlichen Veränderungen und einiger Anmerkungen zur Entwicklung der Buchhaltung und des Geschäftsverkehrs. Besonders herausgestellt wurde die im Mai 1923 beschlossene Einrichtung einer Bankabteilung. Der Erfolgsbericht endete mit den relativierenden Worten: »Ohne Ueberhebung kann jedenfalls behauptet werden, daß die Städtische Sparkasse Bad Salzuflen heute mit an der Spitze der Salzufler Geldinstitute marschiert.«[61]

Zum 80jährigen Jubiläum am 19. September 1928 erschien im LAA wiederum ein ausführlicher Artikel, der zu Beginn im wesent-

lichen den Text zur 75-Jahrfeier wiederholte, allerdings mit einer negativeren Betrachtung der Revolution von 1848 – möglicherweise eine Reaktion auf die in der Weimarer Zeit gewandelten Einschätzungen dieses Ereignisses. Der Jubiläumsbericht begann mit dem Satz: »Im Herbst des Jahres 1848, nach den Wirrnissen der Revolution, entwickelte sich aus dem damaligen Volksverein die Sparkasse, ein Institut, welches bis auf den heutigen Tag in segensreicher Wirksamkeit gestanden hat.« Wiederum verwies der Autor auf die ersten Spareinlagen im April 1849 und den dann erfolgten Aufstieg des Instituts, das – wie schon 1923 – als neue und moderne Einrichtung dargestellt wurde. Neu war die Werbung mit besonderen Aktionen: »Um auch die Jugend zum Sparen anzuleiten, gibt die Sparkasse Geschenksparbücher für Neugeborene aus und Haussparkassen leihweise ab. Von letzteren sind 903 Stück im Gebrauch.« Bemerkenswert ist auch die Betrachtung der Inflation. Die 1923 noch so gelobte Bankabteilung erscheint nunmehr nur als Mittel gegen die Inflationsfolgen. Nach der Inflationszeit habe die Sparkasse vor dem Nichts gestanden, aber das Vertrauen in die altbewährte und größte kommunale Sparkasse sei bald zurückgewonnen worden. So habe die Bankabteilung wieder aufgegeben werden und die Inschrift »Mit Bankabteilung« vom Portal des Sparkassengebäude verschwinden können, womit die Sparkasse nun zum altbewährten Spargeschäft in modernerer Form zurückgekehrt sei.[62]

Die Modernität spielte auch 1930 eine wesentliche Rolle, als die Städtische Sparkasse in Bad Salzuflen nach einer Renovierung am 15. Februar wieder zurück ins alte Gebäude zog. Dieses entspreche nun neuzeitlichen Anforderungen und praktischer Verwendbarkeit. Vor allem der neue, große Abfertigungsraum sei nun »sachlich und schön«. »Die Städtische Sparkasse von Bad Salzuflen kann als die größte lippische Kommunalsparkasse stolz sein auf dieses neue Heim und auch weiterhin als ein hervorragender Musterbetrieb hoffnungsvoll in die Zukunft blicken. Seit ihrer Gründung im Jahre 1848 hat sie sich trotz mancher Krisenzeiten ständig gut entwickelt und am 1. Januar 1930 mit einer Gesamtzahl von 20.100 Sparern die respektable Summe eines Einlagekapitals von nahezu 11 Millionen RM erreicht.«[63]

Bereits 1933 wurde das nächste Jubiläum begangen: »85 Jahre Städtische Sparkasse Bad Salzuflen«, verbunden mit dem 35jährigen Dienstjubiläum des wenige Jahre später so umstrittenen Sparkassenleiters Paul Meier. Ganz im Sinne des neuen Führertums sprach die Zeitung ihm nach einer kurzen Darstellung des Erfolgsweges des Instituts das volle »unerschütterliche« Vertrauen aus. »Selbst in den Jahren schwerster wirtschaftlicher Krisen verstand es Herr Sparkassendirektor Paul Meier durch weitgehendstes Entgegenkommen einerseits, wie durch gewissenhafte Geschäftsführung andererseits das Ansehen der Kasse bei allen irgendwie interessierten Kreisen so zu wahren und zu festigen, daß Salzuflen heute mit berechtigtem Stolz auf seine Sparkasse blicken kann.«[64]

Zum großartigen Ereignis – auch im Sinne der inflationären nationalsozialistischen Festkultur – geriet das 90jährige Jubiläum im Jahre 1938. Die überlieferten Fotografien zeigen die Sparkasse im Hakenkreuzfahnenschmuck mit Tannengirlanden und dem Salzufler Wappen über der Tür. Auch der »Lippische Allgemeine Anzeiger« gratulierte am 28. Oktober mit einem Artikel unter dem Titel »Das Sparkassengebäude im Festschmuck«: »Die grünen Tannengirlanden, die blau-weiß-blauen Schleifen in den Farben der Stadt und die Fahnen unseres Dritten Reiches geben Kunde, daß am heutigen Deutschen Spartag die Sparkasse einen besonderen Ehrentag begeht.«[65]

In dem Zeitungsartikel – mit einer Zeichnung des Gebäudes versehen – wurde auch die Geschichte des Hauses vermittelt. Neben den

Zum neunzigjährigen Jubiläum wurde das Gebäude der Städtischen Sparkasse mit Girlanden und Hakenkreuzfahnen geschmückt (Aufnahme von Oktober 1938).

Titel der von den Angestellten der Sparkasse erstellten »Fest-Schrift« zum neunzigjährigen Jubiläum 1938 und ein Auszug aus dem gereimten und illustrierten Innenteil.

M o t t o :

Wer keinen Spass und Scherz versteht,
Leg diese Schrift beiseite.
Wer frömmelnd nur das Aug' verdreht,
Der suche schnell das Weite.
Wir respektieren die Person
Und wollen niemand kränken,
Und sagen wir die Wahrheit schon,
Wer braucht uns Glauben schenken!
Nur Laie, nicht Poet sind wir,
Dazu fehlt uns die Muse.
Find'st Du die Verse schrecklich hier,
Recht haste, doch mach Du'se.

Der Betriebsobmann.

schon üblichen Sätzen zum Erfolg in den ersten Jahren betonte die Zeitung im Jargon der Zeit besonders die bedeutungsvolle vaterländische Aufgabe der Sparkasse in den Jahren 1914 bis 1918, als zur Kriegsanleihe 22 Millionen RM beigetragen wurden, die 1913 durch den Scheck- und Giro-Verkehr gelungene bedeutende Ausdehnung des Geldverkehrs, die 1923 erreichte »größtmögliche Aufwertungsqoute für das hinweggeraffte Geld« und den kameradschaftlichen Geist der Sparkassenangestellten. Die durch den Zusammenbruch der »Deutschen Eigenheimbau-Gesellschaft« (DEG) heraufbeschworene Vertrauenkrise findet nur Erwähnung in der Aussage, daß sie sich nicht nachteilig für die beteiligten Handwerker ausgewirkt habe. Gerade seit 1933 sei ein ununterbrochener Aufstieg gelungen, natürlich auch begründet durch die besondere Förderung des Spargutes durch den NS-Staat und Adolf Hitler.[66]

Auch die interne Festzeitung der Sparkassenangestellten atmete diesen Geist. Etwas deplaziert erschien eine Hochzeitskutsche auf dem Titelblatt. Im Stil einer »Bierzeitung« beschrieb das Blatt die Festfolge und versuchte mit zahlreichen – spaßigen und auf Interna bezogenen, eher biederen Gedichten – eine (feucht-)fröhliche Stimmung zu erzeugen: »Wir lassen heut' die Arbeit ruhn / Und wollen uns hier gütig tun / An Sachen die zu diesen Zwecken/ Festlich diesen Tisch hier decken / Bei allen diesen leckern Sachen / Fühlt man das Herz im Leibe lachen / Doch grösser wird noch das Vergnügen / Wenn wir erst kleine Bierchen kriegen.«[67]

»Zur Erinnerung an das 100jährige Jubiläum der Städtischen Sparkasse Bad Salzuflen« erschien zum 20. April 1949 – nun wieder zum historisch richtigen Datum – eine Festschrift mit der Zeichnung des Hauptgebäudes auf dem Titelblatt. Ziel der Darstellung war die Erfolgsgeschichte der Kasse – »von 393 Talern zu 58 Millionen«. Entsprechend dem Ansatzpunkt »Sparkassengeschichte ist Heimatgeschichte« schilderte der Hans Grunewald – als erster offenbar auf eigene Quellenrecherchen aufbauend – die Entwicklung des Instituts aus kleinsten Anfängen. Tribut zollte er wiederum dem Volksverein von 1848, obwohl »diesem Volksverein kein dauerhafter Erfolg beschieden [war]. Er entschlief sanft wie ebenso die nach 33 Jahren versuchte Neugründung.« Zu verdanken seien ihm aber zwei Einrichtungen, die Kleinkinder-Schule und die Sparkasse. Ein Satzungsüberblick wies auf die 1859 aufgehobene, nicht zweckmäßige Vollversammlung hin. Die Niederlegung des Rendantenamtes durch Kotzenberg Ende 1853 fand ebenso Erwähnung wie die Übernahme durch Hunecke.

Den Beginn der unbegrenzten Garantie-Übernahme durch die Stadt datierte der Autor in das Jahr 1868. »Die Bekanntgabe dieses Beschlusses im Regierungs- und Anzeigenblatt ist das erste Erscheinen der Sparkasse in der Presse. Vier Jahre später wird zum ersten Male in derselben Zeitung die Jahresrechung bekanntgegeben.« Da Zeitungen nur selten erschienen, wären die Bekanntmachungen nur von der Kanzel erfolgt. Lob fand der Betrieb der Städtischen Sparkasse Bad Salzuflen durch die verdienten Bürgerfamilien, deren Namen bis in das 16. und 17. Jahrhundert zurückverfolgt werden könnten. Ohne weitere Angabe wurde das Ausscheiden Paul Meiers 1937 erwähnt.

Eher als Schicksalsschläge ordnete der Autor Inflation, Nachkriegszeit und Währungsumstellung ein. Kritik am Zweiten Weltkrieg zeigte er in der Aussage, ab 1939 wäre das Sparkapital im »wahrsten Sinn des Wortes verpulvert« worden. Durch die zum 1. Juli 1943 erfolgte Übernahme der Hauptzweigstelle der Lippischen Landesspar- und Leihekasse wäre die Städtische Sparkasse Bad Salzuflen nunmehr das einzige Kreditinstitut in Bad Salzuflen. »Nun tritt die Sparkasse in wirtschaftlich schwerer Zeit in ihr zweites Jahrhundert ein.« Aufgaben seien aber seit jeher: »Den Sparwillen zu stärken, das Volksvermögen zu mehren und dem allgemeinen Besten zu dienen.« Die Anzeige der Städtischen Sparkasse in der Festschrift verwies mit der Aussage »100 Jahre im Dienste der heimischen Wirtschaft« aber auch auf den anderen wichtigen Geschäftszweig.[68]

Auch in der nächsten Selbstdarstellung, in der aus Anlaß der Fertigstellung des neuen Geschäftsgebäudes in der Grabenstraße im Jahre 1965 herausgegebenen Festschrift, hob die Sparkasse mit einem Zitat aus dem Schreiben des Volksvereins vom 1. Februar 1849 vor allem den Spargedanken hervor. Betont wurde die Rolle als Spar- und dem Gemeinwohl verpflichtetem Institut. Aus kleiner Urzelle habe sich eine erfolgreiche Kasse entwickelt. Besonders die Garantieübernahme durch die Stadt stellte die Schrift heraus; so seien die ersten Statuten durch den Magistrat in allen wesentlichen Punkten genehmigt worden: »Lediglich zu einzelnen Bestimmungen wurden Auflagen erteilt, die im Hinblick auf die Garantieübernahme für das zu gründende Sparkasseninstitut durch den Magistrat selbstverständlich waren.«

Die kurze historische Zusammenfassung der ersten Jahre endete nach dem bloßen Hinweis auf zehn Jahre Geschäfte mit der Neuregelung durch das revidierte Statut vom 11. März 1859, dessen Präambel im Original abgedruckt wurde: »Im Jahre 1848 begründet, hat dieses Institut, unter der Garantie des Magistrats, einen solchen Aufschwung genommen, daß nach den gemachten Erfahrungen, mit Recht von demselben gesagt werden kann, diese Anstalt wird mit Nutzen für die Stadt dauernd bestehen, und es können mit Zuversicht die nachstehenden Statuten derselben zu Grunde gelegt werden.« Dem Autor der Festschrift war dabei die Herausstellung des gemeinnützigen Charakters der Sparkasse wichtig. Beispiele hierfür führte er allerdings erst aus der Zeit nach 1956 an. Die Statuten seien zunächst individuell aufgestellt worden, doch dann bald an den allgemeinen Sparkassen-

Innentitel der aus Anlaß der Einweihung der neuen Hauptstelle in der Grabenstraße im Frühjahr 1965 herausgegebenen Festschrift.

regelements orientiert worden, womit sich die Sparkasse in der Rückschau in die bestehende Sparkassenlandschaft und die überregionale Zusammenarbeit einordne. Wiederum folgte diese Festschrift älteren Darstellungen mit der Aussage, daß es dem Volksverein hoch anzurechnen sei, daß er die Initiative ergriffen habe und damit ein Institut geschaffen habe, das »alle wirtschaftlichen Krisen und Währungsumstellungen der vergangenen 115 Jahre, insbesondere aber die beiden schweren Inflationen unseres Jahrhunderts, überdauert hat und heute als ältestes Institut unserer Stadt den Bewohnern ihre Dienst anbieten kann.«[69]

Am 19. und 20. April 1974 feierte die Städtische Sparkasse Bad Salzuflen ihr 125jähriges Jubiläum. Aus Anlaß des Festes erhielten alle Haushalte im Ortsteil Bad Salzuflen und einige in Schötmar eine »Wurfsendung« des Instituts. Von der Auflage von 15.000 Exemplaren wurden 11.810 als Postwurfsendung verteilt. Inhaltlich brachte die Broschüre eine weitere Zusammenfassung des Textes von 1965 und betonte erneut: »Aus kleinsten Anfängen hat sie sich zu dem heute größten und bedeutendsten Kreditinstitut unserer Stadt entwickelt.« Der Text schließt mit dem Wunsch: »Möge die Städtische Sparkasse Bad Salzuflen auch in der Zukunft weiter erfolgreich zum Wohle der heimischen Wirtschaft der Stadt Bad Salzuflen und all' ihrer Bürger wirken.« In leicht abgewandelter Form wurde der Bericht der Wurfsendung auch als Pressemitteilung benutzt. Ein weiterer Werbeaspekt war die in den Pressetexten immer hervorgehobene großzügige Spende für das Bad Salzufler Hallenbad. Die eigene Zeitungsanzeige enthielt neben dem Jubiläumsdatum »125 Jahre Städtische Sparkasse Bad Salzuflen« lediglich die Daten »20. April 1849 und 1974« und benutzte als Werbetext den zentralen Slogan: »Heute und in Zukunft... / Ihr fachkundiger Partner / in allen Geldangelegenheiten / Wenn's um Geld geht Sparkasse.«

Als besondere Aktion verteilten zwei Hostessen an den Tagen nach dem Jubiläum an die Besucher der Geschäftsstellen 4.000 Porzellan-Unterteller mit den Motiven Sparkassengebäude an der Grabenstraße und Rathaus Bad Salzuflen. Zusätzlich wurden 50 Gold-Gedenkmünzen mit den gleichen Motiven als Erinnerungsgabe für die Mitglieder des Verwaltungsrates, des Stadtrates und für den Bürgermeister und den Stadtdirektor geprägt. Das Jubiläum feierte die Sparkasse am 20. April in der Gaststätte König in Ehrsen mit geladenen Gäste eher intern.[70]

Die beiden letztgenannten Festschriften zeigten – natürlich auch durch den bescheidenen Umfang bedingt – keine kritische Auseinandersetzung mit den Gründungsbedingungen, Zielen und Aufgaben der Sparkasse, sondern orientierten sich an dem allgemeinen Bild der Sparkassen in den sechziger und siebziger Jahren, als der Spargedanke und die Gemeinnützigkeit angesichts erneuter ernster wirtschaftlicher Krisendrohungen – die Ölkrise lag noch nicht lange zurück – wieder in den Vordergrund der Werbung geriet.

Zwei Sparkassenangestellte, Frau Reker (rechts) und Frau Strangfeld, verteilten 1974, zur 125-Jahr-Feier des Instituts, Präsente an die Besucher der Hauptstelle in der Grabenstraße.

»Mündelsicher« Außendarstellung der Städtischen Sparkasse Bad Salzuflen durch Briefköpfe

Im Laufe des 19. Jahrhunderts entwickelten sich die Briefköpfe von Firmen und Institutionen zu wichtigen Werbeträgern. Sie dienten unter anderem zur Darstellung des Geschäftsumfanges, der technischen Neuerungen, der angebotenen Dienstleistungen und Auszeichnungen. Waren sie zunächst rein von Texten bestimmt, fügten die Auftraggeber und Gestalter später immer mehr Abbildungen, vor allem der Firmengebäude – meist überdimensioniert und perspektivisch verstärkt – und der Auszeichnungsmedaillen, seltener auch der Produkte, in die Briefköpfe ein.

Behörden und Institutionen verwandten in der Regel schlichtere Motive. So auch die Städtische Sparkasse Salzuflen. Ein Mitteilungsblatt von 1900 gibt sehr zurückhaltend mit leichtem Jugendstileinfluß in einigen Zierlinien nur den Namen des Instituts an, es finden sich keine weiteren Angaben, außer der Fernsprechnummer – Nr. 7 –, was als siebter Anschluß in Salzuflen auf eine gewisse Modernität hindeuten könnte.[71] Aus dem Jahre 1903 ist ein noch schlichterer Briefkopf, mit dem Institutsnamen in lateinischer Schreibschrift ohne ergänzende Angaben, überliefert.[72] Auch 1904 ist eine Linie mit Jugendstilelementen auf einem in Antiqua gedruckten Briefpapier wie 1900 das einzige gestalterische Mittel.[73]

Der Einsatz des Wappens der Stadt Salzuflen ist erstmals auf einem 1904 überlieferten Stempel mit gezacktem runden Rand erkennbar.[74] 1914 erscheint das Wappen der Stadt auf dem Briefkopf neben der Aufschrift »Städt. Sparkasse Bad Salzuflen (Mündelsicher).« Wie in den zeitgleichen Anzeigen wirbt die Sparkasse mit ihrer großen Sicherheit. Dazu kommen als Angaben zur Dienstleistung die Kassenstunden – 8 1/2 bis 12 1/2 Uhr vormittags und 2 1/2 bis 5 Uhr nachmittags.[75] Auch 1917 ziert das Wappen den Briefkopf, diesmal in der Mitte des Blattes; auch hier finden sich die Kassenstunden als einzige weitere Angabe.[76]

Aus dem Jahre 1920 ist ein Korrespondenz-Briefkopf überliefert, der in leicht verschnörkelter Antiqua-Schrift zweigeteilt links die Adresse der Sparkasse, ihre Konten – als Zeichen der Akzeptanz des Instituts bei anderen – und Öffnungszeiten und rechts ein Adreßfeld mit vorgedruckter Datumsangabe enthält.[77]

Erstmals genauere Angaben zu den Angeboten der Kasse zeigt ein Briefkopf »Städt. Sparkasse Bad Salzuflen (Mündelsicher)« in Antiqua mit Wappen von 1923.[78] Die im Inflationsjahr 1923 zu beobachtende Sonderentwicklung einer Bankabteilung läßt sich ebenfalls nachvollziehen: Ein modifizierter Briefkopf mit fettgedrucktem Institutsnamen weist auf die Spar- und Bankabteilung der Kasse mit den jeweiligen Angeboten hin.[79] Auf dem Briefkopf von 1926 sind diese Angaben wieder verschwunden; angegeben werden nur die Konten, der Fernsprecher und die »Kassenstunden« (»8 bis 12 1/2 Uhr vormittags« und »2 1/2 bis 5 Uhr nachmittags, Sonnabend nachmittags geschlossen«).[80] Ebenfalls aus dem Jahr 1926 stammt ein Briefkopf in lateinischer Schreibschrift mit der Angabe »Städtische Sparkasse«, einer Schmucklinie und dem Nachweis der Konten und Telefonnummer ohne Öffnungszeiten.[81]

1940 erscheint ein aufwendigerer Briefkopf: Der Name steht in Schmuck-/Schleifenband mit dem Wappen der Stadt Bad Salzuflen in der Mitte, angegeben werden Telefonnummer, Konten und Öffnungzeiten (»8 – 12 1/2 Uhr vormittags, 2 1/2 – 5 Uhr nachmittags, Mittwoch und Sonnabend nachmittags geschlossen«).[82] Noch immer werden aber keine Elemente der zentralen Werbeangebote verwendet.

1971 benutzt die Städtische Sparkasse einen Briefkopf mit der Namensangabe in Frakturschrift, ergänzt um die Aussage »Öffentlich-rechtliche Kreditanstalt« in Großbuchstaben neben dem nunmehr in schlichterer Form dargestellten Wappen der Stadt. Angegeben werden Konten, Kassenstunden (»8 – 12.30 Uhr und 14.30 – 16.30 Uhr, Freitags bis 17.30 Uhr, Sonnabends geschlossen«), Telefon und Fernschreiber. Ganz unten auf dem Blatt findet sich erstmals das von Louis Gaigg entwickelte »Sparkassen-S« und der Hinweis auf die vorhandenen Zweigstellen.[83] Für den internen Verkehr, zum Beispiel für die Einladungen zu Sitzungen des Verwaltungsrates, benutzt die Sparkasse 1972 ein – wohl zentral geliefertes – Büttenpapier mit geprägtem »Sparkassen-S« – nunmehr das neue des Designers Otl Aicher – und der darunter eingedruckten Zeile in Großbuchstaben »Städtische Sparkasse Bad Salzuflen. Der Verwaltungsrat«.

1977 existiert kein eigener Briefkopf mehr; es erfolgt die Übernahme des zentralen, wohl in ganz Deutschland gebräuchlichen Briefkopfes mit rotem Sparkassen S links oben und der eingedruckten Angabe »Städtische Sparkasse Bad Salzuflen« sowie den Bankverbindungen und den Adressen und Telefonnummern der Hauptstelle und aller Zweigestellen.[84]

Insgesamt illustrieren auch die Briefköpfe den Willen zur seriösen Außendarstellung des Instituts; jegliche Übertreibungen und Falschdarstellungen, wie sie bei gewerblichen Firmen an der Tagesordnung waren und sind, werden vermieden. Als eigentliche Werbeträger für die Städtische Sparkasse dienen sie kaum. Von den zwar auch schlichten, aber individuell gestalteten Briefköpfen der ersten Jahre dieses Jahrhunderts geht die Entwicklung hin zur Übernahme der vorgegebenen – noch weniger aufregenden und informierenden – Motive.

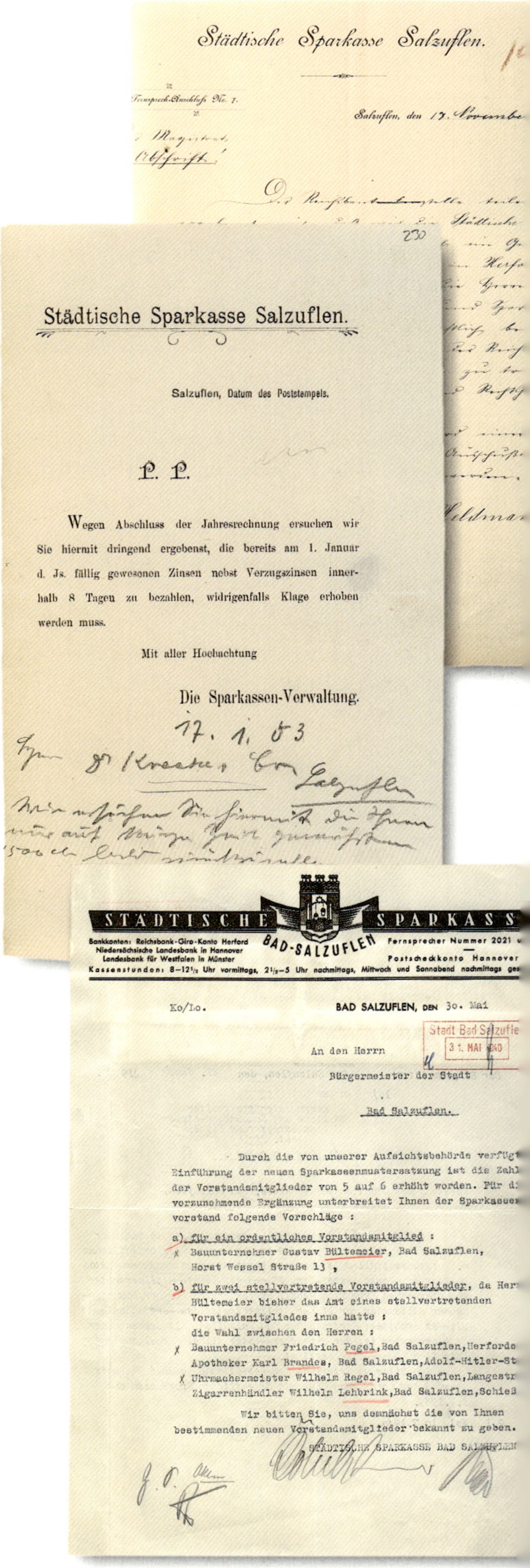
Städtische Sparkasse Salzuflen.

Salzuflen, den 17. Novembe

Städtische Sparkasse Salzuflen.

Salzuflen, Datum des Poststempels.

P. P.

Wegen Abschluss der Jahresrechnung ersuchen wir Sie hiermit dringend ergebenst, die bereits am 1. Januar d. Js. fällig gewesenen Zinsen nebst Verzugszinsen innerhalb 8 Tagen zu bezahlen, widrigenfalls Klage erhoben werden muss.

Mit aller Hochachtung

Die Sparkassen-Verwaltung.

17. 1. 03

STÄDTISCHE SPARKASS
BAD-SALZUFLEN

Bankkonten: Reichsbank-Giro-Konto Herford
Niedersächsische Landesbank in Hannover
Landesbank für Westfalen in Münster
Fernsprecher Nummer 2021
Postscheckkonto Hannover
Kassenstunden: 8–12½ Uhr vormittags, 2½–5 Uhr nachmittags, Mittwoch und Sonnabend nachmittags ges

Ko/Lo. BAD SALZUFLEN, DEN 30. Mai

An den Herrn
Bürgermeister der Stadt
Bad Salzuflen.

Durch die von unserer Aufsichtsbehörde verfügt Einführung der neuen Sparkassenmustersatzung ist die Zahl der Vorstandsmitglieder von 5 auf 6 erhöht worden. Für di vorzunehmende Ergänzung unterbreitet Ihnen der Sparkassen vorstand folgende Vorschläge :

a) für ein ordentliches Vorstandsmitglied :
Bauunternehmer Gustav Bültemeier, Bad Salzuflen, Horst Wessel Straße 13 ,

b) für zwei stellvertretende Vorstandsmitglieder, da Her Bültemeier bisher das Amt eines stellvertretenden Vorstandsmitgliedes inne hatte :
die Wahl zwischen den Herren :
Bauunternehmer Friedrich Pegel, Bad Salzuflen, Herforde
Apotheker Karl Brandes, Bad Salzuflen, Adolf-Hitler-St
Uhrmachermeister Wilhelm Regel, Bad Salzuflen, Langestr
Zigarrenhändler Wilhelm Lehbrink, Bad Salzuflen, Schieß

Wir bitten Sie, uns demnächst die von Ihnen bestimmenden neuen Vorstandsmitglieder bekannt zu geben.

STÄDTISCHE SPARKASSE BAD SALZUFLEN

Städtische Sparkasse Salzuflen

Stadt. Sparkasse Bad Salzuflen
(Mündelsicher)
Bad Salzuflen, den 28. Dezember 1923

Städtische Sparkasse, Bad Salzuflen
(Mündelsicher)
Bad Salzuflen, den 192

Städt. Sparkasse Bad Salzuflen
Fernsprecher 25
An den Magistrat Bad Salzuflen
BAD SALZUFLEN, den 8. Juli 1926
In der Anlage überreichen wir Ihnen die Zweimonats-Bilanz per 30. Juni 1926 mit der Bitte, dieselbe an die lippische Regierung weiterzugeben.
Hochachtungsvoll
STAEDTISCHE SPARKASSE
1 Anlage.

Städtische Sparkasse Bad Salzuflen
ÖFFENTLICH-RECHTLICHE KREDITANSTALT
An die Stadtverwaltung Bad Salzuflen
4902 Bad Salzuflen 1
Rathaus

STÄDTISCHE SPARKASSE BAD SALZUFLEN
DER VERWALTUNGSRAT
Herrn Dr. Gerd-Peter Hendrix
1. Beigeordneter
4902 Bad Salzuflen 1
Rathaus
Sehr geehrter Herr Dr. Hendrix!
Für Freitag, den 18. August 1972,
ist im Rahmen einer Verwaltungsratssitzung die Besichtigung der Sparkassenzweigst...
Treffpunkt: 16,30 Uhr Hauptstelle Grabenstraße
Sie werden zu dieser Verwaltungsratssitzung freundlichst eingeladen.
Tagesordnung
1. Verlesung der Niederschrift über die Sitzung vom 15.6.1972
2. Bericht des Vorsitzenden des Vorstandes gemäß Abschn. 6.2 der Geschäftsanweisung für den Vorstand
3. Zinspolitik
4. Freiwillige soziale Leistungen der Sparkasse an ihre Mitarbeiter

Städtische Sparkasse Bad Salzuflen
Herrn Oberarbeitsgerichtsrat Karl-Heinz Gerke
Haselweg 20
4900 Herford
Bad Salzuflen 1, 10. Januar 1977
Einigungsstelle gemäß § 67 Landespersonalvertretungsgesetz (LPVG)
Sehr geehrter Herr Oberarbeitsgerichtsrat,
mit Schreiben vom 27. Nov. 1975 meldeten wir Ihnen die fünf Beisitzer als Vertreter der Dienstbehörde. Anstelle des verstorbenen Stadtdirektors, Herrn Hans Rübenstrunk, benennen wir Ihnen nunmehr
Herrn Stadtdirektor Dr. Gerd-Peter Hendrix
Rathaus Bad Salzuflen, 4902 Bad Salzuflen 1.
Eine Durchschrift dieser Mitteilung haben wir mit gleicher Post Ihrem Stellvertreter, Herrn Arbeitsrichter Karl Bemsmann, übersandt.
Mit freundlichem Gruß
STÄDTISCHE SPARKASSE BAD SALZUFLEN
gez. Grafhorst gez. Tacke

Schötm

nd seine Sparkassen

Zum Werdegang der »Sparcassen-Gesellschaft« des Amtsrendanten Louis Weßel und der Amts- bzw. Kreissparkasse Schötmar

Franz Meyer

Die vorliegende Festschrift bliebe unvollständig, wenn nicht an dieser Stelle auch die Entwicklung der Sparkassen in Schötmar, die über viele Jahrzehnte mit der Städtischen Sparkasse Bad Salzuflen konkurrierten und zum Teil später in ihr aufgegangenen sind, näher beleuchtet würde. Im Mittelpunkt der folgenden Betrachtung stehen hier die von 1842 bis 1873 existierende »Sparcassen-Gesellschaft für Schötmar und die Umgegend«, die ohne Rechtsnachfolger blieb, sowie die 1903 gegründete »Amtssparkasse zu Schötmar«. Letztere wurde 1932 im Zuge der Aufhebung der Ämterverfassung umbenannt in Kreissparkasse Schötmar und zum 1. Januar 1939 gemäß einer am 12. Dezember 1938 erlassenen Verfügung des Reichsstatthalters in Lippe mit der 1933 aus der Amtsparkasse Brake hervorgegangenen Kreissparkasse Lemgo verschmolzen. Schötmar wurde nun für knapp fünf Jahrzehnte Sitz einer Filialdirektion, zunächst der Kreissparkasse Lemgo und ab 1. August 1977, nach der Vereinigung der Kreissparkasse Lemgo mit der 1845 gegründeten Sparkasse der Stadt Lemgo, der Sparkasse Lemgo. Im Zuge einer längst überfälligen Bestandsbereinigung wurde schließlich zum 1. Februar 1988 die auf dem Gebiet der Großgemeinde Bad Salzuflen bestehende Gemengelage, das Nebeneinander von miteinander konkurrierenden Zweigstellen der Städtischen Sparkasse Bad Salzuflen und der Sparkasse Lemgo, beseitigt, indem die Filialdirektion Schötmar der Sparkasse Lemgo mit ihren zuletzt sechs Zweigstellen (Ahmsen, Knetterheide, Lockhausen, Retzen, Sylbach und Wüsten) an die Städtische Sparkasse Bad Salzuflen übertragen wurde.[1] Die 1903 gegründete Amtssparkasse Schötmar ist damit gewissermaßen über »Umwegen« in der Städtischen Sparkasse Bad Salzuflen aufgegangen.

Die »Sparcassen-Gesellschaft« des Amtsrendanten Louis Weßel

Gründung und Geschichte der ersten Sparkasse in Schötmar sind untrennbar mit der Person des Johann Friedrich Louis Weßel verbunden. Louis Weßel, 1808 in Lage als Sohn des späteren Schötmaraner Amtmannes Christian Weßel

(1766 – 1839)[2] geboren, war zunächst in Oerlinghausen als »Auditor« (Richter) tätig, bevor er 1833 zur Entlastung seines Vaters als »Hebungs- und Oekonomiebeamter« nach Schötmar berufen wurde.[3] Nach dessen Tod übernahm er 1839 als Amtsrendant die »2. Beamtenstelle« in der dortigen Amtsverwaltung. Er behielt diesen Posten bis zu seinem Ableben im Jahre 1871.

Neben seiner Verwaltungstätigkeit engagierte sich Louis Weßel in vielfältiger Weise für das dörfliche Gemeinwohl. So gründete er 1844 in Schötmar einen »Bezirksverein des lippischen landwirtschaftlichen Hauptvereins« und gehörte auch vier Jahre später zu den Mitbegründern des Schötmaraner Volksvereins.[4] Darüber hinaus wurde Weßel 1851 »im 13. Wahlkreise (Amt Schötmar)« zum Abgeordneten des Lippischen Landtages gewählt.[5] Zeitintensivste »Nebentätigkeit« des Amtsrendanten war allerdings die Leitung der Sparkasse Schötmar, die er fast drei Jahrzehnte innehatte.

Bereits am 1. September 1842, sechseinhalb Jahre vor der Konstituierung der Salzufler Sparkasse, beantragte Louis Weßel bei der Regierung in Detmold »die Errichtung einer Sparcasse für Schötmar und die Umgegend«, um den Bewohnern des Amtes »Veranlassung und Gelegenheit zu geben, kleine Ersparnisse ansammeln, sicher anlegen und durch Zinsen und Zinseszinsen vermehren zu können«[6]. Seinem Antrag hatte er ein nach dem Vorbild der im November 1841 errichteten »Sparcassen-Gesellschaft zu Horn« ausformuliertes Statut einer »Sparcassengesellschaft für Schötmar und die Umgegend« beigefügt; er bat um »Prüfung und demnächstige Bestätigung« desselben.[7] Gleichzeitig ließ er verlauten, daß er selbst »das Amt des Vorstehers und Rechnungsführers [...] vorläufig« zu übernehmen gedenke.[8]

Die Behörde in Detmold hatte betreffs der vorgelegten Satzung nur wenige Änderungswünsche und teilte Weßel fünf Wochen später mit, man bezeuge »diesem gemeinnützigen Unternehmen Anerkennung und Lob« und halte »auch die eingereichten Statuten im Allgemeinen für zweckmäßig.«[9]

Wohnhaus des Amtsrendanten Louis Weßel in Schötmar (Ausschnitt aus einem Briefkopf von 1909).

Die förmliche Konstituierung der Sparkassen-Gesellschaft erfolgte dann am 25. Oktober 1842, »nachmittags 3 Uhr«, im Krug zu Schötmar.[10] Als Gründungsmitglieder der Gesellschaft hatten sich die folgenden 19 Personen eingefunden: Amtsrendant Weßel, Pastor Zeiß, Gastwirt Reese, Kaufmann Böhmer, Bäckermeister Pecher, Schönfärber Kasemeier, Kaufmann Küster (alle aus Schötmar), Frau Amtsmeier Vinnen (Gut Vinnen), Bauerrichter Pöhler (Lockhausen), Meier (= Besitzer eines größeren landwirtschaftlichen Betriebes) Bicker (Retzen Nr. 5), Hermann Linke (Retzen), Meier Nacke (Ehrsen Nr. 2), Meier Dust (Ehrsen Nr. 4), Meier Schemmel, Colon (= Bauer) Hudepohl, Colon Meise, Maurermeister Meise, Gastwirt Schuckmann (alle aus Unterwüsten) und Meier Hartig (Holzhausen). Diese hinterlegten als »Startkapital« der Sparkassengesellschaft Einlagen im Gesamtwert von 293 Taler 8 Mariengroschen.[11] Die Versammlung übertrug Louis Weßel das Amt des Vorstehers, Rechnungsführers und Rendanten, ernannte Kaufmann Karl Küster zum »Secretair« (Schriftführer) und wählte Pastor Zeiß, Vorsteher Kasemeier, Kaufmann Böhmer,

Meier Nacke und Meier Bicker zu Mitgliedern des Vorstandes. Dieser hatte laut Satzung die Aufgabe, die Arbeit des Rendanten zu überwachen.

Betrachtet man das Statut der Schötmaraner Sparkassengesellschaft genauer, so fallen im Vergleich zur 1849 erstellten Satzung der »Sparkassen-Gesellschaft zu Salzuflen«[12], einige Besonderheiten ins Auge:

- Während im Salzufler Statut explizit darauf verwiesen wird, daß die Sparkasse in der Salzestadt unter der Garantie und Aufsicht des Magistrats steht, sucht man einen solchen Passus im Schötmaraner Statut vergeblich. Die Amtsverwaltung, die theoretisch als Gewährträgerin hätte auftreten können, hielt sich bei der Errichtung der Schötmaraner Sparkasse diskret zurück. So fehlte hier von Anfang an eine der weiteren Entwicklung förderliche kommunale Gewährträgerschaft.
- Im Salzufler Statut war ausdrücklich vorgesehen, aus dem durch die Überschüsse gebildeten Reservefonds »kleine Darlehen an Hülfsbedürftige, welche wenigstens eine moralische Sicherheit« bieten, zu gewähren. Dem Schötmaraner Institut war dagegen eine solche soziale Komponente der Kreditgewährung fremd.
- Der Eintritt in die Sparkassen-Gesellschaft und auch die Einzahlung von Spareinlagen (als Mindest- bzw. Höchstbetrag je Einlage waren 6 Mariengroschen bzw. 25 Taler vorgeschrieben) konnten in Schötmar wegen der beruflichen Unabkömmlichkeit des bei der Amtsverwaltung beschäftigten Rendanten ausschließlich »am Sonnabend jeder Woche« erfolgen.[13] Eine derartige, dem Gedeihen der Sparkasse höchst abträgliche Bestimmung kannte das deutlich fortschrittlichere und modernere Salzufler Statut dagegen nicht.

Nimmt man die Entwicklung der Einlagen und »ausgeliehenen Kapitalien« als Maßstab für die Leistungsfähigkeit und Akzeptanz eines Bankinstituts, dann wird bei einem Blick auf die untenstehende Tabelle schnell deutlich, daß die 1842 gegründete Sparkasse Schötmar zunächst nur sehr langsam Fuß fassen konnte. In den ersten vier Geschäftsjahren, von 1843 bis 1846, war zwar ein kontinuierlicher Anstieg der Spareinlagen von 870 auf 1.676 Taler und der vergebenen Kredite von 825 auf 1.787 Taler zu verzeichnen. Unter Berücksichtigung der Tatsache, daß der potentielle Kundenkreis, die Einwohnerschaft des Amtes Schötmar, zu diesem Zeitpunkt immerhin etwa 10 bis 11.000 Personen[14] zählte, konnte diese Entwicklung allerdings nicht befriedigen.

Geschäftliche Entwicklung der Sparkasse Schötmar 1842–1870[15]

	(Angaben in Taler – Groschen – Pfennig)	
Jahr	*Einlagen*	*»ausgeliehene Kapitalien«*
1842	293 – 8	0
1843	870 – 4	825
1844	704 – 31 – 5 1/2	662 – 12
1845	1.509 – 19 – 1/2	1.780
1846	1.676 – 16 – 1	1.787
1847	1.056 – 28 – 10	1.433 – 20
1848	852 – 5	665
1849	234 – 27	0
1850	217 – 9 – 6	0
1851	218 – 16 – 4	0
1852	[?]	[?]
1853	1.015 – 17 – 5	675
1854	437 – 24 – 6	100
1855	594 – 23 – 5	125
1856	910 – 8 – 7	896 – 1
1857	1.942 – 15 – 3	2.113 – 25
1858	3.120 – 24 – 8	3.195
1859	2.577 – 26 – 8	1.933 – 18 – 6
1860	2.443 – 21 – 1	2.414 – 29 – 10
1861	3.984 – 25 – 1	3.815
1862	3.659 – 4 – 7	3.560 – 23
1863	4.424 – 7 – 1	3.890 – 0 – 6
1864	5.117 – 26 – 2	5.037 – 29 – 10
1865	6.220 – 1 – 5	4.435 – 10
1866	6.164 – 3 – 3	6.068 – 5 – 9
1867	1.401 – 29 – 4	0
1868	837 – 7 – 11	0
1869	[?]	0
1870	481 – 25 – 2	0

Das Ergebnis der Jahresrechnungen von 1852 und 1869 ist nicht überliefert.

Louis Weßel, der mit großem Optimismus die Gründung der Sparkasse forciert hatte, mußte schon nach der Vorlage der ersten, nicht seinen Erwartungen entsprechenden Jahresrechnung (1843) kleinlaut einräumen, daß offenbar »aller Anfang schwer ist« und daß eine »geraume Zeit dazu erforderlich ist, bis ein solches Institut [...] mit allen daraus für die Theilnehmer erwachsenden Vortheilen gehörig bekannt und gewürdigt wird.«[16] 1845 konstatierte der Rendant: »Die Benutzung der Sparkasse ist leider noch immer im Verhältnis zu der Größe des hiesigen Amts unbedeutend, weil der Nutzen derselben noch zu wenig erkannt wird, und die Leute, wie ich leider sehr häufig erfahren muß, größtentheils es nicht der Mühe werth halten, kleine Summen von einem oder einigen Thalern [...] bei der Sparkasse zu belegen.«[17]

In den folgenden Jahren sollte sich an dieser wenig befriedigenden Situation kaum etwas ändern. Im Gegenteil: In den Revolutionsjahren 1848/49 geriet die Sparkasse in eine solche wirtschaftliche Schieflage, daß ihre weitere Existenz ernsthaft in Frage gestellt werden mußte. Die Einlagen sanken auf ein unbedeutendes Niveau von knapp über 200 Taler, und die Vergabe von Krediten mußte, mangels Masse, ab 1849 gänzlich eingestellt werden (vgl. die Angaben in der Tabelle). Weßel machte daher im Juli 1850 den Vorschlag, die Sparkasse »vorläufig« nur für diejenigen Kunden fortzuführen, die zu diesem Zeitpunkt noch über Einlagen verfügten. Dem widersprach der Vorstand, der sich seinerseits dafür aussprach, das Institut »unter der Leitung Hochfürstlicher Regierung binnen 3 Jahren« aufzuheben.[18] In einer von Weßel am 5. Oktober 1850 einberufenen Generalversammlung konnte jedoch durch Mehrheitsbeschluß der Mitglieder der Sparkassengesellschaft das drohende Aus der Sparkasse noch einmal abgewendet werden.[19] Eine im folgenden Jahr durchgeführte Neubesetzung des Vorstandes, dem fortan die Kaufleute Wolff und Brüggemann aus Schötmar sowie Gutsbesitzer Möller zu Ribbentrup, Meier Bicker aus Retzen und Meier Nacke aus Ehrsen angehörten, sorgte schließlich auf längere Zeit für eine Konsolidierung der Verhältnisse.[20] In den folgenden Jahren, besonders ab 1857, war ein kontinuierlicher Anstieg der Einlagen und »ausgeliehenen Kapitalien« zu verzeichnen. Die jeweiligen Höchststände in diesen beiden Geschäftsbereichen wurden in den Jahren 1865 und 1866 mit 6.220 bzw. 6.068 Talern erreicht (vgl. die Angaben in der Tabelle). Gleichzeitig erhöhte sich die Zahl der Mitglieder der Sparkassengesellschaft auf 500. Infolge dieser prosperierenden Entwicklung hatte die Sparkasse Schötmar 1866 einen »Umsatz« von 22.521 Talern aufzuweisen.[21]

Diese durchaus beachtliche Entwicklung des Geschäftsaufkommens hatte allerdings zur Folge, daß Weßel schon bald nicht mehr in der Lage war, neben seiner Tätigkeit als Amtsrendant auch weiterhin die immer zeitintensivere Verwaltung der Sparkasse zu bewältigen. Im Juni 1866 teilte er der Regierung in Detmold mit, man könne ihm nicht mehr zumuten, »die jetzt sehr bedeutende Arbeit und noch größere Verantwortlichkeit [...] allein zu tragen. Ich habe das nun fast 24 Jahre mit der größten Uneigennützigkeit und Aufopferung gethan, und im Allgemeinen nicht einmal Dank dafür geerntet, sondern im Gegentheil viele Sorgen, Verdrießlichkeiten und sogar Verdächtigungen, und wird es mir Niemand verdenken können, wenn ich bei vorgerücktem Alter die Last und Gefahr wenigstens zu vermindern suche.«[22] Zur Zukunftssicherung der Sparkasse solle deshalb, so der Vorschlag von Weßel, das Amt Schötmar als Gewährträger auftreten. Die Kasse hätte damit den gleichen (sicheren) Rechtsstatus wie die Salzufler Sparkasse bekommen. Der Amtsgemeinderat des Amtes Schötmar lehnte es allerdings aus unerfindlichen Gründen strikt ab, »die Verwaltung der [...] Sparkasse unter seine Contro-

le zu nehmen und zu garantiren«[23]; und da auch die Mitglieder des Vorstandes der Sparkassengesellschaft keinerlei Bereitschaft zeigten, den rührigen Weßel bei seiner Arbeit zu unterstützen, kam, was kommen mußte: Im Januar 1867 erteilte die Regierung in Detmold dem Rendanten den Auftrag, alle vorbereitenden Schritte zu unternehmen, »um nach Verlauf von etwa einem Jahr mit der vollständigen Liquidation der Casse vorgehen zu können«[24].

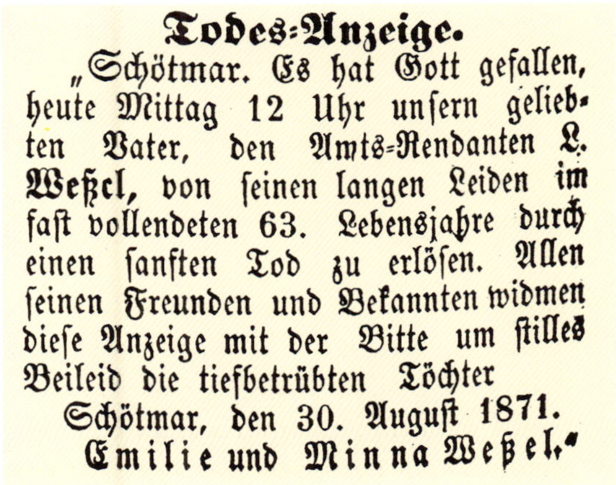

Todes-Anzeige.
„Schötmar. Es hat Gott gefallen, heute Mittag 12 Uhr unsern geliebten Vater, den Amts-Rendanten L. Weßel, von seinen langen Leiden im fast vollendeten 63. Lebensjahre durch einen sanften Tod zu erlösen. Allen seinen Freunden und Bekannten widmen diese Anzeige mit der Bitte um stilles Beileid die tiefbetrübten Töchter
Schötmar, den 30. August 1871.
Emilie und Minna Weßel.“

Todesanzeige für den am 30. August 1871 verstorbenen Louis Weßel (»Fürstlich Lippisches Regierungs- und Anzeige-Blatt« vom 2. September 1871).

Wegen der Arbeitsüberlastung und der angeschlagenen Gesundheit Weßels zog sich die Auflösung der Sparkasse Schötmar über mehr als fünf Jahre hin. Den Abschluß des Liquidationsverfahrens im Sommer 1873 sollte der Rendant selbst nicht mehr erleben; er verstarb bereits am 30. August 1871. Wie den überlieferten Akten zu entnehmen ist, lag das Defizit nach erfolgter Auflösung der Sparkasse bei etwa 10.000 Taler. Die Sparer, überwiegend Kaufleute und Handwerker aus der Dorfschaft Schötmar und Landwirte aus den Bauerschaften des Amtes, bekamen nur knapp die Hälfte ihrer Einlagen zurück.[25] Damit fand die offenbar zu sehr auf die Person des Louis Weßel ausgerichtete (erste) Sparkasse in Schötmar ein unrühmliches Ende. Das Institut hätte möglicherweise durchaus erfolgreich weitergeführt werden können, wenn sich das Amt Schötmar zur Übernahme der Gewährträgerschaft entschlossen hätte. So aber mußten die Bewohner des Amtes Schötmar in den Folgejahren ihre Finanzgeschäfte zunächst bei der Sparkasse Salzuflen oder bei den Sparkassen in den Nachbarorten Lemgo und Lage erledigen.

Gründung und Entwicklung der Amtssparkasse Schötmar

Im Sommer 1884, elf Jahre nach dem Scheitern der Weßelschen Unternehmung, wurde in Schötmar erneut ein Versuch unternommen, eine Sparkasse ins Leben zu rufen. Als Initiator trat ein »Verein zur Errichtung einer Sparkasse in Schötmar für das Amt Schötmar und die Umgegend« auf, in dem sich unter anderem die Gutsbesitzer Nacke (aus Ehrsen) und Schemmel (Wüsten), Rittergutsbesitzer von Lengerke (Steinbeck), Gemeindevorsteher Nagel (Dorfgemeinde Schötmar) sowie Amtsrat von Meien (Amt Schötmar) zusammengefunden hatten. Der Verein wandte sich mit einem entsprechenden Antrag an die Landesregierung, die aber sogleich unter Hinweis »auf die Existenz der Sparkasse zu Salzuflen« grundsätzliche Zweifel an der Notwendigkeit eines solchen Projekts anmeldete.[26] Wenn dennoch eine Sparkasse errichtet werde, so die Regierung in Detmold, müsse sie verlangen, »daß etwaige Ausfälle von den Grundbesitzern des Amtes mittels Erhebung von Grundsteuern gedeckt werden müßten.«[27] Eine von der Amtsverwaltung in den Dorfgemeinden des Amtes Schötmar durchgeführte Umfrage ergab, daß nur ein Teil der größeren Bauern zur Übernahme einer solchen Haftung bereit war. Daraufhin beschloß der Gemeinderat des Amtes im Dezember 1884, »die Sache vorläufig auf sich beruhen zu lassen.«[28]

Nebenrendantur der Lippischen Landesspar- und Leihekasse in Schötmar (Adolf-Hitler-Straße 2; heute Begastraße 2), um 1935.

Wenige Wochen später, am 1. Februar 1885, kam es in Schötmar zur Einrichtung einer Nebenrendantur der in Detmold ansässigen Lippischen Landessparkasse, die nach Vereinigung mit der Leihebank ab 1909 unter der Bezeichnung »Fürstlich-Lippische Landesspar- und Leihekasse« firmierte.[29] Zum ersten »Nebenrendanten« wurde der Kaufmann August Wilhelm Brüggemann (1852 – 1909) bestimmt, der in seinem am Marktplatz gelegenen Haus (alte Haus Nr. 39, heute Schloßstraße 8; lange Zeit Rathaus von Schötmar, seit 1983 Standort der Volksbank) ein Kaufhaus mit einer Textil- und einer Eisenwarenabteilung unterhielt. Brüggemann, über den noch zu berichten sein wird, zählte gegen Ende des 19. und Anfang des 20. Jahrhunderts zu den einflußreichsten und angesehensten Persönlichkeiten von Schötmar; unter anderem bekleidete er mehrfach das Amt des Gemeindevorstehers.[30] Die Nebenrendantur Schötmar der Landesspar- und Leihekasse Detmold existierte bis zum 1. Juli 1943; sie wurde an diesem Tage im Zuge einer Neuordnung des Sparkassenwesens in Lippe mit der Kreissparkasse Lemgo verschmolzen, die seit Anfang 1939 in der Hindenburgstraße 35 (zuvor Langestraße 35, heute Schloßstraße 35) eine Filialdirektion unterhielt.[31] In den letzten Jahren vor ihrer Schließung war die Schötmaraner Nebenrendantur im Gebäude Adolf-Hitler-Straße 2 (heute Begastraße 2; Apotheke »Am Markt«) untergebracht.

Viele Schötmaraner betrachteten die Einrichtung einer Zweigstelle der Landesparkasse offenbar nur als »Zwischenlösung«; denn bereits im Jahre 1892 wurde bei der Regierung in Detmold erneut ein Antrag auf Einrichtung einer Amtssparkasse vorgebracht. Der Initiator war diesmal der Vorstand des Bürgervereins, dem unter anderem auch der bereits erwähnte Kaufmann A.W. Brüggemann angehörte. Die Landesregierung hatte allerdings in der Zwischenzeit ihren ablehnenden Standpunkt nicht geändert und teilte den Antragstellern mit: »Wegen der Nähe der Sparcasse in Salzuflen und im Hinblick auf die bereits in Schötmar bestehende Annahmestelle der Landes-Spar- und Leihecasse [liegt] durchaus kein Bedürfnis vor, für die Bewohner des Amtes Schötmar noch eine besondere Sparcasse zu errichten.«[32]

Der nächste, nach 1842, 1884 und 1892 bereits vierte Versuch, in Schötmar eine Sparkasse zu gründen, erfolgte dann 1899. Die neuerlichen Bemühungen zeitigten endlich den gewünschten Erfolg, wohl auch deshalb, weil in Schötmar in den 1890er Jahren aufgrund einer prosperierenden Entwicklung im baulichen und gewerblichen Bereich der Kapitalbedarf stetig gestiegen war.[33] Als Antragsteller trat jetzt der Amtsgemeinderat auf, der in seinen Bemühungen von der Gemeinde Schötmar vorbehaltlos unterstützt wurde. Eine Kommission, der der Apotheker Theodor Schultze, die Kaufleute A.W. Brüggemann und August Schormann, der Fabrikant Eduard Wolff sowie Dr. med. Ulrich Volkhausen angehörten, entwarf ein Statut, das von der Regierung nach langwierigen Verhandlungen im Spätsommer 1902 genehmigt wurde. Am 20. Dezember des Jahres wurde der positive Bescheid der Detmolder Behörde im »Amtsblatt für das Fürstenthum Lippe« veröffentlicht. Die Meldung hatte folgenden Wortlaut: »Laut Beschluß des Gemeinderaths des Amts Schötmar vom 28. Juni [bzw.] 7. Juli wird auf Grund des seitens Fürstlicher Regierung zu Detmold am 9. September 1902 genehmigten Statuts eine ›Amtssparkasse zu Schötmar‹ unter Gewährleistung des Amts Schötmar gegründet. Die Kasse erhält ihren Sitz in Schötmar und tritt am 2. Januar 1903 ins Leben. Der Vorstand besteht aus [...]: Kaufmann A.W. Brüggemann in Schötmar als Rendanten, Apotheker Th. Schultze daselbst als Kontrolleur, Rittergutspächter Beining auf Papenhausen, Kaufmann Rudolf Küster in Schötmar [und] Domänenpächter Schmidtpott auf Biemsen als Beisitzern

[…]. Das Lokal der Sparkasse befindet sich im Hause des Kaufmanns A.W. Brüggemann zu Schötmar.«[34]

Auf Grund der günstigen Konjunkturlage konnte sich die neue Sparkasse sogleich in Schötmar etablieren und bereits im ersten Jahr einen Umsatz von 323.232 M erzielen; die Spareinlagen summierten sich binnen der ersten 12 Monate auf beachtliche 240.541 M.[35] Damit gelang dem Institut ein weit besserer Start als dem zeitgleich (5. November 1902) gegründeten genossenschaftlichen Konkurrenten, dem »Vorschuß-Verein zu Schötmar« (ab 1921 Vereinsbank Schötmar, ab 1943 Volksbank Schötmar); der Vorläufer der heutigen Volksbank Bad Salzuflen e.G. konnte in seinem ersten Geschäftsjahr lediglich einen Umsatz von 69.235 M erzielen.[36]

In den folgenden Jahren setzte sich die erfreuliche Entwicklung der Amtssparkasse kontinuierlich fort: Bis 1908 hatte sich der Umsatz auf 593.000 M erhöht, waren die Spareinlagen auf 1,2 Millionen M angewachsen.[37] Durch »das Bekanntwerden von ungeheuren Verfehlungen ihres bis dahin meist hochgeachteten Rendanten« geriet die Amtssparkasse allerdings 1909 in eine schwere Vertrauenskrise.[38] Brüggemann, der »als Ehrenmann und als nicht unvermögend galt«, hatte es »in beispiellos raffinierter Weise verstanden, das in ihn gesetzte Vertrauen zu mißbrauchen;«[39] »durch Fälschung von Sparbüchern und Rückgabequittungen« veruntreute er Einlagen in einer Gesamthöhe von etwa 200.000 M.[40] Dies entsprach seinerzeit einem Gegenwert von 20 bis 25 Einfamilienhäusern![41] Noch am Tag seiner Verhaftung (5. Mai 1909) entzog er sich im Salzufler Gefängnis durch Selbstmord seiner Verantwortung. Die Amtssparkasse benötigte mehrere Jahre, um die berechtigten Ansprüche der um ihre Einlagen betrogenen Sparer zu befriedigen und um das Vertrauen der Kundschaft zurückzugewinnen. Anhand der Entwicklung der Umsätze und Spareinlagen ist ablesbar, daß die durch Brüggemanns Verfehlungen heraufbeschworene Krise erst zu Beginn des Ersten Weltkrieges endgültig überwunden war; im Kriegsjahr 1915 lag der Umsatz der Kasse bei 694.000 M, bezifferten sich die Spareinlagen auf 1,86 Millionen M.[42]

Eine weitere Krisensituation hatte die Amtssparkasse Anfang der zwanziger Jahre zu überstehen, als in ganz Deutschland durch die verheerende Inflation Millionen von Bankkunden um den größten Teil ihrer Ersparnisse gebracht wurden. Nach der am 15. November 1923 erfolgten Ablösung der wertlosen Papiermark durch die Rentenmark (1 Billion Papiermark hatten jetzt den Wert einer Rentenmark, eine Rentenmark den Wert einer Goldmark) bezifferte sich der Gesamtwert des Einlagenbestandes der Amtssparkasse auf nur noch 2.294 Rentenmark.[43] Wie ein Zeitgenosse bemerkte, waren »die Lust und das Vertrauen zum Sparen durch die lange Inflationszeit nahezu völlig zerstört worden.«[44] Man mußte vorübergehend ernsthaft um den Bestand der Sparkasse fürchten, denn der Geschäftsumfang war denkbar gering (1924: Umsatz 773.000 RM, 85 Sparkonten mit Einlagen von insgesamt 155.000 RM). Die desolate Lage der Wirtschaft ließ zunächst nur in beschränktem Umfang die Neubildung von Sparkapital zu. Es dauerte schließlich knapp vier Jahre, bis die Amtssparkasse, die seit November 1919 im alten Amtshaus (damals Lange-, heute Schloßstraße 37) untergebracht war, wieder ein halbwegs passables Geschäftsergebnis vorweisen konnte (1927: Umsatz 1,49 Millionen RM, circa 400 Sparkonten mit Einlagen von insgesamt 276.000 RM).[45]

Eine grundlegende Besserung der Situation trat dann 1928 ein, als der seit 1911 amtierende Rendant Georg Beining (Rittergutspächter zu Papenhausen) durch Hermann Pethig aus Detmold, zuvor Bankvorsteher bei der Landesbank, abgelöst wurde. Unter dem versierten, zu diesem Zeitpunkt gerade 32jährigen Fachmann, der

Geschäftshaus des Kaufmanns August Wilhelm Brüggemann am Marktplatz in Schötmar (alte Haus Nr. 39; heute Schloßstraße 8), um 1905. In dem Gebäude, das später (ab 1921) als Rathaus der Stadt Schötmar fungierte, war von 1903 bis 1919 die »Amts-Sparkasse« untergebracht.

Entwurf zur Umgestaltung des Kassenraums der Kreissparkasse Schötmar von Architekt Gustav Sander, um 1938.

sogleich die längst überfällige Einführung des Kontokorrentverkehrs veranlaßte, erlebte die Amtssparkasse eine rasante Aufwärtsentwicklung. Bis Ende 1930 stiegen die Spareinlagen auf 1,87 Millionen RM, erhöhte sich der Umsatz auf 26,9 Millionen RM.[46] Selbst die Weltwirtschaftskrise, »während welcher anderwärts Geldinstitute Millionen-Verluste an Einlagen hatten,«[47] wurde von der Amtssparkasse respektive Kreissparkasse (ab April 1932) weitgehend unbeschadet überstanden. Im Geschäftsjahr 1932, als die Krise in Schötmar und Umgebung ihren Höhepunkt erreicht hatte, betrug der Umsatz immerhin noch respektable 22,6 Millionen RM, zählte man 4.675 Konten und war der Bestand an Einlagen auf 1,94 Millionen RM angewachsen.[48] Ausdruck der in jeder Hinsicht erfolgreichen Geschäftsentwicklung war die Eröffnung von Zweigstellen in Sylbach (1930) und Wüsten (1933) sowie die 1934 erfolgte Einrichtung moderner Geschäftsräume im jüngeren der beiden ehemaligen Amtsgebäude (damals Hindenburg-, heute Schloßstraße 35).[49]

Ende 1936 konnte Pethig, der nach wie vor mit Umsicht und Erfolg die Sparkasse leitete, in einem Brief an den Landrat des Kreises Lemgo zufrieden feststellen: »Die Kreissparkasse Schötmar ist jetzt [...] einer der mächtigsten und unentbehrlichsten Faktoren im Wirtschaftsleben des Bezirks und gewiß in Bezug auf Regsamkeit, Wachstum und Prosperität das bedeutendste der 6 Kreditinstitute der Städte Bad Salzuflen und Schötmar.«[50] Zwei Jahre später, unmittelbar vor der durch den Reichsstatthalter in Lippe und Schaumburg-Lippe angeordneten Verschmelzung der Kreissparkasse Schötmar mit der Kreissparkasse Lemgo, zählte das Institut etwa 7.000 Konten, hatte sich der Bestand der Einlagen auf knapp 4 Millionen RM erhöht und war der Umsatz auf über 40 Millionen RM angewachsen.[51] Erreicht worden war dieses hervorragende Ergebnis, weil, wie Pethig 1938 herausstellte, es der Sparkasse gelungen war, »mit ihren modernen Einrichtungen, durch Anwendung neuzeitlicher Geschäftsgebahrung und mit ihrem gut ausgebildeten, stets freundlichem Personal alle Sparkassenkunden jederzeit zufrieden zu stellen.«[52]

Aufgrund ihrer weiterhin prosperierenden Entwicklung avancierte die ehemalige Amts- bzw. Kreissparkasse Schötmar 1939 als Filialdirektion Schötmar zur bedeutendsten aller Zweigstellen der Kreissparkasse Lemgo.[53] Daran sollte sich im übrigen bis zu ihrer 1988 erfolgten Übertragung (als Hauptzweigstelle der Sparkasse Lemgo) an die Städtische Sparkasse Bad Salzuflen nichts ändern.

Blick auf die Kreissparkasse Schötmar, um 1935. Rechts das Amtshaus von 1743, das 1961 dem Neubau der Filialdirektion Schötmar der Kreissparkasse Lemgo weichen mußte.

Zwischen Tradition und Innovation

Die Entwicklung der Sparkasse Bad Salzuflen in der jüngeren Vergangenheit und ihre Perspektiven an der Schwelle zum 21. Jahrhundert

Heinz-Theo Drücker

Die Sparkasse in ihrer Region

Die Sparkasse Bad Salzuflen ist weiterhin ein selbständiges Unternehmen in ihrer Region, der Großgemeinde Bad Salzuflen, der zweitgrößten Stadt des Kreises Lippe mit etwa 56.000 Einwohnern. Als Universalbank bietet sie ihren Kunden das gesamte Spektrum kreditwirtschaftlicher Leistungen. Aus der Diskussion um die Neuordnung des Sparkassenwesens im Kreis Lippe ist sie gestärkt hervorgangen.

Insbesondere nach Beseitigung der Gemengelage zum 1. Februar 1988 hat sich die Sparkasse gut entwickeln können, umfaßt doch ihr jetziges Geschäftsgebiet nicht nur die alte Stadt Bad Salzuflen mit 20.000 Einwohnern, sondern auch alle übrigen Ortsteile der Großgemeinde, nämlich Biemsen-Ahmsen, Ehrsen-Breden, Grastrup-Hölsen, Holzhausen, Lockhausen, Papenhausen, Retzen, Schötmar, Werl-Aspe, Wülfer-Bexten und Wüsten.

Die Sparkasse Bad Salzuflen teilt, wie die übrigen Sparkassen in ihren jeweiligen Regionen, das wirtschaftliche Schicksal mit den Menschen in ihrem nunmehr vergrößerten Geschäftsgebiet. Schon allein deshalb nimmt sie eine aktive Rolle bei der Verbesserung der wirtschaftlichen Rahmenbedingungen ein. Sie leistet damit einen wichtigen Beitrag zur Bildung arbeitsplatzschaffender und -sichernder Strukturen.

In enger und konstruktiver Zusammenarbeit mit der Stadt trägt sie dazu bei, den anstehenden Strukturwandel zu bewältigen. Das umfangreiche soziale und kulturelle Engagement der Sparkasse dient den Bürgern der Stadt und fördert damit ihre Entwicklungschancen.

Das besondere Verständnis der Sparkasse für den Gemeinsinn und den Zusammenhalt der Gesellschaft bildet den Schlüssel für eine handlungsfähige, zukunftsweisende und bürgerorientierte Standortpolitik für Bad Salzuflen. Eine auf diese Grundsätze ausgerichtete Geschäftspolitik der Sparkasse war und ist zugleich der Schlüssel für ihre Beliebtheit in der Bevölkerung.

Dies schlägt sich nieder in hohen Marktanteilen, die Werte von 60 % und mehr erreichen. Zu Beginn des Jubiläumsjahres 1999 liegt die Bilanzsumme der Sparkasse bei rund 1.350 Millionen DM. Damit hat sich ihr Geschäftsvolumen seit 1988 mehr als verdoppelt.

Die günstige Entwicklung der Sparkasse in den vergangenen zwölf Jahren läßt sich leicht an den folgenden Schaubildern ablesen:

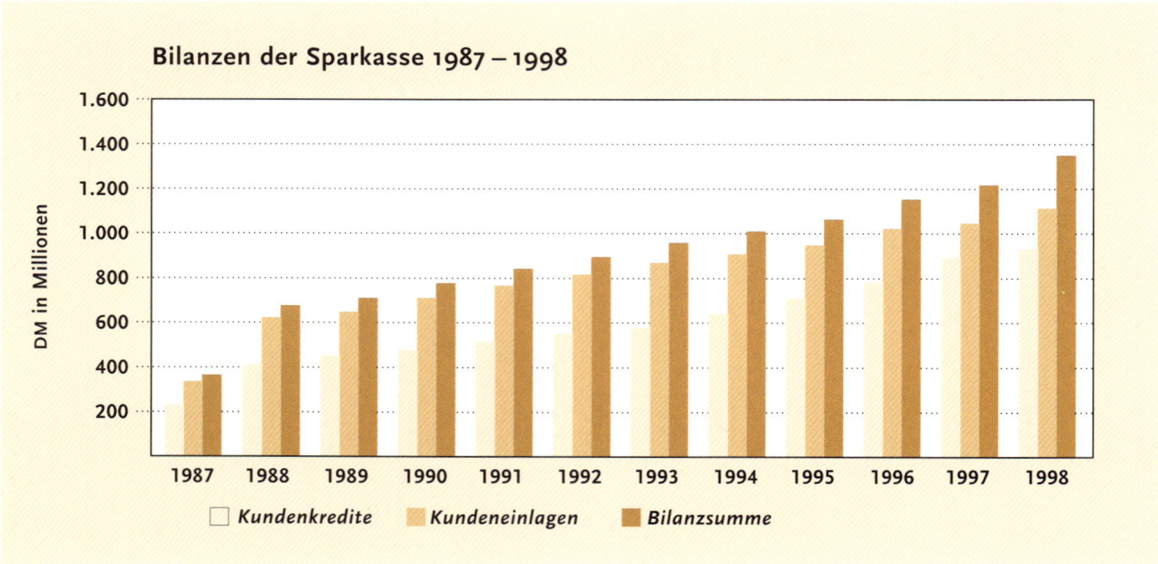

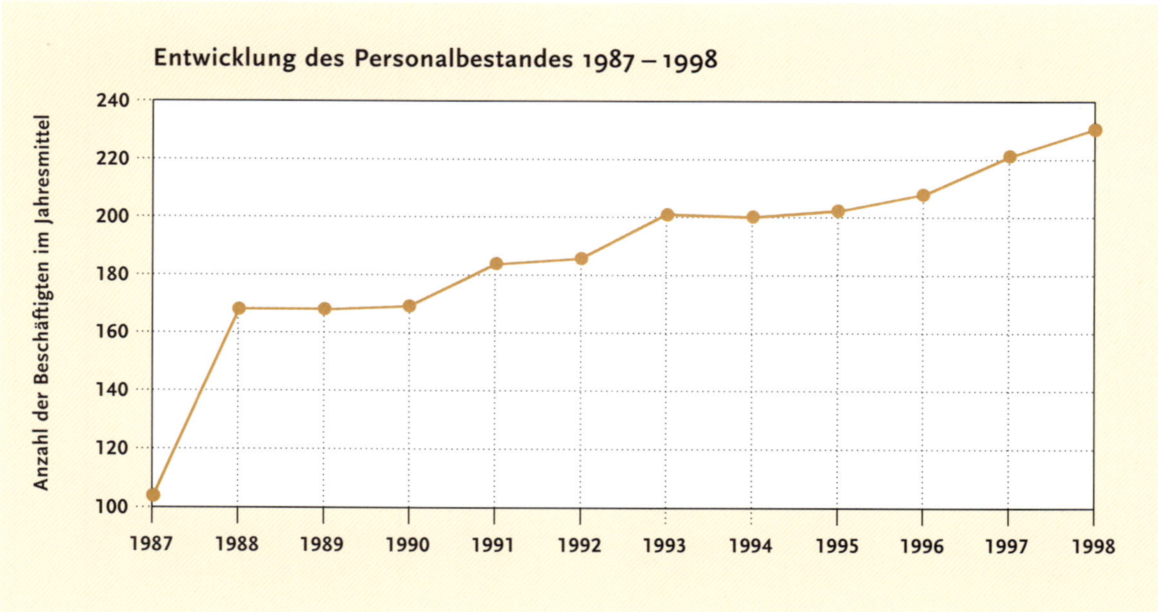

Bevölkerungsentwicklung der Stadt Bad Salzuflen 1988 – 1997

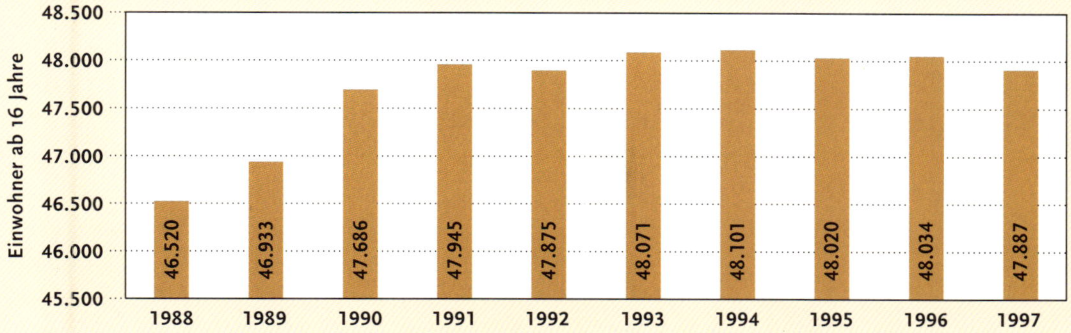

Entwicklung der Girokonten 1987 – 1998

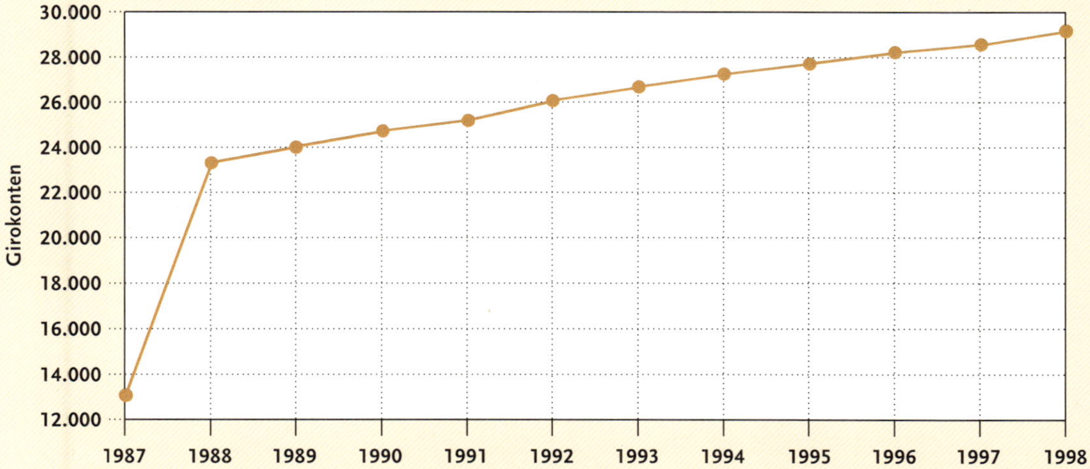

Die Sparkasse Bad Salzuflen als bedeutender Arbeitgeber

In den vergangenen zwölf Jahren hat die Sparkasse Bad Salzuflen rund 70 neue Arbeitsplätze geschaffen. Damit bietet sie mittlerweile rund 240 Mitarbeiterinnen und Mitarbeitern einen sicheren, interessanten und zudem zukunftsweisenden Arbeitsplatz im prosperierenden Dienstleistungssektor. Vor dem Hintergrund der hohen Arbeitslosigkeit in der Region ist dies fraglos ein bedeutender Beitrag zur Festigung und zum Ausbau des Wirtschaftsstandorts Bad Salzuflen.

Besonderen Wert hat die Sparkasse in den letzten Jahren auf die Aus- und Fortbildung ihrer Mitarbeiter gelegt; denn der Schlüssel für den Erfolg der Sparkasse im zukünftigen Wettbewerb der Banken wird – mehr denn je! – darin liegen, über erstklassig ausgebildete, engagierte und motivierte Mitarbeiter zu verfügen. Die Anstrengungen in der Aus- und Fortbildung stoßen erfreulicherweise unter den Beschäftigten des Hauses auf eine breite Resonanz. Mehr als in der Vergangenheit drängen die Mitarbeiterinnen und Mitarbeiter danach, sich fortbilden zu lassen. Das Wort vom »lebenslangen Lernen« ist für viele gelebtes Programm geworden. Dies kommt den Kunden und damit der Sparkasse selbst zugute.

Ausbau und Modernisierung der Geschäftsstellen

Neben den in den vergangenen Jahren geschaffenen Arbeitsplätzen hat die Sparkasse durch ihre rege Bautätigkeit dafür gesorgt, in ihrem Geschäftsgebiet Arbeitsplatzsicherung im Bereich des Handwerks und der Industrie zu betreiben.

Nachdem bereits 1987 für die Geschäftsstelle in Ehrsen-Breden ein neues Domizil an der Wasserfuhr entstanden war, wurde im Sommer 1988 die gerade von der Sparkasse Lemgo übernommene Zweigstelle in Holzhausen-Sylbach modernisiert und erweitert. Es folgte der Neubau der Geschäftsstelle an der Bielefelder Straße in Knetterheide. Drei Jahre später wurde in Lockhausen in günstiger Lage in einem Wohn- und Geschäftshaus eine neue Geschäftstelle eingerichtet. Im Frühjahr 1991 wurde mit dem Bau eines Wohn- und Geschäftshauses in Retzen begonnen. Auch in diesem Ortsteil fand die Sparkasse in guter Lage im Jahre 1992 ein neues Domizil.

Pünktlich zum »Weltspartag 1995« wurde eine neue Geschäftsstelle im Ortsteil Ahmsen fertiggestellt und ihrer Bestimmung übergeben. Im Ortsteil Wüsten erwarb die Sparkasse 1996 von der Stadt das Grundstück der ehemaligen Gemeindeverwaltung. Bereits im Frühjahr 1997 konnte nach dem Abriß des alten Verwaltungsgebäudes mit dem Bau eines neuen Wohn- und Geschäftshauses begonnen werden. Im Mai 1998, nach nur 13-monatiger Bauzeit, konnte das Bauwerk mit der neuen Sparkassenfiliale seiner Bestimmung übergeben werden

Wüstens neuer Dorfmittelpunkt, ein Gebäudekomplex mit 16 Eigentumswohnungen, vier Ladenlokalen und der Geschäftsstelle der Sparkasse Bad Salzuflen, konnte nach nur einjähriger Bauzeit Ende Mai 1998 eingeweiht werden.

Eine Erfolgsgeschichte besonderer Art war und ist die Gründung einer neuen Innenstadtfiliale, zunächst am Schliepsteiner Tor, jetzt am Herforder Tor. Diese Geschäftsstelle hat sich von Beginn an sehr günstig entwickelt. Gegenwärtig beraten und betreuen bereits zehn Mitarbeiter ihre zahlreichen Kunden. Als einzige ist diese Geschäftsstelle auch mittags durchgehend geöffnet, ein zusätzlicher Service, der von der Kundschaft außerordentlich geschätzt wird.

Im Frühjahr 1997 wurde die, gemessen an den Kundeneinlagen, größte Geschäftsstelle der Sparkasse an der Beetstraße in nur dreimonatiger Bauzeit grundlegend modernisiert und dem heute erforderlichen Standart angepaßt. Die bereits seit 1965 bestehende Einrichtung – die älteste(!) Zweigstelle der Sparkasse – war in die Jahre gekommen.

Damit sind die Modernisierung und Erweiterung der Räumlichkeiten unserer Geschäftsstellen jedoch nicht abgeschlossen. In Knetterheide (Ortsteil Werl-Aspe) konnte inzwischen ein benachbartes Grundstück erworben werden, so daß eine Erweiterung der jetzigen Geschäftsräume jederzeit möglich ist. Die Ausweisung neuer Wohngebiete in diesem Stadtteil läßt in den nächsten Jahren einen starken Anstieg des Geschäftsvolumens dieser Geschäftsstelle erwarten.

Bereits im Frühjahr 1999 sollen die vollständige Renovierung und der Umbau der Geschäftsstelle Elkenbreder Weg erfolgen. Ferner ist die Erweiterung der Geschäftsstelle Sylbach, die sich in den letzten Jahren sehr günstig entwickelt hat, geplant.

Neues Hauptstellengebäude

Nachdem der größte Teil des Geschäftsstellennetzes der Sparkasse in den letzten Jahren auf den neuesten Stand gebracht werden konnte, gab es 1996 erstmals Überlegungen, ein neues

Die Sparkassenleiter kurz ›beleuchtet‹
Stefan Wiesekopsieker

Günter Tacke

Günter Tacke wurde am 14. August 1932 als Sohn des Werkmeisters Ernst Tacke und seiner Frau Herta, geb. Pielsticker, in Bielefeld geboren. Nach dem Besuch der Volks- und Mittelschule trat Günter Tacke am 1. April 1951 als Lehrling in die Stadtsparkasse Bielefeld ein. Im Verlauf des Jahres 1954 legte er neben der Lehrabschlußprüfung für den Sparkassendienst auch die Kaufmannsgehilfenprüfung als Bankkaufmann ab.
Nachdem Günter Tacke zwischen 1954 und 1961 im Sparkassenbereich, zunächst bei der Kreissparkasse Bielefeld, dann ab 1957 bei der Städtischen Sparkasse Gütersloh, in leitenden Funktionen tätig gewesen war, wechselte er zum 1. April 1961 in die Industrie. Für die nächsten sieben Jahre arbeitete er als Leiter des Finanzwesens und der Vermögensverwaltung bei den Gütersloher Seil- und Drahtwerken Gustav Wolf.
Zum 1. August 1968 trat Günter Tacke bei der Städtischen Sparkasse Bad Salzuflen ein, die ihn zum Innenrevisor bestellte; bereits am 1. Oktober 1970 wurde er zum Mitglied des Vorstandes gewählt. Im Januar 1986 bestimmte der Verwaltungsrat der Sparkasse ihn durch einen einstimmigen Beschluß zum Nachfolger von Heinrich Grafhorst. Als Vorsitzender des Vorstandes erlebte Günter Tacke am 1. Februar 1988 die »Flurbereinigung« im Bereich der Großgemeinde Bad Salzuflen, die Übernahme der Filialdirektion Schötmar der Sparkasse Lemgo mit ihren Zweigstellen in Ahmsen, Knetterheide, Lockhausen, Retzen, Sylbach und Wüsten. Günter Tacke, mit dessen Name die weiterhin prosperierende Entwicklung der Städtischen Sparkasse Bad Salzuflen verbunden bleibt, trat am 30. September 1995 in den Ruhestand.

Quelle: Unterlagen der Personalabteilung der Sparkasse Bad Salzuflen.

Hauptstellengebäude zu errichten. Die dynamische Geschäftsentwicklung der Sparkasse und der damit einhergehende Anstieg der Zahl der Mitarbeiter hatten in der jetzigen Hauptstelle an der Grabenstraße zu sehr beengten Raumverhältnissen geführt. Bereits 1991 mußte deshalb die Marketingabteilung nach Schötmar (Schloßstraße 37) »ausgelagert« werden.

Nach der 1988 erfolgten Übernahme der Filialdirektion Schötmar der Sparkasse Lemgo – einschließlich der dort eigenständig tätigen Kreditabteilung – gab es aufgrund der großen Raumnot keine Möglichkeit mehr, die bestehenden zwei Kreditabteilungen in der Hauptstelle zu vereinen. Zudem ließ die Bausubstanz des erst 33 Jahre alten Gebäudes an der Grabenstraße eine wirtschaftlich vertretbare Modernisierung und Erweiterung nicht mehr zu. Obwohl das inzwischen arrondierte Grundstück für einen Neubau groß genug gewesen wäre, stimmte der Verwaltungsrat der Sparkasse im Frühsommer 1996 dem Vorschlag des Vorstandes zu, die Hauptstelle an die Rudolph-Brandes-Allee, auf das Gelände der ehemaligen Hoffmann's Stärkefabriken zu verlegen.

Die Entfernung zum jetzigen Gebäude beträgt nur rund 80 Meter. Für Autofahrer dürfte der neue Standort einfacher erreichbar sein. Aber auch Fußgänger und Fahrradfahrer werden einen bequemen Zugang finden. Zum einen existiert bereits ein ampelgesteuerter Fußgängerübergang, zum anderen soll entlang der Salze eine Unterführung der Rudolph-Brandes-Allee angelegt werden. Mit der Fertigstellung und dem Bezug des Neubaus wird noch im Jubiläumsjahr 1999 gerechnet.

Modell des neuen Hauptgebäudes der Sparkasse Bad Salzuflen. Der Neubau soll im Herbst 1999 bezogen werden.

Blick auf die Großbaustelle an der Rudolph-Brandes-Allee, Dezember 1998. Der Neubau des Hauptgebäudes geht planmäßig und zügig voran.

Verbesserung der Kundenberatung und -betreuung

Wichtigstes Ziel der Bautätigkeit der Sparkasse in den vergangenen Jahren war es, die Rahmenbedingungen für die persönliche Kundenberatung deutlich zu verbessern. Hierbei wurde vor allem dem allgemeinen Wunsch nach einem Mehr an Diskretion Rechnung getragen. Aus diesem Grunde wurde besonderer Wert auf die Schaffung beruhigter Kundenberatungszonen und abgeschlossener Beratungsräume gelegt. Dazu gehörte selbstverständlich auch die Ausstattung dieser Räume mit modernster Informationstechnologie, in die in den letzten Jahren hohe Summen investiert worden sind. So dürfte im ersten Quartal 1999 das sparkasseninterne Computer-Netzwerk fertiggestellt sein, in das nahezu sämtliche Arbeitsplätze in allen Geschäftsstellen einbezogen sein werden. Damit stehen allen Mitarbeitern und Kunden die neuesten und aktuellsten Informationen einschließlich des Zugangs zum World Wide Web zur Verfügung. Diese Informationstechnologie bringt uns und unsere Kunden »real time« zu allen wichtigen Börsenplätzen dieser Welt.

Wenngleich die persönliche Beratung und Betreuung unserer Kunden immer den höchsten Stellenwert einnehmen wird, hat die Sparkasse dennoch Pionierarbeit geleistet, als sie sich bereits 1996 entschloß, sich im Internet mit einer eigenen Homepage zu präsentieren (www.spk-badsalzuflen.de) und ihren Kunden die Kontoführung per S-direkt anzubieten. Letzteres ist ein Service, mit dem die Sparkasse Bad Salzuflen eine führende Position unter den Sparkassen in Deutschland und unter anderen regionalen Universalbanken einnimmt. Die inzwischen registrierten Zugriffe auf die Internetseiten verdeutlichen, daß die Sparkasse mit diesem Angebot richtig liegt.

Rege Spendentätigkeit für gemeinnützige Einrichtungen und Zwecke

Das Bild der Sparkasse in der Öffentlichkeit und ihr Nutzen für den Standort Bad Salzuflen werden auch durch ihre Spendentätigkeit geprägt. Da die Stadt Bad Salzuflen als Gewährträgerin in der Vergangenheit auf die Ausschüttung des ihr nach dem Sparkassengesetz des Landes Nordrhein-Westfalen zustehenden Anteils am Jahresüberschuß der Sparkasse regelmäßig verzichtet hat, konnten in den letzten zehn Jahren an gemeinnützige Einrichtungen und örtliche Vereine Spenden in Höhe von etwa 2,5 Millionen DM ausgeschüttet werden. Einen Schwerpunkt der Spendentätigkeit bildete Mitte der neunziger Jahre die Förderung des Baues neuer Kindergärten.

Daneben hat die Sparkasse aktuell und aus Anlaß ihres 150-jährigen Jubiläums 1,5 Millionen DM für die Errichtung einer Stiftung aufgebracht. Die Erträge dieser Stiftung sollen wie folgt Verwendung finden:

- Förderung der Jugendpflege und Jugendhilfe,
- Förderung des Umwelt- und Naturschutzes und
- Förderung innovativer Technologien.

Mit der Errichtung dieser Stiftung unterstreicht die Sparkasse nachhaltig ihr gesellschaftliches Engagement und ihr Bestreben, zur Verbesserung des Zusammenlebens der Menschen in ihrem Geschäftsgebiet beizutragen.

Die Sparkasse Bad Salzuflen als bedeutender Wirtschaftsfaktor

Die Bedeutung der Sparkasse Bad Salzuflen für die Stadt und ihre Bevölkerung läßt sich sehr gut anhand der nachfolgend dargestellten Wertschöpfungsrechnung und der Verteilung der Wertschöpfung am Beispiel des Jahres 1997 nachvollziehen.

Wertschöpfung 1997 (in Millionen DM)	
Summe der Erträge	88,5
verbleiben abzüglich Zins-, Provisions- und Sachaufwand, Abschreibungen und Wertberichtigungen	58,0
Ergebnis der Wertschöpfung	30,5

Verteilung der Wertschöpfung (in Millionen DM)	
Personalaufwand	17,6
Steuern	8,0
Kapitalzuführung	4,9
Verteilung der Wertschöpfung	30,5

Gemeinschaftliche Werbeanzeige der lippischen Sparkassen (1990).

Auch die von der Sparkasse zu zahlenden Steuern erlauben Rückschlüsse auf ihre wirtschaftliche Stärke. Im Geschäftsjahr 1997 beliefen sich die Steuerzahlungen auf 8,0 Millionen DM, davon entfielen 2,9 Millionen DM auf die Gewerbesteuer, die an die Stadt Bad Salzuflen abgeführt wurde. Diese wenigen Zahlen belegen, daß die Sparkasse Bad Salzuflen inzwischen eine solche Wirtschaftskraft entfaltet hat, daß auf sie als Standortfaktor nicht mehr verzichtet werden kann.

An der Schwelle zum 21. Jahrhundert bzw. zum dritten Jahrtausend ist es weiterhin das Ziel der nunmehr seit 150 Jahren bestehenden Sparkasse, als selbständiges Universalkreditinstitut in ihrem Geschäftsbereich, der Stadt Bad Salzuflen, ihren Kunden in allen Geldangelegenheiten ein kompetenter und vertrauter Ansprechpartner zu sein.

Die Sicherung der Existenz der Sparkasse erfordert angemessene Erträge und eine ausreichende Dotierung des Eigenkapitals. Wenn beides gewährleistet ist, hat die Sparkasse Bad Salzuflen gute Chancen, den noch härter werdenden Wettbewerb in einem einheitlichen europäischen Binnenmarkt zu bestehen, und ihre Marktstellung in ihrem Geschäftsgebiet zu behaupten.

Sechs Generationen von Sparkassenmitarbeiterinnen und -mitarbeitern, Rendanten und Direktoren, Sparkassen- und Verwaltungsräten haben die Sparkasse Bad Salzuflen zu ihrer heutigen Größe und Kraft geführt. Unsere wichtigste und vornehmste Pflicht ist es, das Vertrauen unserer Kunden weiter zu festigen. Nur so wird es möglich sein, die bisher geleistete Arbeit erfolgreich fortzusetzen, um den folgenden Generationen eine ebenso gesunde und starke Sparkasse übergeben zu können.

Die Filialdirektion in Schötmar, 1998.

Abendstimmung an der Baustelle des neuen Hauptgebäudes. – Lichtstarke Scheinwerfer sorgen dafür, daß auch in der »dunklen« Jahreszeit »rund um die Uhr« gearbeitet werden kann (Dezember 1998).

Anhang

Anmerkungen

Anmerkungen zum Beitrag von Wolfgang Bender
»Diese Anstalt wird mit Nutzen für unsere Stadt dauernd bestehen«
Die Städtische Sparkasse Bad Salzuflen von 1848/49 bis zum Beginn der 1980er Jahre

Quellenangaben ohne Signatur = Altregistratur der Städtischen Sparkasse Bad Salzuflen

1 Allgemeine deutsche Real-Encyklopädie für die gebildeten Stände (Conversations-Lexikon). In Zwölf Bänden, 8. Auflage, Leipzig 1836, Bd. 10, S. 466.
2 Im benachbarten preußischen Regierungsbezirk Westfalen bildete seit dem 12.12.1838 das Preußische Sparkassenreglement, das bis 1932 in ganz Preußen in Kraft blieb, die gesetzliche Grundlage. In Lippe kam es erst mit der Verordnung über die kommunalen Sparkassen vom 31.12.1932 zu einer gesetzlichen Regelung!
3 Fürstlich Lippisches Intelligenzblatt, No. 46, 13.11.1841, S. 1. Vgl. auch den zeitgenössischen programmatischen Aufruf »Sparcassen in allen Gemeinden« von Moritz Leopold Petri, dem Mitherausgeber des Lippischen Magazins für vaterländische Cultur und Gemeinwohl, ebd., Jg. 7 (1841), S. 96 f. Zu den Anfängen sowie Gründungsmotiven und -impulsen des Sparkassenwesens im westfälisch-lippischen Raum vgl. Kordula Egenolf, Die Anfänge des Sparkassenwesens, in: Hans Jürgen Teuteberg (Hg.), Westfalens Wirtschaft am Beginn des »Maschinenzeitalters« (Untersuchungen zur Wirtschafts-, Sozial- und Technikgeschichte, Bd. 6), Dortmund 1988, S. 57 – 73.
4 STABS, A 335, fol. 2. So auch ersichtlich aus dem Schreiben des Salzufler Volksvereins an den dortigen Magistrat vom 2.2.1849, in dem er diesem die Satzung einer zu gründenden Sparkassengesellschaft zur Prüfung vorlegte. Ebd., fol. 1.
5 Vgl. dazu Dieter Zoremba, Von der »Blomberger Spar- und Leihe-Casse« zur »Stadtsparkasse Blomberg« – Zur Geschichte eines kommunalen Geldinstitutes, in: Blomberg ...über die Mauern der Stadt hinaus, hg. von der Stadtsparkasse Blomberg/Lippe, Blomberg 1995, S. 87 – 148, hier: S. 87 ff.
6 STABS, A 335, fol. 9.
7 Paul Steuer, Sparkassen-Politik in Lippe, Diss. masch., o.O. 1921, S. 2f. u. S. 6.
8 STABS, A 335, fol. 5v. – 7r. Vgl. dazu bes. ebd., fol. 6v. u. 7r. Schreiben des Bürgermeisters Capellen an den Volksverein vom 15.2.1849.
9 STABS, A 335, fol. 8.
10 Zur in jener Zeit bereits boomenden Herforder Sparkasse vgl. Werner Abelshauser, »Zur Vorbeugung der Armuth ...«. Der Kreis Herford im Spiegel seiner Sparkasse 1846 – 1996, Stuttgart 1996, S. 59 u. S. 105. Vgl auch den Beitrag von C. Laue in diesem Band.
11 Fürstlich Lippisches Regierungs- und Anzeige-Blatt Nr. 50 vom 10.12.1859 sowie STABS, A 335, fol. 12v.
12 STAD, L 79 Nr. 676, fol. 5r.
13 STABS, A 335, fol. 17r. u. 21r.
14 Ebd., fol. 25r. – 26r.
15 Ebd., fol. 19r. u. 26r.
16 Ebd., fol. 29v. u. 39r.
17 Ebd., fol. 39r.
18 STAD, L 79 Nr. 1919, fol. 10. Genehmigung durch den Magistrat und die Fürstliche Regierung am 11. bzw. 29.3.1859, ebd., fol. 12. Wahrscheinlich hatte man das Gründungsjahr des Volksvereins mit dem der Sparkasse verwechselt!
19 Ebd., fol. 19r., 22v. u. 23r.
20 Ebd., fol. 28r.
21 STAD, L 79 Nr. 1919, fol. 5v.
22 Vgl. dazu Zoremba, S. 98, und Fürstlich Lippisches Regierungs- und Anzeige-Blatt, Nr. 241 vom 14.10.1876.
23 STAD, L 80 IIa Gruppe VIII Titel 4 Nr. 3 Bd. II, 26.4.1914.
24 Bei Überschreitung der Obergrenze durften die Überschüsse mit Genehmigung des Magistrats zu wohltätigen Zwecken verwandt werden. STAD, L 79 Nr. 1919, fol. 31r. u. 59r.
25 Ebd., fol. 65r. u. 76r.
26 Ebd., fol. 60v.
27 Ebd., fol. 61r.
28 Dieser hatte den alten § in seinem Sinne redigiert (§ 21 der neuen Satzung), so der Magistrat in seinem Bericht an die Regierung vom 8.11.1882. Ebd., fol. 70r.
29 Ebd., fol. 79v. u. 80r. Nutznießer der großzügigen Stiftungen waren die Kleinkinderschule (123 M) und die Armenkommission, die das Geld für den Bau des Städt. Krankenhauses verwandte (3.000 M). Ebd., fol. 64v. Zum Vergleich: Im gesamten Zeitraum der Rechnungsjahre 1866 – 1880 hatte die Sparkasse nur 2.007,50 M für wohltätige Zwecke gespendet bzw. spenden können. Ebd., fol. 81r.
30 Ebd., fol. 75r., 83r. u. 90r.
31 Ebd., fol. 127v. u. 128r. (§ 21). Die Tantieme errechnete sich aus dem Geschäftsgewinn, abzüglich der sächlichen Unkosten und der fixen Vorstandsgehälter.
32 Oskar Asemissen, Kleinstädte und Kleinstaaten auf industriellen und gewerblichen Gebiet, Bielefeld 1885, S. 89 und STAD, L 79 Nr. 678, fol. 28r.
33 STAD, L 79 Nr. 1919, fol. 64r. – 67v.
34 Ebd., fol. 68r. Bericht an die Regierung vom 26.9.1882.
35 Ebd., fol. 39r. u. v.
36 Ebd., fol. 101r. u. v.
37 Ebd., fol. 104r. – 105v.
38 Staatliche Steuer, Vorläufer der heutigen Einkommenssteuer.
39 Ebd., fol. 107r. Im Revisionsprotokoll vom 4.5.1886 heißt es dazu: »Seit einigen Jahren hat sich die Sparkasse derart ausgedehnt und sind ihr von Weit

und Breit soviel Gelder zugeführt, daß solche am Platze selbst und der nächsten Umgebung (Amt Schötmar) nicht konnten passend untergebracht werden, weshalb Verbindungen mit dem benachbarten Preußischen Kreisen, Herford, Minden, Lübbecke vornehmlich mit Ersterem, angeknüpft sind, [...].« Ebd., fol. 115r. u. v.

40 Ebd., fol. 96r. u. v. et passim.

41 STABS, B 502, fol. 32r.

42 STAD, L 79 Nr. 1919, fol. 90r. – 92r. und STABS, B 502, fol. 6r. – 7r.

43 STAD, L 79 Nr. 680, fol. 182r. ff.

44 STAD, L 88 Fach 11 Nr. 65 – 71.

45 STAD, D 23 Bad Salzuflen Nr. 440.

46 Ebd., Nr. 441.

47 Allgemeiner Anzeiger für Salzuflen, Schötmar und Oerlinghausen, 8. Jg., Nr. 139, vom 24.11.1892, S. 1.

48 STAD, L 79 Nr. 1919, fol. 234 r. u. v. Verfügung vom 4.12.1894. Unter Einschaltung des Kabinettsministeriums, der vorgesetzten Behörde der Regierung, einigte man sich schließlich auf eine jährliche Zufuhr zum Reservefonds in Höhe von 15 % des Reingewinns statt der geforderten 25 % und der angebotenen 10 %. Ebd., fol. 248r. Vgl. dazu auch STAD, L 75 Abteilung V.7 Fach 19.

49 STAD, L 79 Nr. 681, fol. 98r.

50 Ebd., fol. 329r. u. v. sowie STABS, B 560. Vgl. zu ihm auch Stefan Wiesekopsieker, Kaufmann und Sparkassenrendant Hugo Hunecke (1848 – 1894). Biographische Notizen aus einer alten Familienchronik, in: Jahrbuch Bad Salzuflen 1999, S. 77 – 82.

51 STABS, B 502, fol. 216v.

52 Zur frühen Sparkassenkundschaft vgl. auch den Beitrag von C. Laue in diesem Band.

53 STABS, B 567, fol. 127v.

54 STABS, B 502, fol. 153r.

55 Jürgen Mura, Entwicklungslinien der deutschen Sparkassengeschichte, Bd. II (Sparkassen in der Geschichte Abt. 3 Forschung, Bd. 9), Stuttgart 1995, S. 27.

56 Am Vorabend des Ersten Weltkriegs lag Lippe mit einem Pro-Kopf-Sparguthaben bei Sparkassen von 783, 65 M reichsweit an erster Stelle. Richard Tiemann, Das lippische Gewerbe im Lichte der Gewerbepolitik des 19. Jahrhunderts. Ein Beitrag zur lippischen Wirtschaftspolitik, Detmold 1929, S. 104.

57 Zur Gründung und Intention der Pfennigsparkasse vgl. Allgemeiner Anzeiger für Salzuflen, Schötmar und Oerlinghausen, Nr. 119 vom 7.10.1886.

58 Mura, Sparkassengeschichte 2, S. 22.

59 STABS, B 502, fol. 145r.

60 Vgl. hierzu in diesem Band den Beitrag von S. Wiesekopsieker.

61 STABS, B 502, fol. 219r. und Nr. 567, fol. 162r. u. v.

62 Amtsblatt für das Fürstenthum Lippe, Nr. 6 vom 20.1.1900.

63 STABS, B 562, fol. 82v. et passim.

64 STABS, B 567, fol. 137v.

65 STAD, L 79 Nr. 686, fol. 77r.

66 STAD, L 75 Abteilung V.7 Fach 19, Quadrangel 13.

67 STABS, B 559, fol. 28r. u. v.

68 Zum vorgenannten vgl. STAD, L 79 Nr. 5744, fol. 137v., STABS, B 567, fol. 225r. und STABS, B 559, fol. 28r. u. v. Aus der Nebenrendantur ging die 1919 gegründete Spar- und Leihekasse des Amtes Varenholz hervor, die ihren Sitz ebenfalls im Haus des Kaufmannes Bögeholz erhielt.
STAD, L 79 Nr. 5745, fol. 10v.

69 STABS, B 559, fol. 87r. – 89r. Zur Verbandsmitgliedschaft und den Revisionen vgl. STABS, B 566.

70 Satzung in STAD, L 80 IIa Gruppe VIII Titel 4 Nr. 3 Bd. II. Zur Diskussion im Jahre 1912 um die Einführung des bargeldlosen Zahlungsverkehrs in der Städtischen Sparkasse vgl. STABS, B 559, fol. 195r. – 207v.

71 STAD, L 79 Nr. 5736, fol. 246r., STABS, B 559, fol. 210r. sowie STABS, B 567 Jahresberichte der Ausschußdeputierten.

72 Steuer, S. 29 u. S. 44.

73 STABS, B 567, fol. 275r.

74 Allg. dazu Richard H. Tilly, Gemeindefinanzen und Sparkassen in Westfalen in der Inflationszeit, 1918 – 1923, in: Rheinland-Westfalen im Industriezeitalter Bd. 2, Von der Reichsgründung bis zur Weimarer Republik, hg. v. Kurt Düwell und Wolfgang Köllmann, Wuppertal 1984, S. 398 – 411, hier: S. 398.

75 Leberecht Hoffmann vermutete in einem Schreiben an den Magistrat aus dem Jahre 1895 im Zusammenhang mit der obengenannten Erhöhung des Reservefonds, daß bei einer dann notwendigen Erhöhung der Kommunalsteuern, mit ihren finanziellen Folgen für seinen Betrieb und die Stadt: »[...] daraus, trotz des sonst gesunden Sinnes unserer ansässigen Arbeiterschaft, die kräftig vordringende Socialdemokratie Vortheil ziehen wird [...].« STAD, L 75 Abteilung V.7 Nr. 19, Quadrangel 7.

76 Vgl. dazu auch Otto Pölert, Chronik von Salzuflen. Ursprung und Werdegang einer alten Salinenstadt, Bad Salzuflen 1978, S. 105 – 108.

77 Zur Kommunalkreditgewährung der deutschen Sparkassen vor dem Ersten Weltkrieg im allg. vgl. Mura, Sparkassengeschichte 2, S. 107ff. »Der Kommunalkredit gehörte zu den originären Aktivgeschäften der deutschen kommunalen Sparkassen und bildete seit ihrer Gründung naturgemäß den wichtigsten geschäftlichen Berührungspunkt zwischen den Gewährträgergemeinden und den rechtlich zunächst noch unselbständigen Sparkassen.« Ebd., S. 107.

78 STABS, B 568, fol. 45r. u. STABS, B 567, fol. 324r.

79 STABS, B 567, fol. 162r.

80 STAD, L 80 IIa Gruppe VIII Titel 4 Nr. 3 Bd. II. Bericht vom 26.4.1914.

81 STABS, B 566, fol. 130r.

82 Karl Erich Born, Geld und Banken im 19. und 20. Jahrhundert, Stuttgart 1976, S. 366 u. S. 370, Mura, Sparkassengeschichte 2, S. 208.

83 Rolf Caesar, Sparkassen und öffentlicher Kredit in historischer Perspektive, in: Vorträge zur Sparkassengeschichte (Vortragsreihe der Gesellschaft für Westfälische Wirtschaftsgeschichte e.V., Heft 30), Dortmund 1994, S. 43 – 62, hier: S. 46f.
84 STABS, B 567, fol. 327r.
85 STAD, L 79 Nr. 5744.
86 STABS, B 567, fol. 317r. u. fol. 326r.
87 Born, S. 421ff.
88 Allgemein zu diesem Problemkreis Tilly, Gemeindefinanzen.
89 STABS, B 567, fol. 352r.
90 STABS, B 559, fol. 297r.
91 STABS, B 567, fol. 352r.
92 STABS, B 558.
93 Satzung in: STAD, L 80 IIa Gruppe VIII Titel 4 Nr. 3 Bd. II sowie in STABS, C 1459.
94 Born, S. 424f.
95 STABS, B 567, fol. 365r.
96 Die Lippische Landesverwaltung in der Nachkriegszeit, hg. v. Heinrich Drake, Detmold 1932, S. 354f.; Staatsanzeiger für das Land Lippe Nr. 101 vom 21.12.1929 sowie STAD, L 80 IIa Gruppe VIII Titel 4 Nr. 3 Bd. 3.
97 Lippische Rundschau, Nr. 1 vom 1.1.1925.
98 Satzung in: STABS, C 1459.
99 Mura, Sparkassengeschichte 2, S. 29.
100 Geschäftsbericht der Städtischen Sparkassse für das Jahr 1929 in: STAD, L 80 IIa Gruppe VIII Titel 4 Nr. 3 Bd. II.
101 Jürgen Mura, Entwicklungslinien der deutschen Sparkassengeschichte, Bd. 1. (Sparkassen in der Geschichte: Abt. 3 Forschung, Bd. 2), Stuttgart 2. Aufl. 1994, S. 137f.
102 Geschäftsbericht der Städtischen Sparkasse Bad Salzuflen für das Jahr 1928 in: STAD, L 80 IIa Gruppe VIII Titel 4 Nr. 3 Bd. II. Beide Maschinen taten noch bis 1960 ihren täglichen Dienst. Vgl. Sitzungsbericht des Sparkassenrates vom 20.6.1960.
103 Allgemein zum Trend der Kommunalverschuldung im Sparkassensektor in jener Zeit vgl. Mura, Sparkassengeschichte 2, S. 117f.
104 Geschäftsbericht 1929 wie Anm. 100.
105 Vgl. Haushaltsplan der Stadt Bad Salzuflen für 1933 in: STAD, L 80 Ia Gruppe III Titel 4 Nr. 5 Bd. XIX.
106 Zur deutschen Bankenkrise von 1931 und deren Überwindung vgl. Born, S. 482 – 502. Speziell dazu für den Sparkassensektor vgl. Mura, Sparkassengeschichte 1, S. 91 – 104.
107 Zum folgenden vgl. Reichsgesetzblatt, Jahrgang 1931, Teil 1, S. 554 – 556; Abelshauser, S. 158; Born, S. 490 – 498; Mura, Sparkassengeschichte 1, S. 110ff.
108 Für Lippe speziell vgl.: »Verordnung über die kommunalen Sparkassen vom 31. Dezember 1932.« in: Lippische Gesetz-Sammlung 1933, Nr. 1, sowie die »Mustersatzung für kommunale Sparkassen«, in: Staatsanzeiger für das Land Lippe Nr. 5 vom 14.1.1933. Zu Salzuflen vgl. die leicht überarbeitete Mustersatzung, in: STAD, L 80 IIa Gruppe VIII Titel 4 Nr. 3 Bd. III.
109 Reichsgesetzblatt, Jahrgang 1933, Teil 1, S. 647 – 650. Das Kommunalkreditverbot wurde erst 1939 gelockert!
110 Vgl. dazu die Jahresrechnung von 1930 und 1932 in: STAD, L 80 IIa Gruppe VIII Titel 4 Nr. 3 Bd. II. u. III.
111 Bereits Ultimo 1933 betrug der Einlagebestand 11.728.193 RM. STAD, L 79 Nr. 5747.
112 Zu den Detmolder Verhältnissen vgl. Wolfgang Bender, Die NS-Machtergreifung in Detmold, in: Nationalsozialismus in Detmold, hg. von der Stadt Detmold, Bielefeld 1998, S. 233 – 257, hier: S. 240f. Für Blomberg vgl. Zoremba, S. 129, sowie STAD, L 80 IIa Gruppe VIII Titel 4 Nr. 5.
113 Zum Skandal um die Deutsche Eigenheimbau, vgl. den Beitrag von F. Meyer in diesem Band.
114 Revisionsbericht des Westfälischen Sparkassen- und Giroverbandes für 1934, S. 44, sowie Geschäftsbericht der Städtischen Sparkasse Bad Salzuflen für 1934, S. 6 in: STAD, L 80 IIa Gruppe VIII Titel 4 Nr. 3 Bd. III.
115 Geschäftsbericht der Städtischen Sparkasse Bad Salzuflen für 1943, in: STAD, L 79 Nr. 5750, fol. 453v.
116 Revisionsbericht des Westfälischen Sparkassen- und Giroverbandes für 1939, S. 15. Unter »Alter Garde« verstand man die frühesten politischen Mitstreiter Hitlers, die jährlich eine mehrtägige »Reichsfahrt« abhielten. Diese führte 1939 in den Gau Westfalen-Nord, zu dem auch Bad Salzuflen gehörte. Am 15. Juni machte die Kolonne Station in der Badestadt. Zu diesem städtischen Großereignis vgl. STABS, C 466.
117 STAD, L 113 Nr. 343, fol. 78r.
118 Ebd.
119 Ebd., fol. 59r. u. 68r.
120 Geschäftsbericht der Städtischen Sparkasse Bad Salzuflen für 1943, in: STAD, L 79 Nr. 5750, fol. 453v.
121 Geschäftsbericht der Städtischen Sparkasse Bad Salzuflen für 1939.
122 Geschäftsbericht der Städtischen Sparkasse Bad Salzuflen für 1944, in: STAD, L 79 Nr. 5750, fol. 455v.
123 Zum Themenkomplex Sparkassenwerbung vgl. in diesem Band den Beitrag von C. Laue.
124 Der Revisionsbericht des Westfälischen Sparkassen- und Giroverbandes für 1943 führt dazu unter anderem aus (S. 2): »Die Betätigung im Kreditgeschäft war infolge der einschränkenden Bestimmungen für mittel- und langfristige Darlehen und der geringen Kreditnachfrage nur unbedeutend.«
125 Revisionsbericht des Westfälischen Sparkassen- und Giroverbandes für 1938 sowie Geschäftsbericht der Städtischen Sparkasse Bad Salzuflen für 1944, in: STAD, L 79 Nr. 5750, fol. 456v.

126 Vgl. dazu und zur überragenden Bedeutung des Sparkassensektors bei der »geräuschlosen Kriegsfinanzierung« Mura, Sparkassengeschichte 2, S. 215f. u. S. 220 sowie Born, S. 538 – 543.

127 Geschäftsbericht der Städtischen Sparkasse Bad Salzuflen für 1940, in: STAD, L 80 IIa Gruppe VIII Titel 4 Nr. 3 Bd. IV Anlage.

128 Revisionsbericht des Westfälischen Sparkassen- und Giroverbandes für 1941, S. 1. Der Frauenanteil stieg im Kriege weiter. 1943 waren von 22 Angestellten 20 weiblich! Nur die Handvoll Beamten waren männlich. Geschäftsbericht der Städtischen Sparkasse Bad Salzuflen für 1943, in: STAD, L 79 Nr. 5750, fol. 453v.

129 Geschäftsbericht der Städtischen Sparkasse Bad Salzuflen für 1943, in: STAD, L 79 Nr. 5750, fol. 453v.

130 Zur Neugliederung im Krieg vgl. Lippe. Leben-Arbeit-Geld 1786 – 1986, dargestellt und dokumentiert von Josef Wysocki und Volker Wehrmann, hg. von der Sparkasse Detmold, Detmold 1986, S. 279 – 287, sowie STAD, L 80 IIa Gruppe VIII Titel 1 Nr. 21 Bd. I u. II.

131 Waldemar Becker, Die Besetzung Lippes im Frühjahr 1945, in: Lippische Mitteilungen 64 (1995), S. 213 – 268, hier: S. 228, sowie Franz Meyer, »Um halb vier kamen die Amerikaner.« Das Kriegsende in Bad Salzuflen und Schötmar, in: Jahrbuch Bad Salzuflen 1996, S. 136 – 147.

132 Allg. hierzu und zur Währungsreform ausführlich Wolfgang Benz. Die Gründung der Bundesrepublik. Von der Bizone zum souveränen Staat, München 3. Aufl. 1989, S. 84 – 88, sowie Abelshauser, S. 188 – 194.

133 Franz Meyer, Bad Salzuflen zwischen Krieg und Frieden. Chronik der Jahre 1939 bis 1945, in: Jahrbuch Bad Salzuflen 1996, S. 106 – 121, hier: S. 121.

134 Zum Ablauf und den technischen Modalitäten vgl. auch STAD, D 100 Lemgo, Nr. 49.

135 Geschäftsbericht für die Zeit vom 21. Juni 1948 bis 31. Dezember 1952 der Städtischen Sparkasse Bad Salzuflen, S. 4 u. S. 10; sowie allg. Benz, S. 86f.

136 Ebd., S. 1f.

137 Sitzungsbericht des Sparkassenrates vom 3.12.1959.

138 Ebd., vom 29.2.1960.

139 Ebd., vom 8.5.1963.

140 Vgl. eingehend zum Fragenkomplex der Sparkassengebäulichkeiten in diesem Band den Beitrag von S. Wiesekopsieker.

141 Vgl. dazu im folgenden ausführlich STABS, D 539.

142 Vgl. dazu neben den Presseberichten der Lokalblätter z.B. die Sitzungsberichte des Verwaltungsrates seit 1972 sowie STABS, D 539.

143 Urteil des Landesverfassungsgerichtshofes vom 31.10.1980, S. 17, in: STABS, D 540.

144 Vgl. dazu auch Friedrich Brand, Bad Salzuflen. Daten und Strukturen einer mittelzentralen Stadt (Beiträge zur Geschichte der Stadt Bad Salzuflen, Bd. 2), Bielefeld 1996, S. 158.

145 Geschäftsberichte der Städtischen Sparkasse Bad Salzuflen für 1965, S. 13, und für 1971, S. 16.

146 Heinrich-Stefan Rolvering, Der wechselseitige Zusammenhang zwischen den kommunalen Sparkassen und dem kommunalen Raum am Beispiel der Sparkassen in Westfalen-Lippe in den Jahren 1958 – 1970 (Münsteraner Beiträge zur Cliometrie und quantitativen Wirtschaftsgeschichte, Bd. 5) Münster 1997, S. 122.

147 Zu den Motiven der defensiven Bad Salzufler Zweigstellenpolitik vgl. auch den Sitzungsbericht des Verwaltungsrates vom 19.8.1972.

148 Geschäftsbericht der Städtischen Sparkasse Bad Salzuflen für 1971, S. 1, sowie Sitzungsbericht des Verwaltungsrates vom 10.12.1971. Zum dortigen Fachpersonalmangel und zur hohen Personalfluktuation vgl. auch die Revisionsberichte und die Betriebsorganisationsprüfungen der 1950er und 1960er Jahre des zuständigen Sparkassen- und Giroverbandes Westfalen-Lippe.

149 STABS, D 535.

150 Zu diesen Vorgängen und dem Scheitern einer einvernehmlichen und gütlichen Lösung der »Zweigstellenfrage« in den Jahren 1980 ff. zwischen den beiden Sparkassen bzw. ihren Gewährträgerinnen vgl. ausführlich STABS, D 540.

151 Zur überragenden Rolle des Sparkassensektors bei der Gewährung von Kommunalkrediten nach 1945 bis in unsere Tage, in den letzten beiden Dekaden jedoch mit abnehmender Tendenz, vgl. Mura, Sparkassengeschichte 2, S. 124 – 141, sowie Caesar, S. 50 – 59.

152 Geschäftsberichte der Städtischen Sparkasse Bad Salzuflen für 1948 – 1952, S. 6, und für 1960, S.7, sowie Haushaltsplan der Stadt Bad Salzuflen für das Rechnungsjahr 1960, S. 172 ff.

153 Elgin Widhofer-Mohnen, Regionales Sparkassenwesen und kommunale Gebietsrefom. Zum Regionalprinzip nach dem nordrhein-westfälischen Sparkassenrecht, Diss. masch., Köln 1979, S. 36 f.

154 Als Vorbild für den »Mikrokosmos« Bad Salzuflen könnte hierzu die obengenannte grundlegende Überblicksdarstellung von Rolvering dienen.

155 Geschäftsbericht der Städtischen Sparkasse Bad Salzuflen für 1990, S. 4, und Haushaltsplan der Stadt Bad Salzuflen für 1991, S. 529.

156 Vgl. dazu Sitzungsbericht des Verwaltungsrates vom 16.4.1971.

157 So der Wortlaut des NW-Sparkassengesetzes vom 7.1.1958 § 32 Abs. 1, in: NW-Gesetzes- und Verordnungsblatt Ausgabe A 12. Jg. 1958, S. 5 – 11.

158 Sitzungsbericht des Sparkassenrates vom 6.7.1961. Die abgeführte Summe war und ist abhängig vom Verhältnis des haftenden Eigenkapitals zum Einlagenbestand. Beträgt diese Sicherheitsrücklage über 5 %, dann können 25 % vom Jahresüberschuß an den Gewährträger abgeführt werden; bei einer Quote von 3 – 5 % nur 10 %.

159 Geschäftsbericht der Städtischen Sparkasse Bad Salzuflen für 1975, S. 15.

160 Mit dem NW-Sparkassengesetz vom 16.6.1970 wurde dem Sparkassenverwaltungsrat im § 32,4 ein größeres Gestaltungsrecht bei der Verwendung von Überschüssen für gemeinnützige Zwecke eingeräumt. Vgl. Gesetz- und Verordnungsblatt für das Land Nordrhein-Westfalen Ausgabe A 24 Jg. 1970, S. 482 – 487, hier: S. 485.

161 STABS, D 535 sowie Sitzungsbericht des Verwaltungsrates vom 3.2.1977.

162 Sitzungsbericht des Verwaltungsrates vom 19.11.1971. Zu weiteren Beispielen von gewährten und abgelehnten Spenden(anträgen) vgl. STABS, D 535.

163 Sitzungsbericht des Verwaltungsrates vom 18.4.1974.

164 Geschäftsbericht der Städtischen Sparkasse Bad Salzuflen für 1953 und 1954, S. 12.

165 Sitzungsbericht des Sparkassenrates vom 6.7.1961. Zur damaligen angespannten Personalsituation vgl. auch die illustrative Eingabe des Personalrates an den Vorstand als Anlage zum Sitzungsbericht des Verwaltungsrates vom 12.10.1970 sowie die Prüfungsberichte des Westfälisch-Lippischen Sparkassen- und Giroverbandes der 1950er und 1960er Jahre.

166 Geschäftsbericht der Städtischen Sparkasse Bad Salzuflen für 1966, S. 11, Sitzungsbericht des Verwaltungsrates vom 16.4.1971.

167 Geschäftsbericht der Städtischen Sparkasse Bad Salzuflen für 1980, S. 20.

168 Geschäftsbericht der Städtischen Sparkasse Bad Salzuflen für 1985, o.S.

169 Geschäftsberichte der Städtischen Sparkasse Bad Salzuflen für 1950 und 1975.

170 Lippische Landes-Zeitung vom 19.4.1974. Der Geschäftsbericht der Städtischen Sparkasse für 1968, S. 3, führt dazu aus: »Die Einwohnerzahl der Stadt Bad Salzuflen betrug am 31.12.1968 rd. 18.000. Umgerechnet auf die Bevölkerung ergibt sich pro Kopf ein Spareinlagenbestand von DM 3.460,–, d.s. DM 350,– mehr als im Vorjahr. Diese Sparleistung der Sparer liegt weit über dem Bundesdurchschnitt und weist den Salzufler Bürger als sehr guten Sparer aus.«

171 Zur prosperierenden Entwicklung des Instituts in der jüngeren Vergangenheit vgl. in diesem Band den Beitrag von H.-T. Drücker.

Anmerkungen zum Beitrag von Christoph Laue
»Der jedem echten Salzufler innewohnende Sinn für Sparsamkeit«
Über die Revolution von 1848, den Volksverein Salzuflen und die Gründerjahre der Salzufler Sparkasse

1 Wilhelm Burre, Das Leben in Alt-Salzuflen vor einem halben Jahrhundert, in: Bad Salzuflen, Bilder aus Vergangenheit und Gegenwart, Bad Salzuflen 1923, S. 68f.

2 Vgl. allgemein zur Revolution: Ernst-Hermann Grefe, Die Mediatisierungsfrage und das Fürstentum Lippe in den Jahren 1848 – 1849, Detmold 1965, S. 1ff.; Wilhelm Wortmann, Die Revolution von 1848/49 in dem Fürstentum Lippe Detmold, Würzburg 1937; neuerdings: Harald Pilzer/Annegret Tegtmeier-Breit, Lippe 1848. Von der demokratischen Manier eine Bittschrift zu überreichen (Auswahl- und Ausstellungskatalog der Lippischen Landesbibliothek Detmold; hrsg. von Detlev Hellfaier; Heft 34), Detmold 1998.

3 Erich Kittel, Heimatchronik des Kreises Lippe. Köln 2. verbesserte Aufl. 1978, S. 212.

4 Wortmann, S. 16.

5 STABS, A 535: Protokolle des Magistrats und der Stadtverordnetenversammlung; hier: Beschluß zur Bildung einer Bürgerwehr vom 4.3.1848; organisiert durch den Ratsherrn Krecke, den Stadtverordneten Kotzenberg, Sehring und Sehring (»beide Sehring«), den Bürger Adolph Barkhausen und den Lohgerber Hunecke.

6 STABS, A 535: 13.4.1848.

7 Kittel S. 212.

8 Ebd., S. 223f. (Petitionen) u. 224 (Dank).

9 Ebd., S. 212ff.

10 Ebd., S. 215f. u. 217; zu Kotzenbergs Einsatz für Bauern und Heuerlinge siehe Wortmann S. 48.

11 So gab es auch schon vor 1848 Vereine zur Unterstützung von Spinnern und Webern; vgl. Kittel, S. 215f. Zur Krise: Josef Wysocki/Volker Wehrmann, Lippe. Leben – Arbeit – Geld, Detmold 1986, S. 179ff., bes. S. 191ff., zum Abhängen Lippes von der Entwicklung in Preußen.

12 STABS, A 535: Protokolle des Magistrats und der Stadtverordnetenversammlung, 1844 – 1850; Stadtverordnete waren nach einer Liste vom 10.4.1846: Kotzenberg, Schneidermeister Sehring, Schuhmachermeister Sehring, Fehrmann (Kupferschmied), Arnold Meyer, Heinrich Pohlmeyer, Friedrich Epmeyer (Tischler), Rudolf Brüggemann, Becker (Kaufmann).

13 STABS, A 135: Verhandlungen des Stadtverordneten-Kollegiums, 1848, hier: Notiz vom 24.3.1848.

14 STABS, A 535: 28.3.1848 (Petition an den Landtag wird verändert; mit der Ausfertigung wird Kotzenberg beauftragt).

15 STABS, A 535: 18.5.1848 (Beschluß über die Herstellung der Öffentlichkeit bei den Sitzungen des Magistrats und der Stadtverordnetenversammlung zum 31.5.1848). Magistratsmitglieder waren nach einer Liste vom 10.4.1846: Bürgermeister Ferdinand Capellen, Ratsherr Hasse, Ratsherr Grimme, Ratsherr König, Ratsherr Krecke. Für den zum 3.12.1847 ausscheidenden Ratsherrn Grimme kam am 20.1.1848 Ratsherr Epmeyer neu in das Gremium.
16 STABS, A 135: 18.5.1848 (Zusätze zur Geschäftsordnung für die öffentlichen Sitzungen des Magistrats und der Stadtverordneten).
17 STABS, A 535: 5.7.1848.
18 Kittel, S. 214.
19 Wortmann, S. 29ff.
20 Kittel, S. 214f.
21 Ebd., S. 218.
22 Zu den Volksvereinen in Lippe siehe Wortmann, S. 50ff.
23 Wysocki, S. 171, dort zitiert nach: Friedrich Wilhelm von Cölln, Historisch-geographisches Handbuch des Fürstenthums Lippe, S. 244; vgl. auch Kittel, S. 207f.
24 STABS, A 689 (Verhandlungen des Magistrats mit dem Volksverein, 1848/49), fol. 2r.
25 Wortmann, S. 50ff. – Vereinsprotokolle oder andere Unterlagen sind nicht überliefert.
26 Kittel, S. 218; die Vaterländischen Blätter wurden am 31.3.1849 eingestellt, Die Wage erschien ab 25.3.1848.
27 STABS, A 689, fol. 4v – 5r.
28 Ebd., fol. 3r.
29 Ebd., fol. 9r u. 7 – 8 (Gutachten von Förster Deppe).
30 Ebd., fol. 12r.
31 Ebd., fol. 13r u. 17r.
32 STABS, B 857 (Errichtung der Kleinkinderschule): Antrag der Commission für die Kleinkinderbewahranstalt am 29.12.1848; vgl. auch den Beitrag von W. Bender in diesem Band; ferner: STAD, L 79, Nr. 1919, Bl. 19.
33 STABS, A 689, fol. 20r.
34 Ebd., fol. 21r.
35 Ebd., fol. 27r.
36 Ebd., fol. 22r – 25r.
37 Ebd., fol. 29r.
38 Ebd., fol. 15r.
39 Ebd., fol. 16r.
40 Ebd., fol. 18.
41 Ebd., fol. 19r.
42 STABS, A 139: 10.2.49.
43 STABS, A 689, fol. 22 – 25.
44 Ebd., fol. 25v.
45 Ebd., fol. 30r.
46 Festschrift vom 20. April 1949 »Zur Erinnerung an das 100jährige Jubiläum der Städtischen Sparkasse Bad Salzuflen«, in: Archiv der Sparkasse Bad Salzuflen.
47 STABS, B 565 (Volksverein Salzuflen): 20.3.1879.
48 STABS, B 829 (Volksverein Salzuflen); die Statuten (zitiert hier § 1) wurden am 25.3.1881 zur Bestätigung eingereicht.
49 STABS, A 335 (Die in der Stadt Salzuflen einzuführende Sparkasse betr., 1849ff.), fol. 1.
50 Wilfried Reininghaus u.a. (Bearb.): Handbuch zur Geschichte der westfälisch-lippischen Sparkassen, Bd. 1, Dortmund 1998, S. 80 (Städtische Sparkasse Bad Salzuflen).
51 STABS, A 335, fol. 4v – 5r.
52 Reininghaus, S. 82.
53 STABS, A 335, fol. 6v – 7r.
54 Ebd., fol. 9r.
55 Ebd., fol. 10v.
56 Ebd., fol. 11r.
57 Ebd., fol. 12v.
58 Ebd., fol. 14r. Der Magistrat bestand nach der Neuwahl aus Bürgermeister Kfm. Philip Ferdinand Capellen, Bürgermeister von 1835 – 1867, Besitzer von Haus Nr. 166 (* 2.1.1792, + 20.1.1867), 1860 Begründer einer Zigarrenfabrik; 1. Ratsherr Carl Wilhelm Napoleon Sturhahn, (Stadt-)Musicus, Besitzer von Haus Nr. 73, errichtete 1852 in seinem Haus eine Schankwirtschaft mit Tanzsaal; 2. Ratsherr Friedrich Epmeyer, Tischler, Besitzer von Haus Nr. 52; 3. Ratsherr Kfm. Carl August Krecke, Kaufmann, Besitzer der Häuser Nrn. 83 und 85, (* 1813, † 1877, Sohn des Richters Florenz K.), Deputierter der Sparkasse ab 1855; 4. Ratsherr Friedrich August Fehrmann, Kupferschmied, Besitzer von Haus Nr. 234, vor der Ratswahl Stadtverordneter und –vorsteher. – Die Angaben zu den Personen sind entnommen: STABS, Msc. 197, STABS, A 724 (Wahlliste 18.04.1848); STABS, Msc. 13 (Otto Pölert, Alte Häuser Salzuflens).
59 STABS, A 335, fol. 15r.
60 Wysocki, S. 175ff.
61 Ebd., S. 197.
62 STABS, A 335, fol. 16r.
63 Ebd., fol. 17r.
64 Ebd., fol. 18r.
65 Ebd., fol. 19r.
66 Ebd., fol. 20r.
67 Ebd.
68 Ebd., fol. 21.
69 Ebd., fol. 22r.
70 Ebd., fol. 23 – 24.
71 Ebd., fol. 25r – 26r.
72 Ebd., fol. 52r – 54r.
73 Ebd., fol. 27r.
74 Ebd., fol. 38r.
75 Ebd., fol. 26r. Im selben Jahre wird beim 1. Schützenfest (29.5.1855) der Sparkassen-Controlleur Adolph Barkhausen, der Vater des später verunglückten Sparkassenrendanten Carl Barkhausen, König; vgl. STABS, Msc. 197.
76 Ebd., fol. 42r.
77 Ebd., fol. 43r.
78 Ebd., fol. 44r.
79 Ebd., fol. 46 – 48.
80 Ebd., fol. 28 – 29.

81 Reininghaus, S. 82; dieser stellt diese Veränderung allerdings erst für 1859 fest.
82 STABS, A 335, fol. 28v. Die personellen Verbindungen zum Magistrat blieben über die Familie Krecke auch nach der Neuwahl vom 6.12.1855 bestehen. Gewählt wurden Capellen, Kfm. Heinr. Barkhausen, Lohgerber Hunecke, Kfm. F.A. Krecke, Schumacher S. Witte; vgl. auch: STABS, Msc. 197.
83 Ebd., fol. 39r.
84 Reininghaus, S. 82.
85 STABS, A 335, fol. 94r.
86 Zur weiteren Entwicklung der Sparkasse vgl. den in diesem Band abgedruckten Beitrag von W. Bender.
87 STABS, A 3, fol. 348.
88 Deutsches Geschlechterbuch (DGB), Bd. 143, Limburg/L. 1967 (Niedersachsen 10), S. 118 und DGB, 158, Limburg/L. 1971 (Niedersachsen 12), S. 209, 250 – 260 (Verwandschaft zur Familie Kellner); dort auch Wappen von Kotzenberg (nach S. 252). Zu den Kantoren der Familie vgl. auch: Wilhelm Butterweck, Die Geschichte der lippischen Landeskirche, Schötmar 1926.
89 STABS, A 3, fol. 356 und 357.
90 STABS, A 535.
91 STABS, A 784.
92 STABS, A 535.
93 STABS, A 135.
94 STABS, A 535.
95 STABS, A 135.
96 STABS, A 139.
97 STABS, B 857, fol. 3 – 6.
98 STABS, A 535. Zum Rat der Stadt gehörten am 25.9.1849: Hasse, König, Krecke, Epmeyer; zur Stadtverordnetenversammlung: Epmeyer, Fr. Stakelbeck, Brandes, Fehrmann, Schuhmacher Sehring, Pegel, Schneider Sehring, Sturhahn.
99 Ebd.
100 STABS, A 131.
101 STABS, A 776.
102 STABS, A 3, fol. 360.
103 Weder im Stadtarchiv Bad Salzuflen noch im Staatsarchiv Detmold ließen sich bisher Hinweise auf den weiteren Werdegang des ersten Rendanten der Salzufler Sparkasse ausmachen.

Anmerkungen zum Beitrag von Stefan Wiesekopsieker
»Ein Zeugnis von der hoffentlich stets weiter fortschreitenden Entwicklung unserer Stadt«
Die Hauptgebäude der Städtischen Sparkasse Bad Salzuflen

1 In den meisten Sparkassenfestschriften wird die Entwicklung der Gebäulichkeiten nur am Rande erwähnt. Etwas ausführlicher berücksichtigen diese Thematik die Festschriften zum 125jährigen Bestehen der Stadtsparkasse Blomberg: Dieter Zoremba, Von der »Blomberger Spar- und Leihe-Casse« zur »Stadtsparkasse Blomberg« – Zur Geschichte eines kommunalen Geldinstitutes, in: Stadtsparkasse Blomberg/Lippe (Hg.), Blomberg ...über die Mauern der Stadt hinaus [...], Blomberg 1995, S. 87 – 148 passim, sowie diejenige zum 150jährigen Bestehen der Herforder Kreissparkasse: Werner Abelshauser, »Zur Vorbeugung der Armuth...« Der Kreis Herford im Spiegel seiner Sparkasse 1846 – 1996, bes. S. 112 – 117 u. S. 212 – 214.
2 Als Quelle diente im hier vorliegenden Beitrag neben den Archivalien aus dem Stadtarchiv Bad Salzuflen sowie einigen wenigen Unterlagen aus dem Archiv der Städtischen Sparkasse Bad Salzuflen insbesondere die Berichterstattung der lokalen Presse. Hier ist vor allem der zwischen 1885 und 1941 erschienene »Allgemeine Anzeiger für Salzuflen, Schötmar und Oerlinghausen« (ab 1911: »Lippischer Allgemeiner Anzeiger«) zu nennen.
Die Lebensdaten aller genannten Personen wurden, wenn nicht anders angegeben, mit Hilfe der entsprechenden Kirchenbücher ermittelt.
3 Vgl. den Beitrag von W. Bender. Daß die Geschäftsräume auch andernorts im Hause des Rendanten untergebracht waren, läßt sich am Beispiel der Stadtsparkasse Blomberg (vgl. Zoremba, S. 96) und der Herforder Kreissparkasse (vgl. Abelshauser, S. 112 – 113) zeigen.
4 STABS, A 335, fol. 4v.
5 STABS, Msc. 13 (Haus Nr. 223). Vgl. zu Friedrich Wilhelm Luther Kotzenberg die biographische Skizze von C. Laue in diesem Band.
6 STABS, Msc. 13 (Haus Nr. 7). Adolph Barkhausen übte das Amt des Kontrolleurs von der Gründung der Sparkasse bis zu seinem Tode im Januar 1886 ununterbrochen aus (STABS, A 335 u. B 502).
7 STABS, A 335, fol. 16r., 21r., 25r. – 26r.
8 STABS, A 776.
9 STABS, A 335, fol. 20r.
10 Vgl. den Beitrag von W. Bender. Zu Friedrich Leopold Hunecke und seiner Familie vgl. STABS, R III 1 (»Hunecke-Familienbuch«).
11 STABS, A 776.
12 STABS, A 335, fol. 61r. – 62r.
13 Ebd., fol. 77v.
14 Ebd., fol. 114r. – 114v.
15 Ebd., fol. 108r.

16 STABS, R III 1.
17 STAD, L 79 Nr. 1919, fol. 90r. (Zitat); STABS, B 502, fol. 65r. Auch in anderen Städten war die Unterbringung der städtischen Sparkasse im Rathaus durchaus üblich (vgl. zu Blomberg: Zoremba, S. 94 u. 109 – 113; zu Barntrup: August Sprute, Städtische Sparkasse Barntrup: Bei der Gründung stand die Armut Pate, in: Erika und Martin Böttcher (Hg.), 600 Jahre Stadt Barntrup 1376 – 1976, Barntrup 1976, S. 140 – 141, hier S. 141).
18 STABS, B 502, fol. 48r. – 48v.
19 Hugo Hunecke hatte im Jahre 1878 Auguste Volkhausen (1851 – 1896), eine ältere Schwester Ulrich Volkhausens, geheiratet. Vgl. zur Familie Volkhausen: [Wilhelm] Butterweck, Geschichte des Amtsmeierhofes Volkhausen, Typoskript, Schötmar 1927.
20 STABS, B 502, fol. 49r. – 50v. Der genannte Kontrolleur, der Kaufmann Simon Heinrich Witte (1821 – 1908), bewohnte damals das Haus Nr. 55 (heute Langestraße 29), vgl. STABS, Msc. 13 (Haus Nr. 55).
21 STABS, B 502, fol. 60r.
22 STABS, B 830.
23 STABS, B 631, fol. 1r.
24 K[arl] Ludolph, Die Postgeschichte des Landes Lippe nach amtlichen Quellen, Detmold 1928, S. 228 – 229.
25 STABS, B 631, fol. 1v. – 3r.
26 Ebd., fol. 5r.
27 Ebd., fol. 19r. Zu Fritz Seiff vgl. den Nachruf im Allgemeinen Anzeiger für Salzuflen, Schötmar und Oerlinghausen (AA), Nr. 85 v. 17.7.1900.
28 STABS, B 631, fol. 32r.
29 Ebd., fol. 37r. – 39v. Teile der Entwürfe: fol. 23 u. 24. Zu Gustav Huwendiek vgl. den Nachruf im Bielefelder Wächter, Nr. 231 v. 3.10.1892.
30 STABS, B 631, fol. 42r. – 42v.
31 Ebd., fol. 65r. – 66v.
32 STABS, B 638, 639 u. 649. Vgl. auch die Berichterstattung der Lokalpresse über den Prozeß gegen Ringsdorff (AA, Nr. 44, 45 u. 133 v. 12.4., 15.4. u. 8.11.1890).
33 STABS, B 631, fol. 47r. – 48v.
34 Ebd., fol. 49r. – 57r.
35 Ebd., fol. 59r. – 62v.
36 Ebd., fol. 77r. – 77v.; Ludolph, S. 231.
37 STABS, B 560, fol. 1r. – 2v. Zur Begründung, warum Hugo Hunecke sein Geschäft aufgab, heißt es im »Hunecke-Familienbuch« (STABS, R III 1): »[...] da die Väter der Stadt es für einen ihrer Beamten unwürdig hielten, ein Stubengeschäft zu betreiben.«
38 STABS, B 560, fol. 3r. – 6r.
39 Ebd., fol. 11r. – 12.v.
40 Ebd., fol. 13r. – 14r.
41 Ebd., fol. 16r. – 21v. u. 24r. – 26v.
42 STABS, B 502, fol. 117r. – 140r.; Stadt Bad Salzuflen, Bauaktenregistratur, Akte Am Markt 18.
43 AA, Nr. 88 v. 25.7.1899.
44 AA, Nr. 89 v. 27.7.1899.
45 STABS, B 749, fol. 36r. – 88r.; AA, Nr. 90 v. 29.7.1899.
46 STABS, B 318, fol. 23, 37 u. 72. Die seinerzeit angelegte Akte »Bau eines neuen Sparkassengebäudes« ist zwar im alten Akten-Repertorium des Stadtarchivs Bad Salzuflen verzeichnet, aber leider nicht überliefert, so daß im folgenden in erster Linie auf das Protokollbuch der Stadtverordnetenversammlung sowie auf die Berichterstattung in der Presse zurückgegriffen werden muß.
47 AA, Nr. 93 v. 4.8.1900.
48 Konkurrenz-Nachrichten 1900, S. 245.
49 AA, Nr. 94 v. 7.8.1900.
50 AA, Nr. 111 v. 15.9.1900. In späteren Berichten wird stets von 177 eingegangenen Entwürfen gesprochen. Mit dem »Uekermann'schen Neubau« ist das 1898 fertiggestellte Geschäftshaus des Druckereibesitzers Heinrich Uekermann gemeint (Stadt Bad Salzuflen, Bauaktenregistratur, Akte Am Markt 16).
51 AA, Nr. 111 v. 15.9.1900. August Wedegärtner hatte die Baugewerksschule in Holzminden besucht und sich kurz vor der Jahrhundertwende in Altona als selbständiger Architekt niedergelassen. 1902 übernahm er von seinem Schwiegervater Fritz Becker ein namhaftes Baugeschäft in Melle, das er bis zu seinem Tode leitete. August Wedegärtner hat eine ganze Reihe von bedeutenden Bauten im gesamten Landkreis Osnabrück hinterlassen, unter anderem lieferte er im Jahre 1910 den Entwurf für das Meller Rathaus (schriftliche Hinweise von Karl Wedegärtner, Lage, v. 21.10.1997 an den Verfasser).
52 AA, Nr. 113 v. 20.9.1900.
53 AA, Nr. 6 v. 15.1.1901.
54 Lippische Volkszeitung (LV), Nr. 29 v. 4.2.1901. Schon der Urteilsspruch des Preisgerichts vom September des Vorjahres hatte in der Fachwelt einen Sturm der Entrüstung hervorgerufen, da die Preise herabgesetzt wurden, was sich die betroffenen Architekten allerdings nicht gefallen ließen. Offenbar erst unter dem Druck der Fachpresse zahlte der Magistrat die ausgelobten 600 und 400 M für die beiden ersten Preise aus (Konkurrenz-Nachrichten 1900, S. 267 – 269; Deutsche Bauzeitung, Nr. 83 v. 17.10.1900, S. 512, u. Nr. 91 v. 14.11.1900, S. 560).
55 LV, Nr. 34 v. 9.2.1901.
56 LV, Nr. 37 v. 13.2.1901.
57 STAD, D 20 B, Zg. 51/1958, Nr. 54 II.
58 AA, Nr. 21 v. 10.10.1901. Bei den beauftragten Architekten handelte es sich um Carl Strunk (1865 – 1928), Bad Salzuflen, Carl Schubert (1857 – 1924), Herford, sowie Bernhard Kramer (1869 – 1953), Bielefeld.
59 STABS, B 318, fol. 178 – 179; AA, Nr. 10 v. 23.1.1902.
60 Neue Werkkunst, Bernhard Kramer, mit einer Einleitung von Walter Goch, Berlin, Leipzig, Wien 1930; Westfälische Zeitung, Nr. 8 v. 10.1.1953. Zu den Bauten Bernhard Kramers in Bad Salzuflen vgl.

unter anderem STABS, D 1055, H I 8, 1843, 3010 u. 3012. Ein ausführlicher selbstverfaßter Lebenslauf aus dem Jahre 1942 nebst umfangreichem Werkverzeichnis befindet sich im Besitz der Familie. Ich danke an dieser Stelle Frau Christiane Schlüter, Dortmund, die mir diese Unterlagen zugänglich machte.

61 STABS, B 318, fol. 187 – 189; AA, Nr. 25 v. 27.2.1902.

62 STABS, B 318, fol. 195. Die endgültigen Pläne in STABS, B 856, Bd. 1.

63 STABS, B 318, fol. 203.

64 AA, Nr. 72 v. 17.6.1902.

65 STABS, B 318, fol. 204 – 205.

66 STABS, B 560, fol. 27r. Das Haus wurde von der Familie Hunecke alsbald verkauft (AA, Nr. 137 v. 17.11.1903).

67 STABS, B 318, fol. 204 – 205.

68 AA, Nr. 117 v. 30.9.1902.

69 AA, Nr. 35 v. 24.3.1903. Zu Karl Meier vgl. seine Anzeige im Adressbuch für das Fürstenthum Lippe, Detmold 1901, S. 185 [Anzeigenteil]. Bereits im Februar 1903 war das Gebäude mit einer Beschreibung und Zeichnungen in der Baugewerks-Zeitung, Nr. 11 v. 7.2.1903, dem Fachpublikum vorgestellt worden.

70 AA, Nr. 106 v. 5.9.1903.

71 AA, Nr. 112 v. 19.9.1903.

72 STABS, B 318, fol. 259 – 260. Im August 1906 verließ Carl Heldman dennoch Salzuflen, um die Bürgermeisterstelle in Eckernförde zu übernehmen, die er bis zu seinem Tode – er fiel in den ersten Monaten des Ersten Weltkrieges – innehatte (STABS, B 647).

73 Nacheinander wohnten hier die Bürgermeister Adolf Klappert (1906 – 1925), Eberhard Quentin (1925 – 1927) und Hans Breimann (1928 – 1952). Zu den Bedingungen vgl. STABS, B 89, 646 u. D 525.

74 STABS, B 318, fol. 316.

75 STABS, B 856, Bd. 2.

76 Lippischer Allgemeiner Anzeiger (LAA), Nr. 103 v. 3.5.1929. Die von Stadtbaumeister Dr. Ernst Buhr (1885 – 1961) gezeichneten Pläne in STABS, B 856, Bd. 2.

77 Ebd.; darin auch eine Zeichnung mit der künftigen Raumaufteilung (Stand 6.7.1929).

78 LAA, Nr. 197 v. 23.8.1929. Im Jahre 1928 erwarben die Kaufleute Egon Kayser und Ulrich Homann von der Witwe des gerade verstorbenen Architekten Carl Strunk Grundstücke an der Steege, auf denen sie jeweils ein mehrstöckiges Wohn- und Geschäftshaus errichteten (zunächst Steege 3/3 a, heute 14 a/14). Da beide Häuser sich in unmittelbarer Nähe zum kurz zuvor fertiggestellten Postamt (zunächst Steege 1, heute 14 b) befanden, hielt sich lange die Bezeichnung Posteck (vgl. Stadt Bad Salzuflen, Bauaktenregistratur, Akten Steege 14, 14 a, 14 b).

79 LAA Nr. 39 v. 15.2.1930.

80 Ebd. Zu dem bekannten Bad Salzufler Architekten Rudolf Günther vgl. Merret Sievers und Stefan Wiesekopsieker, Rudolf Günther – Ein Bad Salzufler Architekt zwischen Historismus und Expressionismus, Bielefeld 1996 (Beiträge zur Geschichte der Stadt Bad Salzuflen, Bd. 3).

81 LAA, Nr. 112 v. 14.5.1930.

82 STABS, C 1459.

83 STABS, B 856, Bd. 2.

84 STABS, D 525. Zwischen 1945 und 1952 hatte Hans Breimann einen Raum der Wohnung an seinen Sohn Rolf untervermietet, der dort eine Tierarztpraxis betrieb (Hinweis von Frau Anneliese Breimann, Bad Salzuflen).

85 STABS, C 1468 (Am Markt 5).

86 Ebd.

87 Stadt Bad Salzuflen, Bauaktenregistratur, Akte Am Markt 5.

88 Städtische Sparkasse Bad Salzuflen, Bericht über das 91. Geschäftsjahr 1938, Bad Salzuflen 1939.

89 Stadt Bad Salzuflen, Bauaktenregistratur, Akte Am Markt 5.

90 Lippische Landes-Zeitung (LZ), Nr. 90 v. 18.4.1953.

91 Stadt Bad Salzuflen, Bauaktenregistratur, Akte Am Markt 5. Die Größe der Sparkassenräume im zweiten Obergeschoß betrug 112 qm, die Pieckschе Wohnung 99 qm.

92 STABS, C 32. Zur Errichtung einer ersten Zweigstelle sollte es allerdings erst im September 1965 im Hause Beetstraße 32 kommen (vgl. den Beitrag von W. Bender).

93 Lippische Rundschau (LR), Nr. 117 v. 20.5.1960. Zur Geschichte der Bonifatiuskirche vgl. Eduard Liefländer, Festschrift zur Jubelfeier des fünfzigjährigen Bestehens der katholischen Pfarrgemeinde Bad Salzuflen in Lippe am 1. Oktober 1926, Paderborn 1926, bes. S. 105 – 125; über den Neubau informiert die Chronik der Liebfrauen-Pfarrgemeinde Bad Salzuflen, Bad Salzuflen 1961.

94 Beilage zu den Lippischen Neuesten Nachrichten, Nr. 20 v. 20./21.5.1960.

95 LR, Nr. 144 v. 24.6.1960. Die ehemaligen Grundstückseigentümer sind in einer Urkunde aufgeführt, welche bei der Grundsteinlegung des neuen Gebäudes eingemauert wurde. Diese ist in der Festschrift zur Fertigstellung des neuen Sparkassengebäudes in der Grabenstraße (Bad Salzuflen 1965) abgedruckt.

96 Freie Presse (FP), Nr. 250 v. 25.10.1960.

97 LZ, Nr. 93 v. 21.4.1961; LR, Nr. 93 v. 21.4.1961.

98 STABS, D 1244.

99 STABS, C 32.

100 LZ, Nr. 257 v. 4.11.1961.

101 Die Urkunde ist wiedergegeben in der Festschrift zur Fertigstellung des neuen Sparkassengebäudes (vgl. Anm. 95). Alle übrigen Angaben sind einer Akte des Archivs der Städtischen Sparkasse Bad Salzuflen entnommen.

102 LR, Nr. 226 v. 30.9.1963; FP, Nr. 227 v. 1.10.1963. Der Richtspruch ist ebenfalls in der Einweihungsfestschrift abgedruckt.
103 LZ, Nr. 141 v. 22.6.1965. Auch die FP und die LR berichteten über die Einweihung der neuen Geschäftsräume an diesem Tag ausführlich.
104 LR, Nr. 141 v. 22.6.1965.
105 STABS, D 1559. Im September 1978 wurde das Gebäude an einen privaten Investor verkauft, der es wieder zu Bankzwecken umbauen ließ (Auskunft der Kämmerei der Stadt Bad Salzuflen vom 24.2.1998).
106 Entsprechende Handzettel, die seinerzeit in den betreffenden Stadtgebieten verteilt wurden, befinden sich im Archiv der Städtischen Sparkasse Bad Salzuflen, Akte Zweigstellen.
107 125 Jahre Städtische Sparkasse Bad Salzuflen 1849 – 1974 [Wurfsendung], o.O. [1974].
108 Vgl. den Beitrag von W. Bender.
109 Archiv der Städtischen Sparkasse Bad Salzuflen, Akte Zweigstellen.
110 Mündliche Auskünfte verschiedener Sparkassen-Angestellter.
111 LR, Nr. 101 v. 30.4.1980.
112 LR, Nr. 150 v. 2.7.1997.

Anmerkungen zum Beitrag von Franz Meyer
»Ein grober Vertrauensbruch«
Die Städtische Sparkasse Bad Salzuflen und der Skandal um die Deutsche Eigenheimbau-Gesellschaft im Jahre 1937

1 Lippischer Allgemeiner Anzeiger. Salzufler Zeitung. Bade-Zeitung (LAA) v. 10.4.1937.
2 Lippische Staatszeitung v. 20.8.1937.
3 Die Autoren dieser Festschrift wollen ihrem Auftraggeber (Vorstand der Sparkasse) wie auch dem interessierten Leser eine wissenschaftlich fundierte, alle wesentlichen Ereignisse berücksichtigende Darstellung der 150jährigen Geschichte der Städtischen Sparkasse Bad Salzuflen präsentieren. Deshalb kann und darf hier der vor nunmehr über 60 Jahren für Schlagzeilen sorgende Skandal um die DEG nicht ausgeblendet werden.
4 Stadtarchiv Bad Salzuflen (STABS), C 1474, fol. 5.
5 Ebd.
6 Ebd., fol. 6.
7 Ebd., fol. 5f.
8 Vgl. Reichsgesetzblatt, Jg. 1920, S. 962 – 970. In § 1 des Gesetzes war festgeschrieben, daß neben dem Reich, den Ländern und den Gemeinden auch »gemeinnützige Unternehmungen« Heimstätten »zu Eigentum ausgeben« konnten.
9 STABS, C 1474, fol. 6.
10 Ebd., fol. 7.
11 STABS, C 1472, Kapitel I, fol. 1v.
12 Franz Sievert, Bad Salzuflen – die schöne Gartenstadt als Wohnsitz für Ruheständler und Pensionäre; in: LAA v. 1.6.1935 (Jubiläumsausgabe »50 Jahre ›Lippischer Allgemeiner Anzeiger‹ «).
13 STABS, C 1474, fol. 7.
14 Ebd., fol. 8.
15 STABS, Schötmar III 660, Nr. 12; vgl. hier vor allem ein Schreiben des DEV an die Stadt Schötmar vom 14.6.1935, in dem explizit auf die »erheblichen Schwierigkeiten« bei der Finanzierung hingewiesen wird.
16 STABS, C 1474, fol. 8f.
17 Ebd.
18 Ebd.
19 Ebd., fol. 9 – 12.
20 Ebd., fol. 10.
21 Ebd., fol. 13.
22 Ebd.
23 STABS, C 1472, Kapitel I, fol. 1r.
24 Ebd., fol. 1v.
25 STABS, C 1474, fol. 20.
26 Ebd., fol. 14.
27 Ebd., fol. 14f.
28 Ebd., fol. 17.
29 STABS, C 1471, Anlage 1.
30 Ebd.
31 STABS, C 1472; dort: »kleine« Werbeschrift in der Anlage.

32 STABS, C 1471, fol. 79. – Dort wird darauf verwiesen, daß »in 115 Fällen« Siedler der DEG mit Baudarlehen bedacht wurden.
33 STABS, P 20. – Umbenannt wurden am 26.2.1947 ferner: Plüschowstraße in Lessingstraße, Langemarckstraße in Beethovenstraße, Tannenbergstraße in Mozartstraße, Skagerrakstraße in Lortzingstraße, Saarstraße in Reuterstraße und Hindenburgstraße in Hassestraße.
34 LAA-Jubiläumsausgabe v. 1.6.1935 (wie Anm. 12).
35 Ebd.
36 Ebd.
37 Ermittelt anhand der Hausakten in der Bauaktenregistratur der Stadt Bad Salzuflen.
38 Ebd.
39 Ebd. – Er entwarf: Boelckestraße (heute Heinestraße) 1 – 4, 6 – 9, 12 u. 13, Immelmannstraße (Schillerstraße) 2, 11 – 17, 19 u. 21 sowie Richthofenstraße (Volkhausenstraße) 15, 17, 21 u. 25.
40 Ebd. – Dies sind: Immelmannstraße 3, 7 – 10 sowie Richthofenstraße 18, 19, 24 u. 28.
41 Sievert (wie Anm. 12).
42 Eigene Berechnung auf der Grundlage der in den Hausakten enthaltenden Angaben.
43 Von der Jahrhundertwende bis zum Beginn des Zweiten Weltkrieges hatte sich in der Badestadt die Zahl der Einwohner mehr als verdoppelt; vgl. hierzu: Franz Meyer (Hrsg.), 500 Jahre Stadt Salzuflen. Dokumentation der Reden, Ausstellungen und Vorträge zum Stadtjubiläum (Beiträge zur Geschichte der Stadt Bad Salzuflen, Bd. 1), Bielefeld 1989, S. 129 (»Bevölkerungsentwicklung in Salzuflen«).
44 Nähere Informationen zur baulichen Entwicklung der Salzestadt vor dem Ersten Weltkrieg liefert die Schrift von Ernst Buhr, Die wirtschaftliche Bedeutung des Salinen- und Badebetriebes für die Stadt Bad Salzuflen und die sich daraus ergebenden städtebaulichen Aufgaben [Dissertationsschrift], Münster 1922; zu beachten sind ferner: Stefan Wiesekopsieker, Zimmermeister August Schmiedeskamp und »seine« Augustastraße. Ein Beitrag zur Stadtentwicklung Bad Salzuflens, in: Jahrbuch Bad Salzuflen 1997 (1996), S. 149 – 162; ders., Kurgast-Villen für das »bessere Publicum«. Zur Geschichte der 1896 gegründeten »Salzufler Baugesellschaft«, in: Jahrbuch Bad Salzuflen 1996 (1995), S. 90 – 105; ders., Bautätigkeit und Stadtentwicklung in Bad Salzuflen zwischen 1850 und 1940, in: Merret Sievers und Stefan Wiesekopsieker, Rudolf Günther – Ein Bad Salzufler Architekt zwischen Historismus und Expressionismus (Beiträge zur Geschichte der Stadt Bad Salzuflen, Bd. 3), Bielefeld 1996, S. 9 – 15.
45 Vgl. STABS, C 23; dort die Berichte über die Bautätigkeit der Jahre 1936 – 1938.
46 Zusammengestellt mit Hilfe von: STABS, C 23 (Entwicklung des Bauwesens in Bad Salzuflen) sowie den Verwaltungsberichten der Stadt Bad Salzuflen von 1928 bis 1939.
47 Lippische Staatszeitung v. 27.3.1936.
48 Ebd., Ausgabe v. 30.1.1936.
49 Bericht über die vom Westfälischen Sparkassen- und Giroverband in Münster vorgenommene Prüfung des Jahresabschlusses 1936 der Städtischen Sparkasse Bad Salzuflen, Münster 1937, fol. 5.
50 Lippische Staatszeitung v. 30.1.1936.
51 Verwaltungsbericht der Stadt Bad Salzuflen 1938, Kap. V/1.
52 Vgl. Verwaltungsberichte der Stadt Bad Salzuflen 1936 – 1939, jeweils Kap. I (»Fremdenverkehr«).
53 Im Geschäftsbericht 1938 der Städtischen Sparkasse findet sich hierzu die bemerkenswerte Notiz: »So bedauerlich die [...] verfügten Beschränkungen im Hypothekengeschäft [...] waren, so muß doch berücksichtigt werden, daß sie im Interesse der Erfüllung wichtigerer Aufgaben des Reiches erfolgten«. – Nähere Erläuterungen zum Sachverhalt sind auch dem Beitrag von W. Bender, vor allem dem Kapitel die »Sparkasse unter dem Hakenkreuz«, zu entnehmen.
54 Überliefert sind zwei Prospekte, unter anderem in STABS, C 1472: neben der bereits erwähnten »kleinen« Werbeschrift im Format 10,5 x 21,5 cm ein blaues, zweiseitig bedrucktes DIN A 4-Blatt, im folgenden als »blaue« Werbeschrift bezeichnet.
55 Ebd., »kleine« Werbeschrift.
56 Ebd., »blaue« Werbeschrift.
57 Ebd.
58 STABS, C 1474, fol. 34f.
59 STABS, C 1472, fol. 8.
60 STABS, C 1471, fol. 28.
61 Wie Anm. 59.
62 STABS, C 1474, fol.41.
63 Ebd.
64 Ebd., fol. 42.
65 STABS, C 1471, fol. 33.
66 STABS, C 1474, fol. 44.
67 Ebd.
68 Ebd., fol. 45f.
69 Ebd., fol. 52.
70 Ebd., fol. 68.
71 STABS, C 1472, fol. 16.
72 STABS, C 1474, fol. 60.
73 STAD, D 21 B, Zg. 39/76, Nr. 2, Bd. 1, fol. 179.
74 STABS, C 1474, fol. 183.
75 Ebd., fol. 163.
76 Ebd., fol. 2 – 4.
77 Diese und alle nachfolgenden biographischen Angaben wurden entnommen: HSTAH, Hannover 86 Hameln, Acc. 143/90, Nr. 419/37 (Personalakte für den Zuchthausgefangenen Meier, Paul).
78 Aus der Ehe ging eine Tochter hervor, die später kinderlos blieb. Seit deren Tod (1973) existieren keine direkten Nachfahren der Eheleute Meier mehr.
79 Vgl. hierzu die Ausführungen im Beitrag von W. Bender (»Die Sparkasse unter dem Hakenkreuz«).
80 HSTAH, Hannover 86 Hameln, Acc. 143/90, Nr. 419/37 (wie Anm. 77).
81 LAA v. 30.9.1933.

82 STABS, Msc. 310: Bericht des Westfälischen Sparkassen- und Giroverbandes über die Abwicklung der Angelegenheit »Deutsche Eigenheimbau-Gesellschaft m.b.H. Bad Salzuflen« durch die Städtische Sparkasse Bad Salzuflen (1940); dort: Aufstellung der »Zahlungen in Sachen DEG« in Anlage 1.
83 Bericht über das 91. Geschäftsjahr 1938 der Städtischen Sparkasse Bad Salzuflen (1939); dort die im Abschnitt III abgedruckte »zahlenmäßige Übersicht über die Geschäftsentwicklung« der Jahre 1936 bis 1938.
84 Bericht über das 92. Geschäftsjahr 1939 der Städtischen Sparkasse Bad Salzuflen (1940); vgl. dort die Angaben im Abschnitt III (wie Anm. 83).
85 STAD, D 21 B, Zg. 39/76, Nr. 2, Bd. 1, fol. 44r.
86 Ebd., fol. 44v.
87 STAD, D 21 B, Zg. 39/76, Nr. 2, Bd. 4; dort: Mitteilung des Oberstaatsanwalts in Detmold an die Lippische Landesregierung v. 7.4.1938.
88 HSTAH, Hannover 86 Hameln, Acc. 143/90, Nr. 419/37 (wie Anm. 77). – Dieser Akte sind auch alle nachstehenden Informationen über den Aufenthalt Meiers im Hamelner Zuchthaus entnommen worden.
89 STABS, C 594 (Protokoll v. 12.1.1942).
90 Wie Anm. 86.
91 Diesen Hinweis gab freundlicherweise das Ordnungsamt der Stadt Hannover (Telefonat des Verfassers mit Herrn Jung vom 13.1.1998).

Anmerkungen zum Beitrag von Christoph Laue
»Alles im Sinne von König Kunde«
Von der Sparkassenwerbung zum heutigen Marketing – die öffentliche Darstellung der Städtischen Sparkasse Bad Salzuflen im Rahmen der allgemeinen Sparkassenwerbung

1 Fürst. Lipp. Reg. und Anz.-Bl., Nr. 14 vom 2.4.1859. Die ersten Statuten sind unter anderem erhalten in: STAD, L 79, Nr. 1919.
2 Vgl. allgemein zur ersten Phase der Sparkassenwerbung: Peter Borscheid, Sparkassenwerbung von den Anfängen bis 1923, in: Die Sparkassenwerbung – historische Entwicklung und Zukunftsperspektiven/ Sparkassenhistorisches Symposium 1995. Bearb. von Jürgen Mura, Stuttgart 1996, S. 19 – 41. – Allgemeine Literatur zur Sparkassenwerbung: Wer den Pfennig nicht ehrt..., Plakate werben für das Sparen, Stuttgart 1992; Norbert Emmerich, Geschichte der Deutschen Sparkassenwerbung 1750 bis 1995, Stuttgart 1995.
3 Borscheid, S. 26ff.
4 Gedruckte Satzungen finden sich unter anderem in STABS, A 335 (1870); STABS, B 550 (1883); Archiv der Sparkasse Bad Salzuflen, Nr. 4. (1859, 1933); STAD, L 79, Nr. 1919 (1859, 1870, 1876, 1883); STAD, L 80 IIa Gr. VIII Tit 4, Nr. 3, Bd II (1883, 1898, 1914, 1926).
5 Fürstl. Lipp. Reg. und Anz.-Bl. vom 14.10.1876; Weitere gedruckte Geschäftsberichte, die auch den Weg zu den Kunden fanden, unter anderem in STAD, L 79, Nr. 1919 (1884, 1891, 1892); STAD, L 80 IIa Gr. VIII Tit 4, Nr. 3, Bd II (1928, 1929).
6 Lipp. Dorfkalender 1894; Herforder Kreisblatt vom 2.7.1898; Adressbuch für das Fürstenthum Lippe, Detmold 1901, S. 57.
7 Vgl. den Beitrag von W. Bender.
8 Borscheid, S. 32f.
9 Ebd., S. 30.
10 Ebd., S. 33; vgl. den Beitrag von W. Bender; dort wird im Revisionsbericht von 1886 die freundliche Art Huneckes bestätigt.
11 Vgl. den Exkurs zu Jubiläen und Eigendarstellungen.
12 Borscheid, S. 30.
13 LAA vom 14.9.1900.
14 LAA vom 30.9.1902; vgl. hierzu auch den Exkurs zu Jubiläen und Eigendarstellungen.
15 STABS, B 566.
16 Borscheid, S. 35f.
17 Ebd., S. 39.
18 STABS, B 567 (Berichte über die Jahresrechung 1912 – 1914); vgl. auch LAA vom 26.11.1910, wo die Einführung der »Haussparkasse« angekündigt wird.
19 Borscheid, S. 40.
20 STABS, B 559 (Zeichnungsschein von 1914).
21 Viktor Mataja, Die Reklame, München/Leipzig 1920, S. 73f.
22 LAA vom 21.9.1923.

23 Vgl. zur Phase 1924 bis 1945: Norbert Emmerich, Die Sparkassenwerbung von 1924 bis 1945, in: Die Sparkassenwerbung – historische Entwicklung und Zukunftsperspektiven/Sparkassenhistorisches Symposium 1995. Bearb. von Jürgen Mura, Stuttgart 1996, S. 43 – 64.
24 LAA vom 7.6.1924.
25 Emmerich, S. 44ff.
26 Ebd., S. 47f.
27 Ebd., S. 49ff.
28 LAA vom 15.6.1929.
29 LAA vom 31.8.1929.
30 LAA vom 15.2. und 19.2.1930; vgl. den Exkurs zu Jubiläen und Eigendarstellungen.
31 STABS, C 1459, 26.9.1930.
32 LAA vom 28.10.1931.
33 LAA vom 28.10.1932 (gem. Anzeige Städtische Sparkasse Bad Salzuflen, Amtssparkasse Schötmar, Lippische Spar- und Leihekasse und Lippische Landesbank).
34 STABS, C 1459; LAA vom 16.12.1931.
35 Emmerich, S. 53f.
36 STABS, C 1459 (undatiert, vermutlich 1933).
37 Emmerich, S. 53f
38 STABS, C 1465, LAA vom 30.9.1933; vgl. den Exkurs zu Jubiläen und Eigendarstellungen.
39 Emmerich, S. 55.
40 LAA vom 30.10.1933.
41 Emmerich, S. 57ff.
42 Ebd., S. 62.
43 LAA vom 27.10.1938.
44 Emmerich, S. 63.
45 Vgl. zur Zeit nach 1945: Berd Kobarg, Die Sparkassenwerbung von 1945 bis zur Gegenwart, in: Die Sparkassenwerbung – historische Entwicklung und Zukunftsperspektiven/Sparkassenhistorisches Symposium 1995. Bearb. von Jürgen Mura, Stuttgart 1996, S. 66 – 80.
46 Kobarg, S. 69.
47 Ebd., S. 70f.
48 Archiv der Sparkasse Bad Salzuflen.
49 Archiv der Sparkasse Bad Salzuflen.
50 Kobarg. S. 70ff.
51 STABS, D 535 (Spendenberatungen erfolgten unter anderem am 3.2.1977, 26.9. 1979 und am 22.12.1980).
52 STABS, D 535 (5.6.1978 u. 2.2.1979).
53 Kobarg, S. 74f.
54 Prospekt und Pressemitteilung in: Archiv der Sparkasse Bad Salzuflen, dort auch dasjenige aus Herford!; Lippische Landeszeitung (LZ) vom 30.4.1980; Lippische Rundschau vom 30.4.1980.
55 LZ vom 12.6.1980.
56 STABS, D 535.
57 STABS, D 535 (In der Stellungnahme des Stadtdirektors wird vorgeschlagen, den Vorstand zu vergrößern).
58 Kobarg. S. 75ff.
59 STABS, B 562.
60 Allgemeiner Anzeiger vom 30.9.1902.
61 LAA vom 29.9.1923.
62 LAA vom 29.9.1928; vgl. auch STABS, C 1459.
63 LAA vom 15.2.1930.
64 LAA vom 30.9.1933; vgl. auch STABS, C 1465. – Nähere Informationen zum weiteren Lebensweg von Sparkassendirektor Paul Meier sind dem Beitrag von F. Meyer zu entnehmen.
65 LAA vom 28.10.1938.
66 LAA vom 28.10.1938.
67 Fest-Schrift – Städtische Sparkasse Bad Salzuflen 90 [Jahre alt] 1848 – 1938, in: Archiv der Sparkasse Bad Salzuflen.
68 Festschrift 20. April 1949: Zur Erinnerung an das 100jährige Jubiläum der Städtischen Sparkasse Bad Salzuflen, in: Archiv der Sparkasse Bad Salzuflen.
69 Festschrift: Städtische Sparkasse Bad Salzuflen. Gegründet im Jahr 1849, Bad Salzuflen 1965.
70 125 Jahre Städtische Sparkasse Bad Salzuflen 1849 – 1974, Bad Salzuflen 1974 (Wurfsendung). Vgl. auch die Akte »125 Jahre Städtische Sparkasse Bad Salzuflen«, in: Archiv der Sparkasse Bad Salzuflen.
71 STABS, B 567.
72 STABS, B 559.
73 STABS, B 567.
74 STABS, B 559.
75 Ebd.
76 Ebd.
77 Ebd.
78 STABS, B 567.
79 Ebd.
80 Ebd.
81 STABS, C 1465.
82 Ebd.
83 STABS, D 535.
84 Ebd.

Anmerkungen zum Beitrag von Franz Meyer
»Schötmar und seine Sparkassen«
Zum Werdegang der »Sparcassen-Gesellschaft« des Amtsrendanten Louis Weßel und der Amts- bzw. Kreissparkasse Schötmar

1 Vgl. hierzu: Handbuch zur Geschichte der westfälisch-lippischen Sparkassen, Bd. 1: Sparkassen und Archive, bearb. von Wilfried Reininghaus u.a., (Veröffentlichungen der Stiftung Westfälisches Wirtschaftsarchiv, Bd. 22), Dortmund 1998; dort finden sich im Zusammenhang mit der Skizzierung der Geschichte der Städtischen Sparkasse Bad Salzuflen (S. 80 – 83) und der Sparkasse Lemgo (S. 291 – 295) die hier wiedergegebenen Daten zur Entwicklung der Ämter- bzw. Kreissparkasse Schötmar. – Weitere Informationen zur Angliederung der Filialdirektion Schötmar der Sparkasse Lemgo an die Städtische Sparkasse Bad Salzuflen sind in diesem Band dem Beitrag von W. Bender (Unterkapitel »Zweigstellenpolitik«) zu entnehmen.
2 Zur Biographie des Christian Weßel vgl.: Wilhelm Butterweck, Das Amt Schötmar in geschichtlicher Beleuchtung, Detmold 1913, S. 101, sowie Burkhard Meier, Amtmann Weßel und sein Einsatz für die »geringste Classe der Unterthanen«. Ein Beitrag zur Schul- und Sozialgeschichte Schötmars im 19. Jahrhundert, in: Jahrbuch Bad Salzuflen 1997 (1996), S. 67 – 75.
3 Butterweck; dort findet sich auch eine Kurzbiographie von Louis Weßel. – Die Familie Weßel war im übrigen aufs engste mit der Salzufler Familie Brandes verbunden; denn Henriette Luise Weßel (1806 – 1834), eine ältere Schwester von Louis, war die erste Ehefrau des über Lippe hinaus bekannten Apothekers und Naturwissenschaftlers Rudolph Brandes; vgl. hierzu die Stammtafel der Familie Brandes bei Hartmut Zimmermann, Simon Rudolph Brandes (1795 – 1842). Ein bedeutender Apotheker des 19. Jahrhunderts, Stuttgart 1985, S. 246.
4 Butterweck, S. 101.
5 Ebd.
6 STAD, L 77 A, Nr. 366, fol. 1 – 3r.
7 Ebd., fol. 3r.
8 Ebd.
9 Ebd., fol. 14r.
10 Ebd., fol. 17r.
11 Ebd., fol. 22r – 23v.
12 Hinweis: Einen Abdruck des Statuts der Gesellschaft findet der Leser in diesem Band im Beitrag von C. Laue.
13 STAD, L 77 A, Nr. 366, fol. 24.
14 Vgl. hierzu: Martin Kuhlmann, Bevölkerungsgeographie des Landes Lippe, (Forschungen zur deutschen Landeskunde, Bd. 76), Remagen 1954, S. 129 – 132.
15 Die Angaben wurden den Jahresrechnungen der Sparkasse Schötmar entnommen; 1842 – 1859 der Akte STAD, L 77 A, Nr. 366, 1860 – 1870 der Akte STAD, L 77 A, Nr. 367.
16 STAD, L 77 A, Nr. 366, fol. 35v.
17 Ebd., fol. 45.
18 Ebd., fol. 117v.
19 Ebd., fol. 120 – 123.
20 Ebd., fol. 138v – 140r.
21 STAD, L 77 A, Nr. 367, fol. 89v.
22 Ebd., fol. 90v – 91r.
23 Ebd., fol. 120r.
24 Ebd., fol. 95r.
25 Vgl. Hermann Pethig, Geschichte der Amtssparkasse Schötmar 1842 – 1933. Eine Denkschrift, [Schötmar 1933], S. 6. – Pethig gibt im übrigen in dieser Schrift den Hinweis (gleichfalls S. 6), die Sparkasse habe in Liquidation treten müssen, da »ein Teil der Grundbesitzer, die für die Einlagen mithafteten«, sich zurückgezogen habe. Diese Behauptung entbehrt jeder Grundlage. Richtig ist vielmehr, daß sich die Mitglieder der Sparkassengesellschaft, darunter natürlich auch die »Grundbesitzer«, erst nach Einleitung des Liquidationsverfahren »zurückzogen«, d.h., sich ihre Einlagen ausbezahlen ließen; vgl. hierzu: STAD, L 77 A, Nr. 367, fol. 13ff.
26 STABS, Schötmar III 892, Nr. 1 (Schreiben der Regierung vom 13.8.1884).
27 Pethig, S. 7.
28 Ebd.
29 [Hans] Kiewning u. [Friedrich] Schnittger, Lippische Landesspar- und Leihekasse. Staatliche Kreditanstalt Detmold, 1786 – 1936 (150 Jahre), Detmold 1936, S. 94.
30 Vgl. hierzu die Ausführungen bei: Kurt Wallbaum, Schötmar – Vom Kirchdorf zur Industriestadt, Bad Salzuflen 1993, S. 153 u. 257.
31 Vgl. Handbuch zur Geschichte der westfälisch-lippischen Sparkassen, Bd. 1, S. 145f. u. 294.
32 STABS, Schötmar III 892, Nr. 1 (Schreiben der Regierung vom 25.8.1892).
33 Zur wirtschaftlichen Entwicklung von Schötmar am Ende des 19. Jahrhunderts vgl. Wallbaum, S. 213 – 226.
34 Amtsblatt für das Fürstenthum Lippe, Nr. 101/1902, S. 611.
35 Angaben nach Pethig, S. 17.
36 Vgl. hierzu die Angaben bei: Heinrich Burmeier, 75 Jahre Volksbank Schötmar, Bad Salzuflen [1977], S. 1 der Chronik.
37 Pethig, S. 17.
38 Ebd., S. 12.
39 Ebd.
40 STABS, Schötmar III 892, Nr. 1 (Bericht von Justizrat Klasing, Bielefeld, v. 24.2.1911) sowie Msc. 278 (K. Wallbaum, Nachrichten zur Familiengeschichte Vogt, Hülsemann, Brüggemann; Bad Salzuflen 1996), fol. 41f.
41 Wallbaum, S. 48.
42 Pethig, S. 17.
43 Ebd., S. 13.
44 Ebd.
45 Ebd., S. 13 u. 17.
46 Ebd., S. 14ff.

47 STAD, D 100 Lemgo, Nr. 1588.
48 Ebd. sowie Pethig, S. 17.
49 STAD, D 100 Lemgo, Nr. 1588.
50 STAD, D 100 Lemgo, Nr. 1592 (Schreiben vom 30.11.1936). – Zu den 6 Instituten zählten: die Kreissparkasse Schötmar, die Städtische Sparkasse Bad Salzuflen sowie die in beiden Städten vorhandenen Filialen der Osnabrücker Bank und der Lippischen Landesspar- und Leihekasse.
51 STAD, D 100 Lemgo, Nr. 1588.
52 Ebd.
53 Sparkassenleiter Hermann Pethig kehrte nach der Verschmelzung der Kreissparkasse Schötmar mit der Kreissparkasse Lemgo zunächst nach Detmold zurück, um dann im Januar 1940 eine neue Stelle bei einer Kreissparkasse im von der Wehrmacht besetzten Wartheland (Polen) anzutreten; vgl. hierzu: STABS, D 1300 (Einwohnermeldekartei).

Abbildungsnachweis

Sparkasse Bad Salzuflen, Fotoarchiv:
Seiten 41, 42, 49, 50 (2), 51 (2), 55, 108 (2), 110 – 117, 145 (unten), 147, 149 – 153, 157 – 166 und 184 – 191.

Stadtarchiv Bad Salzuflen,
Dokumente aus Akten (Provenienz Stadt Bad Salzuflen):
Seiten 21 (oben: B 502, Bl. 50), 27 (B 567, Bl. 113), 36 (B 567, Bl. 354), 168/169 (B 559, B 567, C 1465, D 535).
Bibliothek: Seiten 15 (Verwaltungsbericht der Stadt Salzuflen, 1876/77), 38 (Geschäftsbericht der Städt. Sparkasse Bad Salzuflen, 1929), 52 (Geschäftsbericht der Städt. Sparkasse Bad Salzuflen, 1986) und 56 (Geschäftsbericht der Städt. Sparkasse Bad Salzuflen, 1975).
Fotosammlung: Seiten 13, 14 (2), 17, 20, 24, 26, 40 (unten), 45 (unten), 46 (2), 47, 48, 53, 61, 63 (2), 68, 71, 91, 97, 101, 105 (2), 109, 124 – 127, 139, 176, 179 und 181.
Kartensammlung: Seiten 25 und 29.
Zeitgeschichtliches Sammlungsgut: Seiten 32, 33, 123, 146 (unten), 172 und 180.

Lippische Landesbibliothek, Detmold:
Seite 85 (HSA 22).

Staatsarchiv Detmold:
Seiten 16 (L 80 Ia, Gr. VIII, Tit. 4, Nr. 3, Bd. 2), 30 (D 75, Nr. 10619), 31 (D 81, Nr. 2650), 40 (oben: D 75, Nr. 4490) und 45 (oben: D 72 Kenter, Nr. 119).

Stadtarchiv Hameln, Fotosammlung:
Seite 135

Hauptstaatsarchiv Hannover:
Seite 134 (Akte: Hannover 86 Hameln, Acc. 143/90, Nr. 419/37).

Deutscher Sparkassen Verlag GmbH, Stuttgart:
Seiten 142, 146 (oben u. Mitte), 148 und 155.

Christiane Schlüter, Detmold:
Seite 100.

Lothar Weiß, Detmold:
Seite 35 (2).

Stefan Wiesekopsieker, Bad Salzuflen:
Seiten 81 (2), 90, 99, 104 und 172.

Abkürzungen

allg.	allgemein
Anm.	Anmerkung
Aufl.	Auflage
Bd.	Band
bes.	besonders
Bl.	Blatt
bzw.	beziehungsweise
Diss.	Dissertation
DM	Deutsche Mark
d.J.	des Jahres
d.s.	dies sind
Ebd.	Ebenda
f., ff.	folgende [Seite, Seiten]
fol.	folio (= Blatt)
Gr.	Gruppe
Hg., Hrsg.	Herausgeber
hg., hrsg.	herausgegeben
HSTAH	Niedersächsisches Hauptstaatsarchiv Hannover
Jg.	Jahrgang
j.M.	jeden Monats
M, Mk	Mark
masch.	maschinenschriftlich
Mio.	Million
Mrd.	Milliarde
No.	Numero
Nr.	Nummer
NSDAP	Nationalsozialistische Deutsche Arbeiterpartei
o.O.	ohne Ort
p.a.	per annum (= jährlich)
Pf	Pfennig
r.	Rekto (= Vorderseite eines Blattes)
RM	Reichsmark
S.	Seite
STABS	Stadtarchiv Bad Salzuflen
STAD	Nordrhein-Westfälisches Staatsarchiv Detmold
u.a.	und andere
v.	Verso (= Rückseite eines Blattes)
v.	vom, von
vgl.	vergleiche

Rechnungsführer, Rendanten, Direktoren und Vorstandsvorsitzende der Sparkasse Bad Salzuflen von 1849 bis 1999

1849 – 1853	Rechnungsführer Friedrich Wilhelm Luther Kotzenberg
1854 – 1876	Rendant Friedrich Leopold Hunecke
1876 – 1894	Rendant Hugo Hunecke
1894 – 1899	Rendant Wilhelm Meyer
1899 – 1924	Rendant Carl Barkhausen (seit 1918 Träger des Titels Sparkassendirektor)
1924 – 1937	Sparkassendirektor Paul Meier
1938 – 1944	Sparkassendirektor Walter Kohlschmidt
1951 – 1960	Sparkassendirektor Karl Pieck (zuvor von 1928 bis 1945 und von 1947 bis 1951 stellvertretender Leiter der Sparkasse; seit 1958 Vorsitzender des Vorstandes)
1960 – 1970	Sparkassendirektor August Windel (seit 1958 Mitglied des Vorstandes)
1970 – 1985	Sparkassendirektor Heinrich Grafhorst (seit 1962 Mitglied des Vorstandes)
1986 – 1995	Sparkassendirektor Günter Tacke (seit 1970 Mitglied des Vorstandes)
seit 1995	Sparkassendirektor Heinz-Theo Drücker (seit 1985 Mitglied des Vorstandes)

Vorsitzende des Sparkassenrates (1958 bis 1969) und des Verwaltungsrates der Sparkasse (1970 bis 1999)

1958 – 1966	Steuerbevollmächtigter Willi Moritz
1967 – 1969	Dipl.-Ing. Architekt Rolf Haase
1970	Amt des Vorsitzenden des Verwaltungsrates nicht besetzt
1971 – 1974	Kaufm. Angestellter Hermann Fricke
1975 – 1979	Kaufmann Gustav Reker
1979 – 1984	Facharzt Dr. med. Dieter Krumme
1984 – 1989	Lehrer Adolf Schröder
1989 – 1994	Dipl. Hdl.-Lehrer Elmar Doskotz
1994 – 1999	Pharma-Referent Klaus Hillebrand

Vorstand und Verwaltungsrat der Sparkasse Bad Salzuflen im Jubiläumsjahr 1999

Vorstand

Sparkassendirektor Heinz-Theo Drücker
(Vorsitzender des Vorstandes seit 1. Oktober 1995)
Sparkassendirektor Willi Terschluse
(Mitglied des Vorstandes seit 1. Januar 1996)
Sparkassendirektor Gert Schwalbe
(stellvertretendes Mitglied des Vorstandes seit 1. Oktober 1988; gemäß § 18 Abs. 2 SpG)

Verwaltungsrat

(insgesamt 13 Mitglieder: 11 Vertreter des Rates der Stadt Bad Salzuflen und 2 Mitarbeiter der Sparkasse; gewählt für die Legislaturperiode 1994 bis 1999)

Klaus Hillebrand, Vorsitzender
Elmar Doskotz, 1. stellvertretender Vorsitzender
Angelika Juring, 2. stellvertretende Vorsitzende

Manfred Hiltergerke
Michael Hinke
Manfred Hölscher
Walter Kern
Gerhard Kleemann
Dirk Walter Röthe
Wilfried Sadowski
Hartmut Sievert
Elfriede Stüwe-Kobusch
George Zeich

Beschäftigte und Pensionäre der Sparkasse Bad Salzuflen im Jubiläumsjahr 1999

Beschäftigte

Cengiz	Altaca
Bodo	Anders
Gisela	Andersen
Anna	Axt
Christina	Bade
Dieter	Bartels
Martina	Battermann
Alexander	Beckmann
Katja	Beckmann
Rolf	Beckmann
Frieda	Behrendt
Markus	Beiner
Peter	Bentrup
Kim	Berkemann
Dirk	Biermann
Dorothea	Biermann
Katja	Birkenhäger
Susanne	Bodmann
Hans	Brinschwitz
Frank	Bühring
Friedel	Bünte
Tom-Florian	Conrad
Klaus	Cziommer
Marlies	Dettmann
Birgit	Diemerling
Ingelore	Dingersen
Kai-Uwe	Donat
Birgit	Drexhage
Michael	Dröge
Heinz-Theo	Drücker
Tanja	Duda
Gabriele	Ehlebracht
Angelika	Elbracht
Ilka	Emmerich
Thomas	Emmerich
Andrea	Emminghaus
Hans	Engelbrecht
Edda	Engeling
Edmund	Ernst
Markus	Eusterholz
Karl-Heinz	Fasse
Sonja	Fehlhaber
Marcela	Feldmann
Helmut	Filges
Andreas	Fischer
Nadine	Fischer
Martin	Franke
Harri	Fröse
Ralf	Fuhrmann
Werner	Geiger
Wilma	Geiger
Erika	Gerlach
Otto	Gödecke
Nicole	Goldhahn
Markus	Gorschlüter
Christian	Goy
Cornelia	Graeve
Sabine	Grafhorst
Bernhard	Grefe
Dietmar	Grinder
Iris	Grinder
Bianca	Gritzan
Gerhard	Gritzke
Anja	Grönger
Sebastian	Günther
Friedrich	Hanke
Friedhelm	Haupthof
Dieter	Henrich-Held
Cornelia	Henseleit
Thomas	Herzel
Claudia	Hesse
Jens	Heuermann
Reinhard	Heuwinkel
Anja	Hillbrink
Torsten	Hillebrenner
Katrin	Hofmann
Fynn	Holpert
Joachim	Holz
Günter	Hommerding
Antje	Höner zu Siederdissen
Bettina	Howard

Timothy	Howard
Anett	Jahnel
Werner	Jakobi
Anja	Jittenmeier
Brunhilde	Joppke
Gabriele	Jording
Petra	Jusufi
Melanie	Kaczmarek
Elke	Kalinowski
Hans-Albert	Kalinowski
Birgit	Kamara
Erwin	Kammann
Gabriele	Karsch
Beate	Kaufmann
Michael	Kellner
Walter	Kern
Henrike	Kissmann
Daniela	Klein
Andrea	Klug
Gabriele	Kobusch
Peter	Kobusch
Kerstin	Koch
Simone	Koch
Torsten	Kochsmeier
Rolf	Köckmann
Dagmar	Kohring
Annika	König
Monika	Kontny
Timm	Kötter
Carsten	Koziolek
Rainer	Koziolek
Thomas	Kreie
Jens	Kronshage
Hartmut	Krössin
Ingrid	Kuhlmann
Christine	Kunde
Ute	Küstermann
Karin	Lähkamp
Lothar	Lange
Udo	Langejürgen
Martina	Langner
Anja	Leiting
Bettina	Letmade
Gudrun	Lewandowski
Ralf	Löbbert
Claudia	Lobisch
Jörg	Lohmann
Carsten	van de Loo
Rolf-Dieter	Lorenz
Günther	Lorenzmeier
Helmut	Lorenzmeier
Peter	Lüffe
Sigrid	Lüffe
Nicole	Lustig
Sabrina	Markmann
Hartmut	Meier
Knut	Meier
Marion	Meier
Ralf	Meier
Detlef	Meißner
Ilona	Meißner
Annette	Menninghaus
Margarethe	Merkel
Werner	Merkel
Heinz	Meyer
Bernd	Möller
Kathrin	Monien
Lothar	Mühlan
Stefanie	Müller
Stefanie	Müssiger
Karsten	Niehaus
Heinz-Willi	Niestrat
Freya	Nolting
Katrin	Nowak
Nina	Ober
Gerhard	Oberkrome
Heide	Olheide
Sigrid	Ostmeier
Tanja	Otto
Maik	Pauly
Mario	Pfahler
Alke	Pieper
Helmut	Pohl
Anja	Pollmann
Sonja	Prüssner, geb. Blome
Sonja	Prüssner, geb. Sievers

Thomas	Pusdrowski
Anja	Rabeneck
Elke	Rath
Sabine	Redicker
Sandra	Rehberg
Hannelore	Rehlef-Pape
Ute	Rehpöhler
Peer	Reibchen
Vanessa	Reibke
Karin	Reinke
Wilhelm	Reinke
Bärbel	Reß
Ulrike	Rethmeier
Anja	Reuter
Monika	Riepe
Ralf	Roesler
Werner	Rose
Dirk-Walter	Röthe
Friedrich	Rottschäfer
Jasmin	Rüber
Ronny	Rüschke
Renate	Sander
Anja	Sauerländer
Stefan	Saure
Horst	Schalk
Susanne	Schalk
Sabine	Scheid
Sandra	Schemmel
Sylke	Schirrmann
Jürgen	Schleef
Jens	Schlizio
Siegrid	Schmalenberger
Frank	Schmidt
Peter	Schmidt
Yvonne	Schmidt
Pamela	Schneiderheinze
Bianca	Schnülle
Bianca	Schremmer
Rolf	Schubach
Andrea	Schuckmann
Gert	Schwalbe
Karin	Schweppe
Oliver	Sibma
Astrid	Sievert
Frank	Spilker
Bernd	Steffen
Heide	Steinke
Karl-Michael	Stock
Jürgen	Stölting
Andrea	Strate
Cornelia	Sturhahn
Manfred	Tacke
Ernst	Tappe
Peter	Tappe
Evageli	Tasche
Jutta	Teichert
Linda	Teichert
Willi	Terschluse
Günter	Thrun
Wilma	Thrun
Britta	Timm
Evelin	Tünker
Karl-Heinz	Ulrich
Friedhelm	Unger
Meike	Viereck
Evelyn	Vogt
Uwe	Völkening
Ines	Wagner
Erika	Wattenberg
Katrin	Wedertz
Eckhard	Weege
Gertrud	Wiening
Meik	Wildner
Tanja	Will
Birgit	Winter
Gabriele	Witte
Bianca	Wollbrink
Vanessa	Wroblewski
Pamela	Wüllner

Pensionäre

Joachim	Altehans
Irma	Becker
Renate	Bey
Fritz	Biere
Walter	Blome
Georg	Bobrowski
Friedhelm	Brinkmann
Eleonora	Dallmann
Inge	Danger
Günter	Elsner
Heinrich	Grafhorst
Hildegard	Heidemann
Brigitte	Husemann
Heinz	Krumme
Lucie	Langwald
Marianne	Reez
Hans-Georg	Rhiemeier
Helga	Ringe
Marianne	Rößling
Gerhard	Rudolph
Albert	Schalk
Margit	Schmiedeskamp
Gerd	Schneidewind
Marianne	Schneidewind
Heinz	Schuckmann
Martha	Selberg
Fritz	Steinmeier
Günter	Tacke
Marianne	Wedmann
Ingrid	Wolf
Margarete	Wolf
Marianne	Zlobinski

Redaktion
Franz Meyer, Bad Salzuflen

Gestaltung und Produktion
Büro für Design.Martin Emrich, Lemgo

Lithografie
Reproscan Rabbel GmbH, Bad Salzuflen

Gesamtherstellung
Druckerei und Verlag Dröge Schötmar GmbH, Bad Salzuflen

ISBN 3-926489-06-5